HISTORIA DE ESPAÑA
MODERNA Y CONTEMPORÁNEA

JOSÉ LUIS COMELLAS

HISTORIA DE ESPAÑA MODERNA Y CONTEMPORÁNEA

Decimoquinta edición actualizada

EDICIONES RIALP, S. A.
MADRID

ISBN: 84-321-3239-X
Depósito legal: M. 10.962-1999

Fotocomposición: M. T., S. L.

Impreso en España Printed in Spain

Anzos, S. L. - Fuenlabrada (Madrid)

ÍNDICE

INTRODUCCIÓN

1. Historia

Todo cuanto el hombre hace, individual o colectivamente, tiene algo de histórico. Por supuesto, un hecho es tanto más «histórico» cuanto más haya trascendido, es decir, cuantas más y mayores repercusiones haya tenido. Pero no podemos desvincular de la Historia nada de lo que constituye la vida del hombre —costumbres, indumentaria, dietas alimenticias, aficiones—, porque todo, hasta lo menos relacionado con los «acontecimientos» (la demografía, por ejemplo), nos ayuda a conocer y comprender mejor una época.

Como es absolutamente imposible recoger y relatar *todo* lo que constituye la vida del hombre sobre la tierra, el historiador, sin remedio, ha de elegir una parte. Puede escoger una parcela geográfica (una nación, una región, una ciudad) o una parcela cronológica (una edad o época determinada), o bien ambas cosas a la vez, con lo que su ámbito de estudio queda reducido y resulta más asequible su trabajo.

Pero también es preciso, dentro de cada parcela geográfica y cronológica, escoger los acontecimientos o las realidades históricas que se juzgan más interesantes, puesto que es en puridad imposible —y hasta tal vez inútil— relatar la absoluta totalidad de los hechos o las situaciones. Ahora bien: esa elección del contenido de la historia, con desprecio de otros aspectos, que se dejan al margen del relato, ha de hacerla forzosamente el historiador, por más que ello le obligue a correr el riesgo de la parcialidad (parcialidad, por lo menos, en su sentido etimológico, desde el momento en que lo que relata no es más que una *parte* de lo que ocurrió). Y ya es sabido que muchas veces una parte de la verdad se opone a toda la verdad.

Este peligro ha sido uno de los temas más discutidos en los últimos congresos internacionales de Ciencias Históricas y no ha encontrado todavía hoy la solución capaz de conjurarlo de una manera definitiva. Cuando menos, no existe o no ha existido hasta ahora un criterio fijo sobre qué aspectos son objetivamente más importantes y más dignos de ser reseñados de entre el amplísimo abanico que nos ofrece la realidad humana del pasado. Esta es justamente una de las mayores dificultades con que tropieza hoy el historiador que maneja fuentes históricas de otras épocas: no encuentra en ellas los datos que más le interesan, en tanto que no sabe qué hacer con una serie de noticias que el cronista, en su tiempo, creyó interesante consignar y que hoy se consideran casi totalmente desprovistas de valor histórico.

Cada época tiene su forma de enfocar la Historia, y esto equivale casi a decir que cada época tiene su propio criterio de selección respecto de lo que es o no digno de ser historiado. A comienzos de este siglo perduraba aún la corriente positivista, para la que lo fundamental eran los *hechos,* o lo que es lo mismo, los nombres: reyes, políticos, batallas, fechas concretas. Desde 1900 se fue abriendo paso —en España por obra, en gran parte, de los historiadores del Derecho— la que entonces dio en llamarse, impropiamente, *historia interna.* Esta historia interna estudiaba instituciones, organismos, formas de poder, leyes fundamentales, con lo que el conocimiento del pasado no se limitaba ya a los hechos, sino que se extendía también a sus fundamentos jurídicos. Esta historia institucional nos proporciona una base muy interesante para comprender los hechos o las valoraciones que de ellos hicieron sus contemporáneos, pero entraña el riesgo de confundir la teoría con la práctica, los principios con la realidad de las cosas.

Mas tarde, y sobre todo a raíz de la primera guerra mundial, se impuso una forma mucho más amplia de historia interna: la que entonces se llamó *historia de la cultura.* Ya no se despreciaba ningún valor de cuantos pudieran legarnos los hombres del pasado: todo, la ciencia, la técnica, la religión, el arte, las ideas, las costumbres, la vida ordinaria, era también historia, tan importante o más que los propios acontecimientos. La historia de la Cultura representó un avance formidable, no ya en orden al conocimiento del pasado, sino también a su *comprensión:* el historiador, al relatarnos lo que ocurrió, nos explicaba también por qué ocurrió. Fue entonces cuando empezó a decirse que para dar cuenta cabal de los hechos pretéritos es preciso introducirse en la mentalidad de quienes los realizaron.

Pero la historia de la Cultura, pese a su generoso despliegue, entrañaba grandes peligros. Singularmente, dos: uno, el de colgar a cada época histórica o cultural una «etiqueta», como denunció Herbert Butterfield en el Congreso de Estocolmo de 1960: la etiqueta de «Renacimiento», «Barroco», «Racionalismo», «Ilustración», «Era del realismo», etc.; cinchando la infinita variedad del devenir histórico en unos cuantos conceptos rígidos y «a priori». Otro, el de la *interpretación* ensayística del pasado, en la que no se sabe qué es la información aportada por los datos, y qué es la simple valoración, tal vez subjetiva y apasionada, hecha por historiador. Para corregir toda interpretación subjetiva se predicó, por los años 30, una vuelta al rigor y los datos. Un grupo, el llamado «historissant», se refugió en una especie de neopositivismo frío y exacto. Pero, sobre todo a partir de la gran depresión económica de 1930, se puso de moda la *historia estructural,* que vuelve también a los datos, pero no a los individuales, sino a los colectivos: aquellos que se pueden reflejar en series, ciclos y estadísticas; en suma, los que constituyen la historia social y económica, mucho más susceptible de ser representada en curvas que la historia de las personas, de las ideas o de las instituciones. Esta forma de hacer historia, vigente de años antes en la Unión Soviética, se impuso en Francia y los Estados Unidos, para triunfar en todas partes, espectacularmente, después de la segunda guerra mundial. Llegó a decirse que el método estadístico era la única forma de hacer historia seria.

La fiebre de la historia socioeconómica llega hasta nuestros días; pero a raíz de una célebre polémica entablada hace años entre dos historiadores franceses, Henri Berr e Irénée Marrou, quedó en claro que esta orientación es útil y necesaria, pero insuficiente: por cuanto no refleja más que una parte de la realidad humana. Al lado de las sociedades y las economías hay que alinear la mentalidad informante, el desarrollo de las ideas y, por supuesto, los hechos concretos.

Y así es como últimamente se ha ido abriendo paso el concepto de «historia total» (la *histoire totale* de que hablan los franceses, o la *Integral Geschischte* de los alemanes), como el intento de comprensión unitaria de cada época del pasado, a la luz de sus aspectos ideológicos, políticos, sociales, económicos, institucionales, ambientales, etc., puesto que todo es historia, e historia no hay más que una. La crisis económica de 1575 no puede comprenderse sin tener en cuenta la política exterior de Felipe II; pero el repliegue español en Flandes por estos años no tiene sentido sino por la crisis económica: de suerte que hay que estudiar juntos los dos fenómenos. El motín de Esquilache es a la vez un fenómeno político (revuelta contra un ministro), ideológico (oposición al reformismo ilustrado), social (nobleza contra burguesía) y económico (crisis de precios de 1766). Unos factores ayudan a comprender otros, y es preciso tenerlos en cuenta a la vez. Una historia que divida los aspectos políticos, sociales, ideológicos, económicos, etc., en capítulos separados —como si se tratase de varias historias aparte— corre el peligro, por lo menos, de quedar anticuada.

Por supuesto: no es posible hacer, en sentido estricto, una *historia total*. También es preciso, a veces, separar y desglosar conceptos, para evitar la confusión. Pero siempre cabe tratar de «integrar» del mejor modo posible todos los factores de la Historia, para obtener así la más completa y rica visión del pasado.

2. España

La Historia de España encierra dos términos, Historia y España, íntimamente ligados, que no pueden ignorarse uno a otro. No basta conocer los hechos, sino que es necesario situarlos. De aquí la conexión que existe entre Historia y Geografía, hasta dar lugar a una ciencia nueva, la Geohistoria, de la que se viene hablando aproximadamente desde 1950.

Por supuesto: al hacer historia de España, no podemos limitarnos al estudio de lo que sucedió dentro de las fronteras de nuestro país. Habría que dejar fuera del relato —injustamente— el descubrimiento de América, la batalla de Lepanto, el concilio de Trento o el desastre de la Invencible. Más que la historia de España, hemos de estudiar la historia de los españoles, que son realmente los sujetos responsables del acontecer histórico. Pero no hay que olvidar que estos españoles han nacido en España, y en ella han adquirido su lengua, su religión, su cultura, su temperamento y forma de ser. El hecho de haber nacido en España tiene para todos ellos un significado del que no pueden prescindir.

En tiempos del positivismo estuvo de moda la teoría del determinismo geográfico. Los griegos fueron grandes navegantes, por contar con excelentes puertos naturales, y los árabes guerreros por vivir sobre un terreno pobre, que exigía de continuo la lucha por la vida. Hoy esta visión es mucho menos rígida, y nos permite concebir —o encontrar— en el trópico razas trabajadoras o en la dura meseta civilizaciones refinadas. Aun así, hay que contar con el elemento geográfico, que si no «impone» determinadas formas de vida o corrientes históricas, las favorece: con sus riquezas naturales, con su clima, su orientación o su posibilidad de comunicaciones.

La función geohistórica de España, en sus líneas fundamentales, se nos aparece clara. La Península se encuentra en uno de los lugares más estratégicos del mundo; es un puente tendido entre Europa y África, por donde han pasado docenas de invasiones e influjos culturales en uno y otro sentido; pero es también el lugar de paso del Atlántico al Mediterráneo y viceversa. Norte-Sur y Este-Oeste son los dos grandes ejes de tensión en torno a los cuales bascula toda la historia de España: lo mismo a la hora de recibir aportaciones de fuera, que a la de proyectar al exterior nuestras propias aportaciones. Europa o África, el Mediterráneo o el Atlántico (con América): tales son los dilemas que obligaron a los españoles históricos a escoger. Aunque los españoles, en ocasiones —como en los inicios de la Edad Moderna— se sintieron impulsados de tal dinamismo, que lo escogieron todo a la vez.

Otra polaridad de tensiones nos presenta la geografía de España, esta en su ser interno. La Península es una singularidad perfectamente definida: quizá la mejor definida de todo el continente europeo. El istmo pirenaico no es más que la séptima parte de su contorno: la Península es casi una isla, y este aislamiento frente al mundo ajeno tiene que proporcionar a los españoles el sentido de algo común. Además, España —por más que el tópico lo haya exagerado en muchos casos— es «diferente». Posee un clima, un tipo de terreno, un temperamento humano, que no encajan del todo en los moldes de lo que solemos entender por Europa: sin que ello nos autorice a imaginar una España africana, porque la diferencia con África es todavía más notable. Un geógrafo, Solé Sabarís, ha sugerido para la Península Ibérica el término de *Europa Menor* (como hay Asia Menor o África Menor), que tal vez sea el más adecuado para definir esa singularidad.

Pero es que, al mismo tiempo, España es «diferente» dentro de sí misma. Pocos países de sus dimensiones geográficas, si es que hay alguno, encierran una variedad tan sorprendente en su clima, en su flora, en su fauna, en su paisaje, en sus hombres. Bufera (Asturias), con sus 2.300 milímetros de precipitación anual, es uno de los puntos más lluviosos de Europa; la estación de Cabo Gata, en Almería (200 mm.) es el punto más seco de Europa. Sabiñánigo (Huesca), con sus 32° bajo cero, es la ciudad de Europa occidental que ha soportado más baja temperatura, en tanto que Sevilla (47,6°) ostenta la máxima de Europa entera. En la sierra de Andía (Navarra) se ha encontrado recientemente un tipo de liquen ártico que hasta ahora sólo se conocía en la península escandinava y norte de Rusia; en tanto que las palmeras datileras de Elche o los dragos de Cádiz son ejemplares únicos en el continente europeo. También son únicos en Europa occidental los osos de Cantabria, como por otro lado lo son, en todo el continente, los monos que aún hay en Gibraltar. Si todo esto es así, llegamos a la sorprendente conclusión de que en muchos casos España encierra en su espacio contrastes más violentos que todo el resto de Europa junto. Y en cuanto al elemento humano, ¿no son llamativas las diferencias que existen entre vascos y andaluces, gallegos y murcianos, catalanes y extremeños?

Sin embargo, esta diversidad de caracteres se complementa con una homogeneidad étnica que, según García Bellido, es única en Europa. En la estatura, el índice cefálico, el color del cabello y en general los caracteres somáticos, pese a cuanto se diga, los españoles son más parecidos entre sí que los franceses, los alemanes o los italianos. Somos una mezcla de razas, pero desde hace siglos, una mezcla homogénea.

Esta otra tensión, unidad-diversidad, es también una constante de nuestra historia que en ningún momento podemos perder de vista.

3. Lo moderno

En sentido estricto, moderno es «lo que está de moda», es decir, lo que se lleva, lo actual. La denominación Edad Moderna puede ser válida así, tal vez, para nosotros, pero no lo es en sentido objetivo, porque llegará un día en que lo que hoy consideramos «moderno» se habrá quedado antiguo, anticuado. Con todo, desde la época de los historiadores de la

Cultura, la palabra *moderno* va ligada a una idea muy concreta del hombre, del mundo y de la vida, que retrata a toda una época histórica, con independencia de su localización cronológica.

Durante mucho tiempo se ha discutido si la explosión de lo moderno, allá por los siglos XV y XVI, es una derivación lógica de la época final de la Edad Media, o es, por el contrario, un movimiento contra el espíritu medieval. Hoy la discusión está en gran parte superada, y se comprende que las dos tesis puedan tener parcialmente razón. Como un hijo nace de sus padres y hereda muchas de sus cualidades, pero también se distingue de ellos, y hasta puede oponérseles, así también la Edad Moderna nace de la Media y de sus presupuestos, pero señala al mismo tiempo una desviación de la línea medieval.

Hoy suelen verse ya los arranques de lo moderno en las nuevas estructuras que prevalecen en el siglo XIII. Entonces se consagra una clase media, distinta de la nobleza o el campesinado; cuyos medios de vida no se basan ya en la riqueza estanca de la propiedad (en manos de los nobles), sino en la riqueza en movimiento: la artesanía, la industria, el comercio, la banca, la navegación. Esta nueva clase primero se hace rica; luego se hace culta (es típico que el hijo del burgués enriquecido estudie en la Universidad). Pero busca una cultura a su medida. Al comerciante no le interesa tanto la teología como las ciencias humanas. Es inexacto hablar de una cultura laica, pero sí puede hablarse de una cultura *seglar,* que poco a poco va generando una cierta independencia de criterio y un sentido terreno, menos sobrenatural, de las cosas. Así se llegaría al *humanismo,* base de la actitud mental del Renacimiento.

El siglo XV presencia una grave crisis —ideológica, social, económica—, hasta que la nueva concepción del mundo y las nuevas estructuras acaban prevaleciendo. El triunfo de lo *moderno* supone «un cambio de temperamento» (Strieder), o, si se quiere, un nuevo concepto del hombre y de la finalidad de su existencia sobre la tierra. Para el hombre medieval, el tipo humano era el «homo sapiens», que halla su reposo en la verdad inconmovible, o que se recrea en la alegría del ser, porque el ser, de acuerdo con Aristóteles y Santo Tomás, es uno, verdadero y bueno. Para el hombre moderno, el tipo ideal es el «homo faber», que todo lo cifra en la acción, en la trascendencia: un hombre se realiza tanto más a sí mismo cuanto más sale de sí mismo, o en otras palabras, cuanto más trascendental es su vida. El dechado de felicidad se encuentra para el hombre medieval en el *beatus,* aquel que vive en paz con Dios, consigo mismo y con los demás hombres; para el hombre moderno, es el *felix,* el triunfador que con su esfuerzo denodado y su genio, ha conquistado el poder, la riqueza, la fama.

Este cambio de temperamento, aunque supone en conjunto una visión más terrena de las cosas, no es en absoluto incompatible con la fe religiosa y hasta con un profundo sentimiento espiritualista. Siempre se ha hablado de dos Renacimientos, uno teocéntrico y otro antropocéntrico, por más que a veces sea difícil separarlos, porque conviven en la misma escuela artística, en la misma corriente filosófica o hasta en la misma persona (L. Febvre). Erasmo podría ser un buen ejemplo de esta agónica dualidad. Y no está de más recordarlo, porque esta dualidad, esta contraposición entre «dos modernidades posibles» (V. Palacio) está relacionada de modo muy especial con la historia de España y su actitud militante durante el primer tramo de su Edad Moderna. La modernidad espiritualista, teocéntrica, y la modernidad terrena, antropocéntrica, tratan de convivir unas veces, combaten otras, hasta que terminan, a mediados del siglo XVII, por hacerse incompatibles; a este período de coexistencia llaman algunos autores *Alta Edad Moderna* (Jover). Tras una gran crisis, termina prevaleciendo la concepción antropocéntrica, y el hombre tiende cada vez más, consciente o inconscientemente, a «establecerse» en este mundo. Es la *Baja Edad Moderna.* El papel de España en esta lucha hace que la crisis resulte aquí más decisiva —al menos moralmente— que en otras partes; de suerte que los dos tramos de la Edad Moderna parecen en España, como a su tiempo veremos, dos edades distintas.

4. La historia de España Moderna

Esta tiene, por consiguiente, un tremendo sentido dramático, que es una de las bases fundamentales de su interés. La discusión en torno al famoso «problema de España» se traduce, en todos los casos, en una discusión en torno a la Historia Moderna de España. Españoles y extranjeros han tratado de profundizar en ese sentido, a través de multitud de ensayos y teorías. Se han escrito más historias de Francia, de Inglaterra, de Alemania, que de España; pero en cambio se han escrito más «interpretaciones» de la historia de España que de ningún otro país. Toda esta literatura ensayista puede servir para enriquecer nuestros conceptos a la hora de plantear las bases del problema, como puede servir también, en ocasiones, para fomentar polémicas muy poco científicas, y poner la visión de nuestra historia al servicio de determinadas ideologías. En todo caso, el planteamiento del «problema de España» desde un punto de vista histórico ha puesto de relieve el interés enorme que la historia de España encierra —sobre todo en lo que respecta a los tiempos modernos— y la utilidad que tiene para los españoles de hoy un correcto y profundo conocimiento de su pasado.

Si todo esto es así, lo es ante todo porque la historia de España tiene una «personalidad» propia, capaz de ser estudiada como algo aparte. Por eso mismo su análisis ha atraído a tantos historiadores extranjeros. Pero este carácter especial no significa que nuestra historia quede desvinculada de la del resto del mundo, porque lo que ocurre es todo lo contrario. Si las Edades Antigua y Media se caracterizan por el contacto en tensión entre españoles y advenedizos dentro de la Península, lo más destacado de nuestra Edad Moderna es justamente el contacto en tensión entre españoles y no españoles fuera de la Península. La mayor parte de la historia de España se desarrolla durante siglo y medio, por más que parezca paradoja, fuera de España.

Es una auténtica explosión de vitalidad que se manifiesta lo mismo en lo político-militar —la hegemonía— que en las actividades externas —viajes, exploraciones, hazañas individuales o colectivas—, o en la fuerza creadora del espíritu: el pensamiento, la literatura o el arte. Aquella explosión fue un derroche fabuloso de energías, un «corto circuito», como lo llama Sánchez Albornoz, que abocó a España, al cabo, al agotamiento. La falta de sentido pragmático y el descuido en el fomento de la prosperidad material condujeron al mismo tiempo a un desequilibrio social y a una ruina económica, que hicieron más profunda y menos remediable la decadencia.

Desde mediados del siglo XVII quedó planteada una crisis que es decisiva en la trayectoria de nuestra modernidad: como que los problemas que entonces empezaron a discutirse son, a poco que se mire, los problemas que hoy seguimos discutiendo. Es preciso estudiar la España idealista, audaz y guerrera, de los siglos XVI y XVII, y es preciso, con el mismo amor, estudiar la España criticista, proyectista o preocupada de los siglos XVIII o XIX, porque tanto en una como en otra se encierra la génesis de la España de hoy.

I. LA ÉPOCA DE LOS REYES CATÓLICOS

El siglo XV es, en España, eminentemente problemático. Aunque comienzan a atisbarse vagamente señales de tiempos nuevos e indicios de madurez histórica, un observador situado cronológicamente hacia el año 1470 no hubiera podido adivinar la etapa de plenitud y de esplendor que se avecinaba.

Estaba entonces España dividida consigo misma. Dividida en Estados distintos, y dividida en sus fuerzas integrantes. La compartimentación de la Península en cinco reinos —Castilla, Portugal, Aragón, Navarra y Granada— era, como es sabido, fruto de la Reconquista, emprendida por diversos núcleos cristianos a la vez. Desaparecido el peligro musulmán y reducida su presencia en la Península al pequeño reino de Granada, desde el siglo XIV había cambiado la dinámica interna de los reinos, y muchas veces la lucha contra los moros había sido sustituida por la lucha entre los cristianos. Y no sólo entre los distintos reinos cristianos, sino entre los estamentos y fuerzas político-sociales dentro de cada reino.

Castilla era, de los cinco, el más fuerte y el más poblado. Sobre una extensión de 350.000 kilómetros cuadrados, reunía una población de tal vez siete millones de habitantes, de modo que superaba ampliamente en extensión y población a todos los demás reinos juntos. Es esta una circunstancia que hemos de tener en cuenta a la hora de comprender la hegemonía de Castilla sobre una España unificada. Por el contrario, a Castilla le faltaba una cierta madurez histórica, lo mismo en el campo de su estructura jurídica y constitucional —sumamente simple— que en el de la política exterior —casi inexistente—. En estos aspectos era superada por Aragón y, aunque en menor grado, por Portugal. El monarca tenía en Castilla un poder teórico indiscutible, aunque no siempre bien definido legalmente; pero la paralización de la Reconquista, a partir de fines del siglo XIII, le retiró una de las principales fuentes de su prestigio: el caudillaje militar. El advenimiento de una dinastía bastarda, los Trastamara, en 1369, después de una victoria de discutible legitimidad, debilitó aún más a la monarquía.

Al mismo tiempo, otros dos poderes se levantaban en la baja Edad Media castellana, hasta el punto de amenazar la primacía de la autoridad monárquica. Por una parte, la ocupación de la cuenca del Guadalquivir obligó al reparto de tierras entre la nobleza conquistadora; y aunque Fernando III tuvo buen cuidado de evitar que los «repartimientos» constituyesen fuertes latifundios señoriales, las revueltas de los mudéjares a partir del reinado de Alfonso X obligaron a conceder cada vez más tierras y más privilegios a los nobles. La guerra civil entre Pedro I —apoyado por la burguesía— y Enrique II —con ayuda de la nobleza— señaló el apogeo de ésta así que subió al trono el Trastamara. La nueva dinastía no podría librarse ya de los bandos señoriales. Fue así como en Castilla, contrariamente a lo ocurrido en el resto de Europa, la nobleza alcanzó el máximo de su poder en los siglos finales de la Edad Media; aunque, por la escasa madurez jurídica del reino, a que ya hemos aludido, no se molestó demasiado en erigir una constitución o un régimen legal que refrendase su enorme fuerza de hecho.

El otro poder floreció más bien en la mitad norte del reino, y en especial en la cuenca del Duero, libre, desde el siglo XI, de las cabalgadas guerreras. Aquí prevaleció una clase nada señorial, pacífica y trabajadora, que, a través de la agricultura, la artesanía o el pequeño comercio, llegaría a constituir un núcleo burgués nada despreciable en las últimas centurias del Medievo. Muchas de estas gentes de la clase media, enriquecidas y cultas, eran judíos o descendientes de judíos, si bien hay que apearse de la leyenda que presenta a los cristianos viejos como totalmente incapaces para el negocio o la prosperidad material. En todo caso, estos grupos de artesanos y mercaderes dominaban la vida de la ciudad —el «burgo»— y, por consiguiente, el gobierno municipal. Conforme se debilitaba la monarquía, el régimen del municipio tendía a hacerse más fuerte y autónomo, hasta rivalizar en poder con el del rey y el de los nobles. Hacia 1470, Castilla, dividida y envuelta en pequeñas, pero interminables guerras civiles, no parecía ofrecer, al menos en plazo próximo, un brillante porvenir.

Los «reinos de la Corona de Aragón» representaban una realidad geopolítica distinta. Constituían, en primer lugar, una federación de reinos, idea que nunca existió en el caso castellano. Aragón, Cataluña, Valencia y Mallorca eran, jurídicamente, cuatro reinos distintos, con sus correspondientes constituciones políticas, que obedecían a la persona de un mismo rey. En segundo lugar hemos de tener en cuenta la ya larga tradición institucional de los reinos aragoneses, mucho más ligados al Medievo europeo que la parte occidental de la Península. Aquí había existido, contrariamente a Castilla, una auténtica estructura feudal, y la nobleza había conquistado de antiguo una serie de privilegios y derechos que el monarca no podía conculcar. También el poder municipal había tenido cuidado de asegurar sus fueros y sus «usos» por medio de pactos solemnes. La complejidad jurídica de las instituciones aragonesas fue levantando así la armazón de un Estado de contrapesos y garantías que algunos autores han comparado a los modernos sistemas constitucionales. Sin embargo, la creencia en un sistema «liberal» o «democrático» en los reinos aragoneses de la baja Edad Media es, en gran parte, errónea. La limitación del poder del monarca no estaba siempre correspondida por una auténtica libertad popular. Especialmente en los medios campesinos, aquella nobleza «libre» tenía por su parte un poder omnímodo sobre sus vasallos, como nunca existió en Castilla, y que se prestó con frecuencia a toda clase de abusos. En cuanto a las libertades municipales, es normal que beneficien sobre todo a las oligarquías urbanas, a aquellos que detentan el grado de «ciudadanos», y recaigan mucho menos sobre los villanos y clases modestas.

Lo que en todo caso disfrutan los reinos aragoneses es de una mayor riqueza jurídico-institucional, que no deja, legalmente hablando, nada al azar, y todo lo tiene cuidadosamente reglamentado, desde la forma de celebración de las Cortes hasta la compleja organización de los gremios. La fuerza de las leyes, los fueros, «usos» y «costumbres» fue tan grande, que Aragón mantuvo su estructura constitucional durante gran parte de la Edad Moderna. Castilla, por su carencia de trabas legales, fue más fácil presa del absolutismo real o del centralismo estatal; pero tuvo también mucha más agilidad para adaptarse a las necesidades institucionales y a la dinámica política de los tiempos modernos.

Los reinos aragoneses, y en especial Cataluña, habían tenido una época de gloriosa expansión en los siglos XIII y XIV. El metal precioso venido de Francia con motivo de las guerras albigenses, el desarrollo de la burguesía barcelonesa y el cierre de la frontera de la Reconquista tras el tratado de Almizra, lanzaron a los catalanes a la aventura del Mediterráneo, en una serie de acciones en que se conjugan las miras políticas y las económicas. Se asentaron en el sur de Italia, en Grecia, y hasta fundaron factorías en el mar de Azof. Desde mediados del siglo XIV, sin embargo, se aprecia un inicio de decadencia de la prosperidad catalanoaragonesa, decadencia que se acentúa en la crisis general del siglo XV. Muchos negociantes preferían hacerse propietarios y vivir cómodamente de rentas. Se constituyó así una poderosa oligarquía urbana, rival de la gran nobleza que señoreaba los medios agrícolas. Se registraron movimientos campesinos contra los «malos usos» de sus señores, y hacia 1470, pese a la presencia en los reinos aragoneses de un monarca —Juan II— mucho más inteligente y enérgico que el calamitoso Enrique IV de Castilla, la situación de endémica guerra civil y continuos conflictos sociales y constitucionales, no era en absoluto más prometedora que en el reino vecino.

Aragón apenas alcanzaba una extensión de 100.000 kilómetros cuadrados y el millón de habitantes, pues su densidad de población era entonces inferior a Castilla. Una entidad de similar cuantía era Portugal, convertida ya en importante potencia marítima merced a sus exploraciones y comercio por las costas africanas. Dos pequeños reinos marginales, y muy distintos entre sí: Navarra, con 100.000 pobladores y un régimen jurídico de tipo foral, que recuerda bastante al de Aragón, y Granada, el único Estado musulmán que restaba en la Península, engarfiado en la Penibética y con menos de un millón de habitantes... completaban el número de los cinco reinos y los ocho o nueve millones de personas con que contaba la Península Ibérica al tiempo de iniciarse la Edad Moderna.

1. LOS INICIOS DEL REINADO

Todo el cuadro de crisis interna y de desorden que presentaban los reinos españoles, en especial Castilla y Aragón, quedó de pronto superado por la presencia pacificadora y constructiva de dos nuevos monarcas, Fernando II de Aragón e Isabel I de Castilla, que, casados con anterioridad a su ascenso al trono, no sólo crean una nueva entidad política, España, sino que lanzan a sus reinos a una etapa de vitalidad sin precedentes. La personalidad de Fernando e Isabel desborda lo común, y uno de los pocos puntos en que están de acuerdo todos los historiadores es en atribuir a ambos un carácter extraordinario. El hecho es tanto más llamativo cuanto que Fernando e Isabel gobiernan juntos, y no es fácil en absoluto separar la obra del uno de la del otro.

Sin embargo, y aunque sus éxitos avalarían muy pronto su posición, la llegada de estos reyes al trono de Castilla tuvo lugar en medio de complicadas intrigas, de suerte que su legitimidad pudo parecer discutible a los ojos de muchos españoles.

El pleito sucesorio

Isabel, hermanastra del rey de Castilla, Enrique IV, fue proclamada heredera de aquel reino en el tratado de los Toros de Guisando (1468), forzado por la presión de los grupos nobiliarios, en detrimento de la supuesta hija del monarca, doña Juana, llamada la *Beltraneja.* Pero Isabel quedaba obligada por aquel pacto a no contraer matrimonio sin autorización de su hermano el rey, que aspiraba a casarla, por razones políticas y diplomáticas, con el monarca portugués, Alfonso V. Este enlace luso-castellano, aunque contaba con simpatías en la corte y entre los principales consejeros de Enrique IV, no garantizaba, sin embargo, la unión de Castilla y Portugal, puesto que el reino vecino ya tenía heredero. Isabel, pensando según sus defensores en una solución política de más amplias perspectivas, o por motivos personales según otros, prefería casarse con el príncipe aragonés Fernando, hijo de Juan II y heredero del trono.

Dos partidos, uno portuguesista, otro aragonesista, dividieron Castilla durante los últimos años del reinado de Enrique IV. La princesa Isabel parece juguete de las intrigas de unos y otros, pero en el fondo da siempre la impresión de que sabe lo que quiere, y de que, pese a sus diecisiete años, tiene las ideas muy claras. Fue necesaria una complicada intriga para llegar a un acuerdo con los aragoneses, a espaldas del rey. Juan II, el aragonés, mostró por su parte una habilidad suprema. El matrimonio entre Fernando e Isabel se celebró en Valladolid, a fines de 1469, sin permiso ni conocimiento de Enrique IV, que se encontraba en Toledo. Aquella boda precipitada y casi clandestina ponía los cimientos de la moderna España en forma de la futura unión Aragón-Castilla, dejando a Portugal al margen; pero al conculcar una de las cláusulas del tratado de los Toros de Guisando, ponía en entredicho los derechos de Isabel al trono. Enrique IV, en cuanto conoció lo sucedido, desheredó a su hermanastra y proclamó sucesora de nuevo a doña Juana; aunque, débil como siempre, no se atrevió a ir contra el joven matrimonio, que siguió residiendo en la cuenca del Duero, zona donde predominaba la clase media y artesana, en tanto que él se movía por la meseta Sur y Andalucía, donde predominaba la nobleza.

La lucha por el trono

A fines de 1474 murió Enrique IV. Isabel, a la que sorprendió la noticia en Segovia, se hizo proclamar inmediatamente reina de Castilla. El hecho no encontró una oposición inmediata; doña Juana era una niña de doce años, y la nobleza, dividida en bandos, tardó mucho en adoptar una resolución. La fulgurante decisión de aquella mujer joven y enérgica —contaba entonces veintitrés años— no dio a nadie tiempo de pensar, y sorprendió a su propio esposo, embebido en aquellos momentos, junto con su padre Juan II, en la guerra de Cataluña. Fernando, que esperaba compartir en plano de igualdad el trono castellano con su esposa, hubo de conformarse con un arreglo parcial (la llamada «Concordia de Segovia»), que le confería la participación en el gobierno, pero no en la administración ni el derecho sucesorio. La reina titular y «propietaria» de Castilla era únicamente Isabel. La Concordia de Segovia es, según los autores aragoneses, factor fundamental en la no unificación jurídica de España.

Entretanto, una liga de nobles castellanos, entre los que figuraban los poderosos duque de Arévalo y marqués de Villena, llegaba a una inteligencia con Alfonso V de Portugal, y se estipulaba el matrimonio de éste con doña Juana: Castilla y Portugal podrían unirse así, al menos momentáneamente, bajo esta nueva pareja. El conflicto sucesorio había llegado al punto máximo de su enredo.

Así fue como se planteó la guerra de Sucesión, que es al mismo tiempo un pleito dinástico —Isabel y Juana, aspirantes al trono de Castilla—, una lucha civil —castellanos contra castellanos—, una contienda social —nobleza contra burguesía—, un enfrentamiento político —poder real contra poder señorial— y una guerra internacional —Aragón y Portugal, por imponer a su respectivo candidato en el trono de Castilla—.

El ejército portugués penetró por Extremadura; pero en lugar de ocupar todo el sur de España, donde la nobleza hubiera constituido su mejor apoyo, decidió pasar rápidamente a la cuenca del Duero, para batir el territorio que controlaban sus enemigos. Estos —los futuros Reyes Católicos— apenas contaban con fuerzas militares, por la defección de las clases nobiliarias, pero tenían la simpatía de la Iglesia, que les cedió gran parte de sus riquezas, del patriciado urbano, del artesanado y del bajo pueblo: su causa, evidentemente, era más popular. Y en tanto Fernando, que mostró bien pronto sus dotes militares, permanecía a la defensiva frente a la superioridad del bando contrario, Isabel se movía por la retaguardia, logrando apoyos, dinero y gentes dispuestas a la lucha. Cuando se supo superior, el príncipe aragonés se lanzó a una acción decisiva (batalla de Toro, 1476) que le dio una victoria completa. La guerra, prácticamente, estaba resuelta, y desde aquel momento se dedicaron Fernando e Isabel, más que nada, a poner orden en Castilla. Un último intento del portugués fracasó en Albuera (1479), y en seguida se firmó la paz de Alcaçovas-Toledo. Portugal reconocía a Isabel en el trono castellano; Castilla, por su parte, reconocía a los portugueses toda conquista en la costa africana, aunque reservando, eso sí, sus derechos a las Canarias. Aquellas islas —aunque entonces no se pudiera ni soñarlo— iban a ser el trampolín que permitiera a Castilla lanzarse a la extraordinaria aventura de América.

2. LA LUCHA POR LA UNIDAD

El reinado de Fernando e Isabel señala uno de los momentos más espectaculares de toda la Historia de España. Los reinos de Castilla y Aragón, en apariencia divididos y decadentes, muestran de pronto una vitalidad que los torna capaces de las más trascendentes acciones colectivas. En unos años el país se unifica, se organiza, concluye la Reconquista, descubre América, vence a Francia en la lucha por la hegemonía, controla el espacio italiano y se transforma de la noche a la mañana en una primera potencia mundial.

Tan espectacular metamorfosis permanece por el momento inexplicada. No cabe dudar de la labor de los monarcas (que reciben el título de Reyes Católicos en 1493), que no hay más remedio que calificar de extraordinaria; pero también parece lógico pensar que una transformación tan impresionante no pudo ser obra sólo de un poder político, por perfectamente dirigido que estuviera. Cuando se estudia la época de los Reyes Católicos se tiene la impresión de que se registra un proceso súbito en el alma española, como una explosión de vida y de ansia de trascendencia. Que existe un proceso colectivo, es indudable. Y podríamos pensar si fue la idea de unidad —cuyos principales portavoces fueron los monarcas, pero que ya venía incubada desde algún tiempo antes— uno de los factores que galvanizaron aquel «sugestivo proyecto de vida en común», para utilizar las conocidas palabras de Ortega, que parece definir la actitud constructiva de los españoles por aquella época.

La unidad territorial

En 1479 moría el rey de Aragón, Juan II, y su hijo Fernando —ya rey de Castilla— tomaba posesión de sus Estados, que comprendían, además de los tres reinos del este peninsular, las Baleares y Sicilia.

Castilla y Aragón empezaron a constituir desde entonces la entidad moral «España», a la que pronto vendrían a sumarse otros dos reinos marginales del norte y sur de la Península, Navarra y Granada. Portugal, el quinto reino de «España» (hasta los tiempos de Camoens, los portugueses se consideraban «españoles», esto es, peninsulares), quedó apartado de momento en este movimiento de integración, pese a que fueron los propios lusitanos los primeros en emprenderlo, y el tiempo haría cada vez más difícil el logro. Cuando al fin se produjo, con cien años de retraso —en 1580—, parecería ya la absorción de un país, Portugal, por otro país, España: nombre que ya servía para designar a los cuatro reinos unificados un siglo antes.

Con todo, hay que tener en cuenta que esta unificación de los cuatro reinos operada bajo los Reyes Católicos, y que erigió como entidad histórica a «España» como algo específico frente a lo «extranjero» —incluido ya Portugal—, no supuso en sentido estricto la unidad política, ni mucho menos la jurídica. Los reinos siguieron conservando sus peculiaridades, sus leyes privativas, sus instituciones, sus monedas, sus fronteras. Un viajero del siglo XVII, el padre Arriaga, que fue de Castilla a Roma, se quejaba de haber tenido que pagar aduanas seis veces antes de embarcarse en Barcelona. Sin tener en cuenta la diversidad jurídica de los reinos —vigente hasta el siglo XVIII— no comprenderíamos el sentido de la política interior, tanto de los Reyes Católicos como de la Casa de Austria.

La unidad de poder

Tan importante como la unificación de los reinos fue la obra de cohesión interna, emprendida por Fernando e Isabel. Fue esta obra la que permitió la erección de España como Estado moderno y gran potencia europea.

Como ya hemos visto, dos poderes podían hacer sombra al poder real: la nobleza y la oligarquía municipal. Los Reyes operaron con mucho tiento, sin enfrentarse nunca simultáneamente con los dos estamentos, y procurando más bien apoyarse ya en uno, ya en otro, para reducir el poder del contrario. Es inexacta la afirmación de que «sojuzgaron a la nobleza». Muchas veces la favorecieron porque la consideraban necesaria. Pero utilizaron la victoria en la guerra de Sucesión para exigir cuentas a los nobles castellanos y retirarles las ventajas y prebendas de que indebidamente se habían apropiado. El noble siguió conservando un enorme poder económico y social, como terrateniente, como diplomático o militar; pero dejó de ser una especie de pequeño rey, dueño de «estados» y de ejércitos propios, para ponerse al servicio de los monarcas como alto funcionario, o para vivir tranquilamente de sus rentas. La moda de los nuevos tiempos —el Renacimiento— le aconseja también cambiar de vida: y así deja de ser un señor de horca y cuchillo, para aprenderse de memoria *El Cortesano,* de Castiglione, y todas las reglas de la etiqueta. En vez del castillo montaraz prefiere el palacio de puro estilo renacentista.

La transformación más fuerte tuvo lugar, por razones que ya conocemos, en los reinos de Castilla. En Aragón, el noble, aunque perdió una parte de sus aspectos medievales, conservó un poder muy grande, y a través de las instituciones del Reino, especialmente las Cortes, se mostró celoso de sus privilegios y dispuesto a defenderlos a toda costa. Fernando el Católico logró algunas reformas de envergadura, tales como la Sentencia de Guadalupe (1486), por la que se obtenía la redención de los *payeses de remensa,* especie de siervos de la gleba que aún quedaban en Cataluña, y cuya libertad fue la base de la próspera y tranquila clase rural catalana, desde entonces en adelante; pero no quiso impugnar a fondo —por prudencia o por respeto a las tradiciones— el poder nobiliario.

En cuanto a los municipios, la política de los Reyes Católicos perseguía sustancialmente el mismo fin: centralización, sumisión al poder supremo. En Castilla existía ya la figura del *corregidor,* pero Isabel la consagró definitivamente. El corregidor era un representante del Rey —o, si se quiere, del Estado— en el concejo municipal. No dirigía el Ayuntamiento —esa era labor de los regidores—, pero vigilaba, tutelaba y, llegado el caso, castigaba. El papel de corregidor tiene así dos vertientes: por un lado, fue un factor primordial de centralización, ahogando mucho o poco, según los casos, la espontaneidad de la vida municipal; por otro, cercenó el exclusivismo de las oligarquías urbanas, y evitó muchos abusos. En todo caso, contribuyó al acrecentamiento de la autoridad regia.

En los reinos de la Corona de Aragón no pudo imponerse la figura del corregidor. Con todo, Fernando procuró cortar el exclusivismo del patriciado urbano. En Zaragoza, logró que el nombramiento de los regidores fuese de competencia del monarca, con lo que desde entonces las cosas marcharon mucho mejor en la capital; y en Barcelona, luchó denodadamente por conseguir que todas las clases sociales estuviesen representadas en el *Conceil de Cent.* La fórmula que después de muchos forcejeos se aceptó fue la de elevar el número de *concellers* de 100 a 144, de los que serían 48 caballeros, 32 mercaderes, 32 artesanos y 32 menestrales.

Las reformas en la Corona de Aragón, tanto en el régimen señorial como en el municipal, fueron, de todos modos, mucho menos profundas que en Castilla. Los reinos aragoneses conservaron la mayor parte de sus instituciones tradicionales, en tanto que los castellanos experimentaban una radical transformación. Teniendo en cuenta este hecho, tal vez no resulte paradójica la afirmación de que los Reyes Católicos, sin proponérselo, más que unificar los reinos peninsulares, los diferenciaron todavía más, al menos en el terreno jurídico-constitucional.

La unidad religiosa

Los Reyes Católicos participaban de una idea muy común a su época: no puede lograrse la unidad política si no viene acompañada de la unidad religiosa. Esta unidad, en unos tiempos en que la religión trascendía profundamente a la vida pública y a las mentalidades colectivas, entrañaba también algo más sutil: lo que podríamos llamar «unidad moral». Es esa unidad sustancial en los pensamientos y en las actitudes de los españoles lo que confiere una personalidad tan marcada a nuestro Siglo de Oro.

Fernando e Isabel, tanto por motivos puramente religiosos como por entender que con ello realizaban obra política, pusieron buen cuidado en organizar la Iglesia española; no tuvieron inconveniente en incorporarse una serie de atribuciones que ponen las bases del *regalismo* español, aunque sea un regalismo encaminado, por lo general, a una mejor y más directa rectoría de las cuestiones eclesiásticas. La reforma de la Iglesia española, en la que prestó principal colaboración fray Francisco Jiménez de Cisneros (luego cardenal), tuvo un doble objeto: cultural y disciplinar. Las condiciones morales del clero mejoraron, y los obispos dejaron de ser señores feudales y de aliarse en los bandos nobiliarios, para atender primordialmente a sus funciones pastorales. No siempre fue posible arreglarlo todo; pero hay motivos para suponer que la reforma de la Iglesia en España, de la cual salió aquella más ejemplar, mejor organizada y con una mayor altura cultural, fue uno de los factores claves que explican el fracaso de la reforma protestante en nuestro país.

Pero el problema religioso no se limitaba a mejorar la eficacia de la Iglesia Católica, porque Fernando e Isabel, como sus antecesores, eran reyes «de las tres religiones», y tenían súbditos cristianos, judíos y musulmanes. La coexistencia de estas tres confesiones religiosas dio un carácter muy peculiar a nuestra Edad Media, y provocó agudos conflictos al sobrevenir la Moderna. Los judíos vivían, por lo general, en barrios —o *aljamas*— dentro de las grandes ciudades, dedicados a la artesanía, el comercio o la usura. Esta última actividad, que fue fuente de muchos abusos, parece que tuvo tanta importancia o más que la diferencia religiosa en la antipatía con que el pueblo, en su gran mayoría cristiano, miraba a los judíos. Desde el siglo XIV se hicieron frecuentes las luchas callejeras y las matanzas. Muchos judíos, impelidos por el miedo o por la conveniencia, optaron por la conversión al cristianismo: de suerte que parece ser que al llegar los Reyes Católicos al trono era ya más abundante el número de los conversos que el de los fieles a la religión mosaica. Pero ello no resolvió el problema, porque muchas de las conversiones, como ya puede suponerse, no eran sinceras, y dieron lugar a desconfianzas; aparte de que los judíos, conversos o no, seguían mostrando una habilidad especial para los negocios y —apoyados ahora en su proclamado cristianismo— para el encaramamiento a los altos cargos. Parece que la mayor parte de los puestos municipales estaban ocupados por ellos, lo que no tiene nada de particular, habida cuenta de que constituían, por su nivel económico, la flor y nata de la oligarquía urbana.

Las luchas seguían ensangrentando Castilla y Aragón —especialmente Castilla, de Toledo hacia el sur—, de suerte que Fernando e Isabel hubieron de intervenir repetidas veces para cortar incidentes y hacer justicia. Las acusaciones que hacían los *cristianos viejos* (escudando tal vez en ellas, muchas veces, motivos de resentimiento social o de despecho) eran que los conversos *judaizaban,* es decir, se hacían pasar falsamente por cristianos, para disfrutar de las ventajas que les concedía el serlo, pero seguían practicando ocultamente la religión judaica. Los Reyes no tenían medios para averiguar la verdad a través de los tribunales ordinarios, y en 1481 decidieron solicitar del Papa el restablecimiento del Tribunal de la Inquisición. Así fue como se impuso en España una institución destinada a jugar un importante papel histórico: por más que los Reyes Católicos, que la pidieron como un remedio puramente temporal para solucionar un problema concreto —el de los falsos conversos—, no pudieran ni imaginarlo.

El tema de la Inquisición, en lo que se refiere a los juicios históricos, se ha convertido en semillero de tópicos y lugares comunes, y constituye uno de los pilares fundamentales de la leyenda negra antiespañola. Por supuesto, es inútil tratar de comprenderla si no se la considera inmersa en un tiempo en que la intolerancia, en todos los países del mundo civilizado, era considerada como una virtud. Lo que resulta injusto es criticar al tribunal de la Inquisición española y no hacer lo mismo con los demás tribunales, religiosos o civiles, del resto de Europa. Por otra parte, la mayoría de las crueldades que se le imputan no resisten el análisis histórico. La época de mayor dureza fue la de los Reyes Católicos, sobre todo en los primeros años. Fueron condenados a muerte unos cuantos centenares —sin que quepa aún fijar el número exacto— de judíos que se hacían pasar por cristianos; pero también hay que tener en cuenta que fueron cortadas de raíz las sangrientas luchas entre «cristianos viejos» y «cristianos nuevos»: con lo que puede asegurarse que se ahorraron vidas humanas. En cuanto a sus procedimientos, la Inquisición por intolerable que resulte a nuestra visión de hoy, fue el más humano de los tribunales de la época.

Hay que hacer constar que el poder inquisitorial sólo se extendía a los bautizados, y, por consiguiente, nada podía contra los judíos que conservaban públicamente su religión. Evitó las luchas religiosas, no la existencia en España de otras religiones. Quedaban aún en los reinos españoles unos 200.000 judíos no conversos, y más de un millón de musulmanes, si tenemos en cuenta el reino de Granada. De momento, los Reyes Católicos, aunque aspiraban a la unidad religiosa del país, dejaron en paz a estas minorías, y relegaron la solución hasta después de terminada la Reconquista.

El Estado moderno

Fernando e Isabel reinaron y gobernaron. Pero el robustecimiento del poder real, que ellos personificaban, requería, paradójicamente, renunciar muchas veces a la directa gestión personal, y comisionar para los distintos aspectos del gobierno y administración de los reinos, a otras personas. Es así como se impone la figura del *funcionario,* elemento clave del Estado moderno. Ya hemos hablado de los *corregidores,* de tanta importancia en la vigilancia del municipio; un papel no menos decisivo desempeñan los *pesquisidores* y *veedores,* enviados a fiscalizar o a poner orden en determinada zona; las *Audiencias* o *Chancillerías,* órganos judiciales de alta apelación, que descargaron a los monarcas de la pesada tarea de administrar justicia personalmente.

Importancia fundamental tuvo la reforma del *Consejo,* acordada en las Cortes de Toledo de 1480. En vez de ser como hasta entonces un organismo asesor formado por palaciegos, se nutrió de juristas, universitarios salidos, por lo general, del patriciado urbano y de la clase media, peritos en leyes, en economía o en diplomacia. Pronto vemos ya al Consejo desglosado en *salas:* de Estado (Asuntos Exteriores), Hacienda, Justicia, Hermandad (orden interior)... Las salas irían haciéndose a su vez Consejos independientes, integradas por expertos, «técnicos» en cada materia. Es, sin duda, esta especialización y este conocimiento lo que hace prevalecer a los Consejos sobre las Cortes, tanto por lo menos como el absolutismo real. Los Reyes Católicos no destruyeron las Cortes, ni mucho menos (reunieron diez veces las de Castilla y nueve las de Aragón); pero esta institución semi-representativa inicia por entonces una decadencia (también una evidente ineficacia), que se acentuará en la época de los Austria.

Así llegó a consagrarse el nuevo Estado. Un cuerpo de funcionarios capaz de llegar a todas partes y de fiscalizarlo todo. Un ejército —como en seguida veremos— formado por soldados profesionales, que será en lo exterior lo que el funcionario es a lo interior. Este sentido de *profesionalización* es fundamental. Antes, apenas de nadie podía decirse que era un «militar» o un «político». Ahora, en que un numeroso equipo de hombres «fijos» ocupa una serie de cargos «fijos», puede decirse que ha nacido, de una vez para siempre, el Estado moderno.

La organización económica

Sin una hacienda próspera no es posible un Estado fuerte, como sin una economía próspera no es posible un país fuerte. El Estado moderno, con sus complicados servicios, exige más gastos que nunca; y, por otra parte, necesita favorecer la economía particular, sustento insustituible de la economía oficial. Tanto en provecho del Estado como por razones de bien común, trataron los Reyes Católicos, con particular interés, las cuestiones hacendísticas y económicas.

a) En cuanto a la Hacienda, su situación era desastrosa al comenzar el reinado. Los ingresos fiscales de Castilla, en tiempos de Enrique IV, no pasaban de 10 ó 12 millones de maravedíes anuales (el valor adquisitivo del maravedí equivalía, groseramente, a 10 ó 12 pesetas de 1999). Fernando e Isabel, más que crear tributos nuevos, prefirieron cobrar mejor los antiguos, y reorganizaron por completo el tinglado hacendístico, ayudados por un hombre sagaz y eficacísimo, el Contador Mayor Alonso de Quintanilla. En 1478, los ingresos fiscales de Castilla eran ya de 24 millones; en 1482, se habían elevado a 156, y a fines de siglo rozaban los 300 millones. Añadiendo otras rentas, como las de los maestrazgos de las Órdenes Militares, que fueron incorporadas a la Corona, tenemos que hacia el año 1500 la Corona castellana recibía anualmente más de un millón de ducados (un ducado equivalía a 375 maravedíes, cosa de 5.000 pesetas de 1999): cantidad que hoy puede parecernos modesta, pero que entonces era suficiente para fundamentar un imperio.

Los ingresos fiscales de la Corona de Aragón —intervenidos siempre por las Cortes y la Diputación del reino— sufrieron, en cambio, muchas menos modificaciones, y se mantuvieron sobre sus bases tradicionales: por supuesto mucho más modestas. Ello fue un factor decisivo en la castellanización del Estado español.

b) En cuanto a la política económica, los monarcas, en especial Isabel, siguieron una tendencia proteccionista, alentando la producción —a veces con premios muy curiosos al mejor artículo o al fruto más hermoso— y reglamentando cuidadosamente los precios, las ferias y mercados: sin comprender tal vez que tanta reglamentación significaba en ocasiones, más que una garantía, un entorpecimiento. Pero este afán de dirigirlo todo y de cortar posibles abusos es una tendencia general en toda la política de los Reyes.

Su mayor preocupación fue favorecer la economía de la lana. La lana de las ovejas merinas castellanas figuraba entre las más cotizadas del mundo. Una organización peculiar, la Mesta, regulaba la organización de los rebaños, su migración, sus cañadas o vías de paso. Las famosas ferias de Medina del Campo, Villalón o Rioseco eran los centros fundamentales de la compraventa de la riqueza lanera. El Consulado del Mar, establecido por los Reyes en Burgos (1493), distribuía la mercancía a los puertos del Cantábrico, donde embarcaba rumbo a Francia, Alemania o, especialmente, a los Países Bajos. Todo un complejo económico lanero, iba, sin solución de continuidad, desde los pastizales manchegos o extremeños hasta los famosos telares flamencos. Parte de la lana —aunque la mayoría se exportaba— era elaborada en la propia Península. Los paños de Segovia, por ejemplo, eran de una calidad insuperable. Fue así como los Reyes Católicos creyeron entender que la lana era la «principal sustancia destos reinos», y al favorecerla ayudaban a ganaderos, propietarios, mercaderes, tejedores, gañanes, marineros, etc.; es decir, a una gama muy amplia de intereses del país. La protección de la ganadería redundó inevitablemente en perjuicio de la agricultura (aunque los Reyes, por otra parte, trataron también de ayudar la producción agrícola). Tierras de labor quedaron convertidas en pastizales y bosques enteros fueron talados. Hay quien atribuye a la Mesta la deforestación de la meseta castellana.

Los Reyes pensaron sustituir la precaria producción cerealística de la Península por la de Sicilia —perteneciente, como sabemos, a la Corona aragonesa, y entonces granero de todo el Mediterráneo—. La fórmula lana castellana-trigo siciliano tenía sus inconvenientes, como se vio en 1502, en que la flota francesa, en guerra con España, bloqueó las costas italianas. Pero permitió marchar adelante durante mucho tiempo: hasta el siglo XVII. Hoy aún se sigue discutiendo si en España, país de tierra pobre en general, no será más rentable la ganadería que la agricultura. La política económica de los Reyes Católicos puede ser discutible, pero no se la puede criticar a la ligera.

3. EL FIN DE LA RECONQUISTA Y SUS CONSECUENCIAS

Dentro de la lucha por la unidad, la guerra de Granada merece ser destacada aparte. Significa al mismo tiempo el fin de la Reconquista y también la consagración del ejército moderno en España y de las nuevas formas de hacer la guerra.

Granada era el último reino musulmán que restaba en la Península. Comprendía aproximadamente las actuales provincias de Granada, Málaga y Almería, con una extensión de unos 30.000 kilómetros cuadrados y más de medio millón de habitantes. Aconchada en los contrafuertes de la cordillera Penibética, era difícilmente expugnable, y había resistido sin grandes pérdidas la hostilidad de los cristianos desde el siglo XIII. Sólo había tres posibles vías de penetración: la brecha del Guadalhorce, la depresión del Genil y las Hoyas de la zona oriental, Baza y Guadix. Las tres habrían de ser utilizadas sistemáticamente —y por el orden citado— para la invasión de Granada.

El desarrollo de las campañas

No es fácil precisar el momento de la ruptura. Fernando e Isabel tenían ya de antiguo el proyecto de terminar la secular empresa reconquistadora, pero la habían pospuesto hasta el momento propicio. En cuanto a los granadinos, parece que su monarca, Abulhasán, también deseaba el conflicto, con el fin de unir a sus súbditos, que vivían en interminables contiendas civiles.

Una serie de incidentes ocurridos en la parte occidental de la frontera en 1480 y 1481 dieron lugar a la declaración de guerra. Fernando el Católico creía fácil la victoria, en tanto que los granadinos confiaban en que, como tantas otras veces, saldrían airosos del conflicto.

La guerra, más larga de lo previsto, duró algo más de diez años —1481-1492—, y en ella pueden distinguirse dos fases perfectamente diferenciadas. En la primera (1481-1484) se siguen los patrones de la lucha medieval, en que el arma principal es la caballería y la táctica favorita la penetración rápida en territorio enemigo, para saquear y destruir. Los musulmanes contestaban de idéntica manera. Y aunque fueron ellos quienes sufrieron las mayores pérdidas, transcurrieron tres años y medio de lucha sin que perdieran prácticamente un metro cuadrado de su territorio. El fracaso del sitio de Loja enseñó a Fernando el Católico que había que cambiar de táctica.

Comienza así la fase de guerra moderna (1484-1490). Los ejércitos fueron regularizados y sus mandos coordinados entre sí. El arma principal pasó a ser la infantería, más lenta, pero mucho más capaz de controlar firmemente el territorio ocupado. Cada zona que se conquista, por pequeña que sea, ya no se vuelve a abandonar. La artillería adquiere una importancia fundamental para batir murallas y fortalezas, y como no es fácil transportar aquellas pesadas armas por los intrincados caminos penibéticos, se crea un verdadero cuerpo de ingenieros y pontoneros, destinado a abrir las vías necesarias. Aparecen incluso los primeros precedentes de la Sanidad militar, con los Hospitales del Rey y de la Reina. Las campañas van a realizarse de forma sistemática y con perfecta lógica sobre el mapa. Se ocupa primero la parte occidental del reino (1484-1485), hasta la caída de Ronda; luego la centro-occidental (1486-87), que culmina con la conquista de Málaga, y, finalmente, la zona oriental (1488-89), con la ocupación de Almería, Baza y Guadix.

Quedaba sólo Granada y su vega. Fue necesario organizar un sitio en toda regla, porque la capital gozaba fama de ser una de las ciudades mejor defendidas del mundo. No se podía ni soñar en tomarla al asalto; pero mediante un cerco férreo se la podía rendir por hambre. Granada resistió heroicamente hasta fines de 1491, en que su último rey, Boabdil, entró en tratos con Fernando e Isabel. El 2 de enero de 1492 se realizó la ceremonia formal de la rendición. La Reconquista, iniciada setecientos setenta años antes, había terminado.

Moriscos y judíos

La conquista de Granada, con su población musulmana y su fuerte minoría judaica, agravaba el problema de la diversidad religiosa, y los Reyes decidieron entonces abordarlo a fondo. Con los mahometanos se intentó una labor de captación, que dirigió el primer arzobispo de Granada, fray Hernando de Talavera. Su táctica era la llamada en lenguaje misional «técnica del perfeccionamiento», y consistía en respetar las tradiciones indígenas, para, a partir de ellas, cristianizar lentamente a aquella sociedad. Más tarde, Cisneros impuso la táctica de la «tabula rasa», rompiendo totalmente con la tradición musulmana, y partiendo de cero, como si los granadinos fuesen salvajes e ignorantes. El nuevo sistema chocó violentamente con la población conquistada, que estimó que los Reyes estaban faltando a los pactos de rendición. Hubo una sublevación en Granada el año 1500 y otra en 1502, que se corrió por toda la Alpujarra. Don Fernando tuvo que salir a campaña, y fueron inevitables las durezas. Desde entonces los musulmanes se encerraron en sí mismos y nada quisieron saber de convivencia con los cristianos; aunque teóricamente fueron expulsados todos los no convertidos, muchos siguieron viviendo en España y practicando más o menos ocultamente la religión islámica. Se convirtieron así en «moriscos». Como se trataba en su mayoría de agricultores útiles, y por vivir en el campo su influjo social era muy pequeño, hubo con ellos una notable tolerancia. Pero los moriscos se habían convertido para siempre en un quiste inasimilable en medio de la sociedad española.

Mayor era el problema de los judíos, por su residencia en las ciudades y su mayor influjo. Los Reyes no tomaron medidas contra ellos durante la guerra de Granada por prudencia y porque sus préstamos fueron en ocasiones muy útiles. Pero una vez finalizado el conflicto decidieron desprenderse de lo que consideraban un lastre. Las expulsiones de judíos estaban a la orden del día en toda Europa, de suerte que la medida tomada por Fernando e Isabel no fue en absoluto una excepción. En mayo de 1492 se ordenó salir de todos los reinos españoles a aquellos judíos que no quisieran convertirse en el plazo de cuatro meses. Se ha exagerado enormemente la cuantía de aquel éxodo, hasta suponer cifras cercanas al millón de emigrados. Hoy se cree que salieron entre 150.000 y 160.000 judíos españoles (sefardíes), que fueron a establecerse en el norte de África, Mediterráneo oriental, y algunos a la zona de los Países Bajos.

La sangría demográfica no fue, pues, excesiva. Sí lo fue cualitativamente, pues aquellos judíos eran cultos, hábiles, ricos y constituían lo mejor de la clase mercantil española. No es cierto que la expulsión dejó a los reinos peninsulares sin burguesía; pero es evidente que la debilitó de modo considerable. Y ello en un momento en que el descubrimiento de América —realizado pocas semanas más tarde— hubiera permitido a aquellos avisados hombres de negocios capitalizar en España inmensas riquezas.

El ejército moderno

La guerra de Granada reportó también otras consecuencias de incalculable importancia: la consagración de un ejército de corte moderno. La regularización de los cuadros y los mandos, el empleo de nuevas armas y nuevos sistemas tácticos, reportó un avance que hoy se considera decisivo en la historia de la guerra. Pero la transformación más importante fue aquella que hizo del militar un profesional. Nace ahora el *soldado,* es decir, el combatiente que sirve a sueldo, y que considera a la milicia como un empleo, por honorable y hasta por glorioso que sea.

La profesionalización regulariza también los cuadros y las unidades tácticas permanentes: la *alferecía* (100 hombres), la *capitanía* (500), la *coronelía* (12 compañías); más tarde también el tercio. Toda esta estructuración no obedece sólo a razones de interés técnico militar, sino también a motivos administrativos: con lo que el combatiente llega a ser algo muy parecido a un funcionario más dentro del escalafón del Estado.

4. LA POLÍTICA EXTERIOR

Hasta 1492 predominan en la política de los Reyes Católicos las preocupaciones internas. A partir de aquella fecha, clave en la historia de España, una vez ordenado y organizado el país, puesto ya a la altura de las grandes potencias del Renacimiento, lo que prevalece es la política exterior. Una serie de circunstancias imprevistas juegan en este cambio: pero también el espíritu ordenado de los monarcas, que una y otra vez nos producen la impresión de estar actuando conforme a un plan perfectamente razonado.

La expansión atlántica

El descubrimiento, la ocupación y la civilización de América por los españoles es uno de los hechos más destacados de la Historia Universal, y su exposición requiere un libro aparte. Pero necesitamos dejar aquí constancia, siquiera sumaria, de una realidad de la que no podemos prescindir en absoluto si queremos conocer el pasado español. La historia de América no puede explicarse desvinculada de la historia de España; pero tampoco puede explicarse la historia de España desvinculada de la historia de América.

El hecho de que el Nuevo Mundo fuera descubierto por una escuadra española, y precisamente el año 1492, es producto de una serie de circunstancias históricas, si se quiere fortuitas; pero lo es también de una serie de hechos de fondo que la hicieron posible: así la organización del Estado moderno, capacitado, justo desde aquel momento, para una empresa de semejante envergadura; el desarrollo de la Marina castellana, inexistente hasta el siglo XIV, pero muy activa en los últimos dos siglos, y la mejor preparada, junto con la portuguesa, para viajes de larga duración: un nuevo tipo de barco, la carabela, ágil y resistente, era ideal para la aventura que se avecinaba. Y contemos también, como factor de primordial importancia, la conquista de las Canarias, base perfectamente situada en la cabecera del «callejón de los alisios». Como que lo más probable era que la potencia que controlase las Canarias sería la primera en llegar a América. Y así fue.

La presencia castellana en aquel rico archipiélago había comenzado ya en tiempos de Enrique III, a comienzos del siglo; pero finalizó y se organizó durante el reinado de Fernando e Isabel. Las expediciones de Juan Rejón, Pedro de Vera y Alonso Fernández de Lugo, entre 1478 y 1496, tomaron posesión de Gran Canaria, Tenerife y La Palma, que eran las islas que restaban por ocupar. Todo en la empresa de las Canarias: las formas de conquista, la organización, las fundaciones, la fusión de razas, los métodos misionales, son un curioso y llamativo precedente —diríase que un entrenamiento— de lo que iba a verificarse años después, y a escala mucho mayor, en América.

Mientras tanto, un marino algo estrafalario, que se decía genovés y conocedor de todos los mares, seguía a los Reyes en demanda de ayuda para una gran empresa. Su idea, entre genial y equivocada, consistía en llegar hasta las costas de Asia navegando hacia Occidente. Fernando e Isabel dudaban en conceder aquella ayuda, porque los entendidos consideraban absurda aquella empresa —y tenían, técnicamente, razón— y porque se ignoraba la reacción de Portugal ante una línea expansiva no prevista en la paz de Alcaçovas. Pero la fe de Cristóbal Colón acabó triunfando. En 1492 los monarcas le concedieron el título de Almirante, tres carabelas y una serie de promesas si era capaz de llegar hasta el lejano Oriente. El viaje realizado entre el 3 de agosto y el 12 de octubre de aquel año constituye una de las más bellas aventuras de la humanidad. Colón y sus hombres no llegaron a Asia, como creían (y tal vez el descubridor murió todavía engañado al respecto), sino a un nuevo continente que andando los años se llamaría América. Los españoles preferirían, hasta el siglo XVIII, designarlo como en el momento de su descubrimiento: «las Indias»; y «los indios» a sus habitantes.

En viajes sucesivos, que se prolongaron hasta 1502, Colón exploró la zona de las Antillas y el Caribe, hasta las costas de la América Central. Otros descubridores ampliaron el camino conocido. Pero el viaje era largo y peligroso, el clima insano y las riquezas que se esperaban encontrar no aparecían por ninguna parte. Para más, Colón se mostró como un mediocre gobernador de aquellos territorios, y al fin se le hizo regresar a la Península, donde murió no pobre, pero sí un tanto desprestigiado. La tierra de promisión se estaba convirtiendo en tierra de perdición. Habrían de pasar todavía unos decenios antes de que el Nuevo Mundo diera de sí todo lo que la Historia podía esperar del Descubrimiento.

La expansión mediterránea

La política exterior de Castilla tendía al Atlántico —y al Cantábrico, por donde las lanas merinas llegaban a Flandes—, en tanto que la de Aragón tendía al Mediterráneo, y se enfrentaba con Francia, sobre todo a la hora de disputarse la hegemonía sobre Italia, territorio rico y culto, pero fragmentado en pequeños Estados que recurrían en sus continuas disputas a la intervención extranjera.

Fernando el Católico fue un ferviente y hábil continuador de la tradición aragonesa. Astuto diplomático, y contando ya con un Estado moderno y lleno de vitalidad, se lanzó a la aventura de Italia, hasta imponer allí la hegemonía española.

Con ello se mantiene una política de expansión mediterránea que los reyes de la Casa de Austria no harían más que continuar.

La intervención española estuvo motivada por las ambiciones del rey de Francia, el joven y quimerista Carlos VIII, que soñaba con apoderarse de Nápoles, para desde allí lanzarse —así decía él— a la reconquista de los Santos Lugares. El tratado de Barcelona (1493), obra maestra de la diplomacia de Fernando el Católico, devolvía a España el Rosellón, la quinta provincia de Cataluña, a cambio de la neutralidad española, que permitiría a Francia cualquier acción, «salvo contra el Papa». Pero cuando Carlos VIII quiso invadir Nápoles, Fernando recordó su condición de feudo pontificio. Los franceses se decidieron, de todos modos, a la aventura; pero el aragonés, maniobrando con su habilidad característica, organizó una alianza general (el Papa, el Emperador, España y los príncipes italianos), que expulsaron a los invasores. Nápoles fue devuelto a su rey, primo del aragonés.

Con ello no quedaba resuelto el pleito, ni mucho menos. Las ambiciones de Francia no tardarían en retoñar, y los españoles aspirarían también a un efectivo control de Italia. El nuevo monarca francés, Luis XII, más cauto que su sobrino Carlos VIII, estudiaría la cuestión, y acabaría firmando con Fernando el Católico el tratado secreto de Granada (1500), que preveía el reparto del reino de Nápoles entre las dos potencias, Francia y España. La ocupación se verificó en 1501, pero pronto surgieron problemas de límites, que acabaron desembocando en la guerra abierta entre españoles y franceses. Fue entonces cuando se reveló el genio militar de Gonzalo Fernández de Córdoba, el Gran Capitán, que, valiéndose de la superioridad de las armas defensivas —los arcabuces— sobre las ofensivas —la caballería—, revolucionó totalmente las tradiciones de la guerra medieval, aniquilando primero las vanguardias enemigas desde sólidas posiciones de defensa, para contraatacar de flanco una vez desarticulado el adversario, hasta obtener una victoria completa. Tal fue el secreto de las victorias de Ceriñola y Garellano (1502 y 1503), que aseguraron la posesión de Nápoles. Aquel reino quedaría íntimamente ligado a España y sus destinos (con los consiguientes contactos culturales y artísticos) hasta el siglo XVIII. La infantería española consagraba de paso su superioridad, que habría de mantener durante ciento cincuenta años.

5. LA ÉPOCA DE LAS REGENCIAS

En 1504, cuando contaba poco más de cincuenta años, murió Isabel la Católica. Su desaparición implicó un verdadero problema sucesorio, porque don Fernando no era, en el fondo, más que un rey consorte, y la muerte de los hijos mayores dejaba la herencia a una princesa anormal —Juana la Loca—, casada con un príncipe flamenco, Felipe el Hermoso, ambicioso y que aborrecía a los españoles. La crisis sucesoria va unida, lógicamente a una crisis de poder, en que afloran de nuevo los elementos que antaño habían disputado la primacía al poder monárquico: la nobleza y la oligarquía ciudadana. Ello demuestra que la obra de robustecimiento del poder monárquico-estatal realizada por los Reyes Católicos, aunque de una eficacia indiscutible, no estaba aún del todo consolidada. Para más, la crisis interna se combina con una reacción exterior ante los triunfos españoles en Italia y su consiguiente hegemonía. La unidad de España queda en peligro, lo mismo que su papel en la política internacional, hasta que la habilidad de Fernando el Católico y la conjunción de algunas circunstancias favorables permiten salvar el bache, y legar íntegros, y hasta acrecentados, los reinos hispánicos al hijo de Juana la Loca, Carlos I, el futuro Emperador.

Fernando el Católico y Felipe el Hermoso

En su testamento, la reina Isabel dejaba sus dominios de Castilla a su hija doña Juana, aunque, en el caso de que ésta «no quisiera» o «no pudiera» gobernar, quedaría como gobernador (regente) Fernando el Católico. Era una solución a medias que podía provocar conflictos y que critican sistemáticamente los historiadores aragoneses. Aunque es dudoso que desde el punto de vista legal-constitucional pudiese Isabel hacer otra cosa.

La venida de Juana —que se encontraba entonces en los Países Bajos— implicaba el gobierno de hecho de su marido, Felipe el Hermoso. Fernando el Católico hizo lo posible por retrasar aquel momento, y se mostró un habilísimo diplomático al desarticular una alianza general de las potencias europeas contra España; pero al cabo tuvo que resignarse a recibir a sus hijos en Castilla. Aunque se había acordado (concordia de Salamanca, 1505) que gobernarían los tres a un tiempo, Fernando, Juana y Felipe, era evidente que el Rey Católico y su yerno resultaban incompatibles. A primera vista cabe imaginar que don Fernando tenía que ser mucho más popular en Castilla, pero el hecho es que se vio de pronto falto de apoyo. No hay que olvidar que la unión matrimonial entre los reinos castellano y aragonés no había suprimido del todo los recelos mutuos, y que hay testimonios, todavía en 1506, de que los castellanos «no querían ser gobernados por los aragoneses»; y, sobre todo, que Felipe el Hermoso, aunque poco grato al carácter español, venía de un país, como Flandes, donde la nobleza y las ciudades conservaban aún sus privilegios medievales: con lo que los estamentos correspondientes de Castilla creyeron encontrar una ocasión magnífica para recuperar su antigua situación. La nobleza respaldaba como un solo hombre a don Felipe. El Rey Católico se sintió falto de apoyo y, para evitar una guerra civil, o para dejar que su adversario se desacreditara, se retiró a sus Estados de Aragón.

El reinado de Felipe el Hermoso en Castilla duró sólo unos meses, y descontentó a todos, incluyendo a los nobles. Murió en Burgos, en circunstancias mal aclaradas, en aquel mismo año 1506. Doña Juana, más fuera de sus cabales que nunca tras la muerte de su esposo, era totalmente incapaz de gobernar. La lógica imponía con fuerza indiscutible la regencia en Castilla del rey de Aragón. La unidad de España estaba salvada.

Fernando el Católico en Castilla

«No hay reinar sin Castilla», cuentan que dijo don Fernando a su regreso. De los cuarenta y cinco años de su reinado, cuarenta los pasó en Castilla y sólo cinco en sus reinos propios de Aragón. Aquí todo eran complicados legalismos, en tanto que los castellanos ofrecían una resistencia mucho menor —o menos organizada— al poder real. Fernando es así, por paradoja, el fautor del centralismo castellano, de la política que hace de Castilla el nervio y eje de la España moderna. Su táctica con los nobles, entre 1507 y 1509, suave y enérgica a un tiempo, aliándose con unos para combatir la ambición de los otros, fue toda una obra maestra. Ya no volvería a darse el peligro de los bandos nobiliarios.

Fue también por aquellos años cuando tuvo lugar el verdadero «descubrimiento» de América, es decir, la conciencia de que las tierras encontradas por Colón no eran Asia, sino un nuevo continente. La Junta de Navegantes de Burgos, reunida por el Rey Católico (1508), decidió dos grandes empresas simultáneas: una, realizar el sueño imaginado por Colón, y que en realidad no se había cumplido, es decir, llegar a las costas de Asia navegando hacia Occidente; otra, ya que en medio del camino había aparecido un continente nuevo —América—, emprender la ocupación y civilización de este continente. El gigantesco proyecto comenzaría a realizarse ya en tiempos del Rey Católico (expediciones de Vicente Yáñez Pinzón, Juan Díaz de Solís, Ojeda y Nicuesa), pero no culminaría sino en los primeros años de su sucesor Carlos I, con la epopeya de Magallanes-Elcano y las grandes conquistas americanas.

Al mismo tiempo, don Fernando procuraba la centralización y estatalización de las nacientes conquistas trasatlánticas. Al descubridor por cuenta propia, o a la figura del *Adelantado* —al que se conceden amplias libertades en su aventura—, sucede la del *Gobernador,* como Pedrarias Dávila, funcionario a sueldo, y que llega al Nuevo Mundo provisto de instrucciones muy concretas. Fernando el Católico es así no sólo el centralizador de Castilla, sino el centralizador de América.

La política africana

Una vez pacificada y en orden la Península, el activo monarca pudo poner mano en una empresa que durante mucho tiempo habían acariciado tanto Fernando como Isabel. Nos referimos a la conquista del norte de África, que entonces se consideraba, aparte de su significado misional, como la continuación natural de la Reconquista. Ya durante el reinado conjunto se había tomado Melilla (1497), y en 1505 se ocupó Mazalquivir. Pero fueron los tres años de paz que van de 1508 a 1510, inclusive, los mejor aprovechados. Durante ellos, una serie de expediciones sistemáticas dan lugar a la conquista o al sometimiento pacífico del Peñón de Vélez, Orán, Burgía, Argel, Túnez, La Goleta y Trípoli: es decir, el dominio de más de la mitad de la costa norteafricana. El logro no fue nada despreciable, y tuvo una gran importancia estratégica (dominio de bases de vital importancia) tanto como económica (extirpación de la piratería que entorpecía el tráfico mediterráneo); pero la conquista no fue duradera ni profunda. El sueño de ganar para España y para la Cristiandad todo el norte de África quedó incumplido. Quizá porque Pedro Navarro, que fue el encargado de aquellas operaciones, era un experto en el asalto a plazas fuertes, pero carecía de una visión estratégica en profundidad, como la que hubiera tenido, por ejemplo, el Gran Capitán. Quizá también porque la tradición catalanoaragonesa, típicamente mediterránea, consistía en la ocupación de puntos clave, no en grandes conquistas territoriales. A partir de 1510, las guerras italianas (que Fernando, al parecer, no deseaba) obligaron a distraer la atención de África. Pero quizá la principal causa del abandono de aquella empresa haya que encontrarla en América. El Nuevo Mundo ofreció bien pronto unas perspectivas infinitamente más tentadoras y grandiosas que las resecas tierras africanas. África no llegó a ser católica y española; pero sí lo fue América.

Nuevas guerras europeas. Italia y Navarra

En 1508 un Papa inquieto del Renacimiento, Julio II, formalizó una alianza general contra la República de Venecia, bajo la acusación de haberle arrebatado algunos territorios. En la alianza participaron el Imperio, Francia y los príncipes italianos. España fue invitada también, y Fernando acabó aceptando, al parecer de mala gana, para no quedar al margen de la política internacional. Los franceses fueron los que intervinieron con más medios e interés, y también los que se quedaron con la mejor parte. El Pontífice, desengañado, quiso formar en 1510 una nueva alianza (la Liga Santa), antifrancesa. Fernando el Católico se negó durante mucho tiempo a intervenir en ella. Sólo cuando el monarca francés, Luis XII, quiso reunir un concilio en Pisa para nombrar un antipapa, se decidió a lanzar a las tropas españolas a la acción, que colaboraron eficazmente en la expulsión de los franceses de Italia.

Aquella guerra no deseada tuvo, sin embargo, un premio en cierto modo imprevisto. Navarra, el pequeño reino situado entre España y Francia, se vio arrastrado al conflicto. Tanto españoles como franceses buscaron su alianza, para asegurarse aquella estratégica zona y disponer de una cómoda vía de paso para la invasión del país enemigo. Aunque los navarros se sentían españoles, estaban gobernados por un rey de origen francés, Juan de Labrit, feudatario por sus Estados de Bearne del rey de Francia. Estas circunstancias obligaron a los monarcas navarros, Juan y Catalina, a elegir la alianza francesa. Entonces Fernando el Católico ordenó la invasión de Navarra, operación que el duque de Alba realizó en cinco días (21-25 de julio de 1512). El hecho no se explica sin la colaboración de una buena parte de la población del país. Los navarros fueron los primeros en rechazar, meses después, un intento de los franceses por reponer a Juan y Catalina. Fernando el Católico incorporó Navarra a sus reinos, pero respetando todas sus leyes e instituciones.

El interregno

Los últimos años de la vida de Fernando el Católico, como los de Isabel, estuvieron amargados por la cuestión sucesoria. El heredero de la Corona era el príncipe Carlos, archiduque de Flandes, hijo de Felipe el Hermoso y Juana la Loca. El monarca español hubiera deseado tenerle consigo, para educarle en el ambiente peninsular y conferirle toda su inmensa experiencia de gobierno. Pero tanto el emperador Maximiliano, su abuelo paterno, como los flamencos se negaban a que el príncipe viniera a España a educarse. Aparte de ser archiduque de los Países Bajos tenía las máximas probabilidades de ser elegido, a la muerte de Maximiliano, emperador de Alemania. Y, en este caso, ¿cuál iba a ser el papel de Carlos como rey de España? ¿No se corría el riesgo de que ésta se convirtiera en un simple satélite del Imperio? Por eso Fernando el Católico, cuando vio que no podía traer a España al príncipe Carlos, pensó en modificar su testamento en beneficio de su nieto menor, Fernando, nacido en Alcalá de Henares y educado en sus reinos. Sólo en los últimos momentos, ante el temor de una alianza internacional contra España, se decidió a ratificar los derechos de Carlos. Los temores del monarca aragonés eran en realidad fundados y lógicos. Es cierto que, en su mayor parte, no se cumplieron; pero entonces resultaba imposible prever la hispanización de la casa de Austria.

Fernando murió en enero de 1516. El príncipe Carlos seguía en los Países Bajos, y hubo que nombrar, por tanto, una regencia. Los reinos castellanos fueron confiados al cardenal Jiménez de Cisneros, y los aragoneses al arzobispo de Zaragoza, don Alonso de Aragón. Los dos prelados no podían ser personas más distintas. Cisneros era un humanista, fundador de la Universidad de Alcalá y editor de la famosa *Bíblia Políglota Complutense,* verdadero alarde de erudición y de la técnica tipográfica de aquellos tiempos. Pero era también un hombre enérgico, que había colaborado con los reyes en la reforma de la Iglesia española, y se había convertido luego en su principal consejero político. Por eso no es extraño que Fernando le hiciese regente gobernador de Castilla. Pero los títulos de Cisneros —regente nombrado por otro regente— eran un tanto discutibles y, además, el cardenal se encontraba en los últimos años de su vida. Los dieciocho meses que mediaron hasta la llegada de don Carlos fueron para él agotadores. Señores y ciudades rompían los lazos de dependencia al poder central, mientras el octogenario regente se esforzaba, a veces sin conseguirlo, por mantener el orden, pero haciendo siempre gala de una energía admirable. Para contener los desmanes de la nobleza creó la *Milicia de la Ordenanza,* un cuerpo de 33.000 hombres, cuya administración, por falta de dinero, hubo de conceder a las ciudades, dando a éstas una fuerza que muy pronto (Comunidades de Castilla) iba a convertirse en un peligro.

Don Alonso de Aragón era, en cambio, mucho menos enérgico, aunque dotado de cierta capacidad diplomática que le permitió capear el temporal. La nobleza aragonesa creyó haber llegado el momento de separar aquellos reinos de Castilla. La familia de los Lanuza fue la más activa en aquel movimiento señorial. Se llegó a pensar en proclamar rey de Aragón al propio regente (hijo natural de Fernando el Católico), pero pronto se vio que don Alonso no aceptaría en modo alguno la solución. Entonces cundió la idea de traer al príncipe Fernando, que estaba en Castilla; pero el arzobispo se enteró a tiempo de la conjura, y la puso en conocimiento de Cisneros, que se apresuró a tomar al joven príncipe a su cargo. Cuando el nuevo monarca, Carlos I, desembarcó en Villaviciosa de Asturias, en el verano de 1517, recibía una España difícil, pero con su integridad definitivamente a salvo.

II. EL SIGLO DE LA EXPANSIÓN HISPÁNICA

En 1517, en virtud de un juego de herencias que Fernando e Isabel no buscaron, la Corona española fue a parar a la Casa de Austria, que habría de gobernar el país por espacio de doscientos años. España quedó así vinculada a intereses generales europeos que en parte desvirtuaron el camino que sus propios intereses le marcaban; si bien esta vinculación permitió a los españoles ampliar sus miras y desarrollar en Europa una misión más amplia y trascendente de la que hubiera podido imaginarse en tiempos de los Reyes Católicos.

Por otra parte, la conquista de América, que se lleva a cabo al mismo tiempo que la vinculación a Europa, extiende todavía más, hasta los últimos confines del mundo, la actividad de los españoles, que se encuentran así embarcados, de la noche a la mañana, en una aventura ecuménica que una generación antes hubiera resultado impensable.

Geográficamente, el imperio de la Casa de Austria tiene, por tanto, tres grandes zonas de actuación, cada cual con su papel específico dentro de la función del conjunto. Tenemos, en primer lugar, el núcleo formado por los Estados peninsulares, y entre ellos Castilla, el reino que por circunstancias que ya conocemos fue más fácilmente centralizado por el poder real, aquel que aportó los mayores esfuerzos, tanto humanos como económicos, y aquel también, esa es la verdad, que secundó con mayor entusiasmo las iniciativas de los monarcas y dio, por regla general, las ideas y los ideales que rigieron al imperio. Castilla fue así, al mismo tiempo, la víctima y la directora de la política imperial de tiempos de los Austria; cargó con la mayor parte del peso, pero también con la mayor parte de la gloria. Los restantes reinos peninsulares —los aragoneses, Navarra y, a su tiempo, Portugal— participaron también en el esfuerzo, pero en menos proporción. Castilla fue la cabeza de aquel imperio regido por una familia alemana que terminó castellanizándose hasta la médula.

América, por su parte, cumple una función de abastecimiento. Su conquista fue más fácil de lo que hubiera podido imaginarse, y extraordinariamente rápida. Una vez controlados aquellos inmensos territorios, comenzaron a rentar fabulosas riquezas (especialmente plata), capaces de operar una verdadera revolución en la economía de todo el mundo civilizado. Aquella riqueza, por razones que a su tiempo iremos conociendo, no pudo ser capitalizada en la Península, y se disipó en su mayor parte; pero permitió el uso de unos medios económicos que explican en gran parte el poderío militar y la maquinaria burocrática de la monarquía de los Austria: de modo que son los militares y los funcionarios los que mantienen la hegemonía española en el mundo por espacio de siglo y medio.

Contemos, en tercer lugar, los dominios extrapeninsulares en el Antiguo Continente. Aquellos dominios, recibidos por herencias diversas, que refluyeron en la afortunada Casa de Austria, eran, aparte de los reinos españoles y el imperio alemán: Holanda, Bélgica, Artois, Luxemburgo, el Franco Condado de Borgoña, Milán, las plazas de Parma, Nápoles, Sicilia y algunas ciudades del norte de África. Carlos V, el emperador, no tuvo una visión nacionalista. Su imperio era un conglomerado de países cristianos independientes entre sí y ligados tan sólo por su obediencia a un monarca común. Con Felipe II el gobierno se hispaniza, puede hablarse ya de un «imperio español», y este proceso se incrementaría bajo los monarcas siguientes. Con todo, los territorios extrapeninsulares gozan, desde el punto de vista jurídico-político, de una administración casi autónoma; no puede hablarse en modo alguno de colonias: sí en cierto sentido —aunque la frase hoy día resulta equívoca— de «países satélites». Son, ante todo, bases militares. En Flandes, el Franco Condado, Milán, siempre hubo fuertes guarniciones españolas, y la casi totalidad de las operaciones de nuestros ejércitos en Europa fueron emprendidas no desde la Península, sino desde aquellos territorios. Su papel estratégico —extraordinariamente bien situados todos ellos sobre el mapa— fue fundamental, y sin él no podría comprenderse el desarrollo del poderío español en el ámbito europeo.

La entronización de la Casa de Austria tuvo así la virtud de dotar a España de una política de los más altos vuelos, y también el inconveniente de lanzarla a una serie interminable de empresas en las que no se dirimían intereses específicamente españoles, y que acabaron por agotar totalmente al país, y conducirlo a una tremenda decadencia. El esfuerzo se notó en el aspecto demográfico, hasta reducir la población de España, en uno o dos millones de habitantes; y en el económico, al emplearse todos los recursos del país y los enormes caudales procedentes de las Indias en las empresas exteriores. La obra de los Austria es susceptible así de las más opuestas valoraciones. Por una parte, lanzaron a los españoles a una tarea de alcance universal, en que el genio hispano supo mostrar una vitalidad y una energía colectiva como nunca en su historia; por otro lado, desviaron el curso lógico de la historia de España, administraron pésimamente, agotaron y esquilmaron el país. Una visión imparcial de aquella realidad histórica ha de tener presentes ambos hechos a la vez.

Ahora bien: atribuir estas virtudes y estos defectos exclusivamente a los monarcas de la dinastía austríaca parece que sería también una versión incompleta de la realidad. Los Habsburgos fueron, efectivamente, unos gobernantes idealistas, caballerescos, profundamente religiosos y con muy poco sentido práctico en el manejo de los bienes materiales. Pero es que esas mismas cualidades fueron también las específicas de los españoles de la época. El tránsito del siglo XV al XVI representa el retroceso total de la burguesía y el triunfo otra vez de la nobleza: no como en la Edad Media, en que constituía casi un poder aparte; pero sí mediante el desempeño de los principales cargos del Estado, de la mayor parte de la riqueza del país y, sobre todo, de un prestigio moral, de un estilo de vida «noble», «hidalgo», profundamente idealista, que es tomado por casi todo el mundo como modelo. Todas las cosas importantes que hacen los españoles en tiempos de los Austria —las grandes conquistas, las aventuras caballerescas, la defensa de la ley, las realizaciones del arte y de la literatura, la profundidad del pensamiento...—; también todos sus defectos —el quijotismo excesivo, la falta de sentido práctico, el poco gusto al trabajo, el despilfarro de las posibilidades económicas— se deben a este sentido «nobiliario» o hidalgo de la existencia. Y sería tremendamente exagerado creer que todos estos rasgos —tan característicos del temperamento español— les fueron infundidos a los habitantes de la Península por los reyes de la Casa de Austria.

De lo que sí puede hablarse es de una especie de simbiosis, de una identificación entre los ideales del Estado y los ideales del pueblo, como pocas veces se verificó en nuestra historia. Ello explicaría la hispanización inmediata de aquellos monarcas rubios y de ojos azules que muy pronto olvidaron el alemán (Felipe II se reconoció incapaz de aprenderlo), y la devoción con que la nueva dinastía, salvados los primeros y naturales recelos, fue recibida en España. No es fácil precisar si los reyes influyeron en los españoles o los españoles en los reyes: las opiniones de los historiadores están divididas en este sentido. Lo más natural parece aceptar una influencia mutua y una total, si no completa, compenetración. Sin tener en cuenta esta comunidad de ideales y de conceptos —la «unidad moral» que ya habían perseguido Fernando e Isabel— no podríamos comprender en absoluto el enorme despliegue de energías de que hicieron gala los españoles durante el llamado Siglo de Oro.

1. CARLOS I EN ESPAÑA

En septiembre de 1517, el archiduque Carlos de Gante, convertido ya en rey de España, desembarcaba en las costas asturianas. Nadie entonces hubiera podido adivinar en él a uno de los personajes clave de toda la Edad Moderna. Carlos de Gante es, como ha dicho uno de sus más ilustres biógrafos, Peter Rassov, un tipo de hombre que escasea en la historia: pensador y realizador a la vez. Su concepto de Imperio como una gran comunidad de los pueblos cristianos de Occidente responde a una idea antigua, pero adquiere con él ribetes nuevos y geniales. Los exacerbados nacionalismos del siglo XIX criticaron en él la falta de un concepto de nación; hoy las ideas supranacionales y el integracionismo europeo tienden a agigantar su figura.

Aquella superación de lo nacional la adquirió Carlos no sólo de la tradición imperial o de la formación ideológica que le inculcaron, sino también de la propia naturaleza heterogénea de sus dominios. Una fortuna fabulosa le deparó grandes herencias territoriales procedentes de sus cuatro abuelos: el emperador Maximiliano, María de Borgoña y los españoles Fernando e Isabel. Concretamente, Carlos recibía los derechos al imperio alemán, el archiducado de Austria con sus territorios anejos, los Países Bajos, el Franco Condado de Borgoña, los reinos de Castilla, los de Aragón, Nápoles, Sicilia, Navarra, las plazas africanas y los inmensos territorios —todavía en trance de conquista— de las Indias. Su imperio habría de extenderse de Konigsberg a Santiago de Chile. Nadie hasta entonces en la historia había dominado tan vasta extensión del mundo.

Y, sin embargo, cuando Carlos llegó a España parecía indigno de semejante herencia. Era un joven de diecisiete años, de aspecto distraído, un tanto abúlico e indeciso, casi siempre boquiabierto por efecto de una enfermedad respiratoria, y con el labio inferior muy saliente, lo que le daba un perfil de caricatura. Había recibido una educación esmerada y una sólida formación doctrinal, pero carecía casi por completo de experiencia de gobierno, y se fiaba de un modo total de los consejeros que con él habían venido, en su mayoría flamencos. Sobre todo, el gentilhombre Guillermo de Croy, señor de Chièvres, y el canciller Sauvage, parecían los nuevos dueños de España. Y como el rey no hablaba castellano, todas las audiencias, peticiones y demás tenían que pasar a través de ellos.

Varios cargos públicos y hasta obispados fueron a parar a manos de aquellos extranjeros; algunos atesoraron grandes cantidades de dinero, y es indudable que se cometieron muchos abusos, aunque no tantos como luego divulgó la leyenda. El hecho es que España se veía gobernada de pronto, no ya por un rey extranjero, sino por un equipo de gobernantes que en parte era extranjero también, y que con un molesto sentido de superioridad miraba a los reinos peninsulares casi como a un país conquistado. Aquí está la raíz de la aversión con que el nuevo gobierno fue mirado por los españoles desde el primer momento: más sin duda por extraño que por injusto.

Los consejeros flamencos tenían buen cuidado en evitar que se reunieran los órganos tradicionales de asesoramiento (las Cortes, los Consejos), para evitar que las quejas llegaran al monarca. Sin embargo, la falta de dinero obligó a convocar las Cortes de Valladolid (1518), para pedir un subsidio. En aquella asamblea, el diputado Zumel, en nombre de la mayoría de los presentes, expuso una auténtica lista de agravios, y presentó un programa de españolización de la Corte y el gobierno. Carlos, que comprendió los motivos de su impopularidad, prometió atender las peticiones. El hielo parecía roto, y una nueva política estaba a punto de iniciarse cuando nuevos acontecimientos vinieron a complicar extraordinariamente el panorama.

En efecto, en julio de 1519, Carlos I fue elegido emperador de Alemania (Carlos V). Realmente este había sido su sueño, muy superior al de la Corona española. Había empeñado su fortuna (y solicitado a los banqueros alemanes la entonces fabulosa suma de 850.000 florines) para asegurarse la elección. Cumplido el mayor deseo de su vida, Carlos no hacía más que pensar en Alemania y en embarcarse cuanto antes con destino a aquel país. A este efecto no tuvo más remedio que convocar nuevas Cortes, a fin de reunir la suma necesaria para el viaje y para hacer frente a los tremendos gastos que se avecinaban. La ciudad elegida fue Santiago de Compostela, sin duda por encontrarse lo más lejos posible de los grandes núcleos urbanos de Castilla, que eran el foco principal de las protestas.

En las Cortes de Santiago —trasladadas luego a La Coruña— predominó el ambiente tormentoso. Los representantes de las ciudades se negaban a conceder el dinero si no eran antes atendidas sus peticiones; en tanto que los delegados del monarca exigían el orden inverso. Al fin, los procuradores cedieron a disgusto. Otorgaron un subsidio de 600.000 ducados, y vieron cómo se disolvían las Cortes sin atender a las 61 peticiones que habían formulado. El joven emperador nombró regente de España a un extranjero, Adriano de Utrecht, y embarcó en La Coruña con rumbo a Alemania. Nadie sabía si regresaría alguna vez.

Las revoluciones de 1520

Los hechos expuestos nos permiten comprender, sin más, el descontento, las protestas y hasta la revuelta armada que siguieron a la marcha de Carlos I. El motivo parece suficiente; y, sin embargo, lo que podríamos llamar las «revoluciones de 1520» obedecen a causas muy complejas, aún no bien del todo estudiadas, en las que el descontento que acabamos de exponer no es más que un factor. Y lo que es peor: estos movimientos, las Comunidades de Castilla y las Germanías de Valencia, han sido interpretados frecuentemente con apasionamiento político, y se les ha querido aplicar la misma terminología y los mismos módulos ideológicos o coyunturales propios de las revoluciones de los siglos XIX o XX.

En primer lugar, parece razonable estudiar conjuntamente ambas revoluciones. Comunidades y Germanías, aunque se desarrollan en focos distintos y sin apenas contactos, tienen lugar exactamente al mismo tiempo, y obedecen a causas de fondo muy similares, si no idénticas. En segundo lugar, no parece conveniente estudiar los movimientos de 1520 como un episodio aislado, sino como un capítulo —el último— de una larga lucha que venía ya planteada del siglo anterior. Ahora, como entonces, veremos en juego las tres fuerzas tradicionales: monarquía, nobleza y oligarquía municipal, y veremos también, lo mismo que en tiempos de los Reyes Católicos, cómo la monarquía se aprovecha del enfrentamiento entre los otros dos estamentos para reforzar su poder.

Y, en tercer lugar, no podríamos comprender cabalmente el desarrollo de los acontecimientos si no tuviéramos en cuenta la diversidad de factores desencadenantes. El factor común es, por supuesto, el descontento contra la actitud de un rey extranjero que, además, acaba ausentándose del país, y contra el gobierno de sus consejeros flamencos y sus reiterados abusos. Otro factor, al que últimamente se está dando importancia, es una elevación brusca de los precios alrededor del año 1520, y que algunos autores consideran provocada por las primeras aportaciones del metal precioso americano. En el siglo XV los precios habían tendido a bajar, porque la producción aumentaba más deprisa que la cantidad de dinero existente; ahora, una repentina afluencia de dinero invierte los términos, y se registra el primer ciclo de inflación de la

Edad Moderna. Pero hay que contar también con el factor social, que es probablemente el factor de fondo. Hoy ya no puede sostenerse que las Comunidades sean un fenómeno exclusivamente político y las Germanías un fenómeno exclusivamente social. En ambos vemos el levantamiento de la burguesía ciudadana y de los oficiales de los gremios —ligados de siempre a la vida municipal— contra la nobleza, antaño campesina y montaraz, y que ahora intenta intervenir cada vez más en la vida de la ciudad. Los ideales que defienden comuneros y agermanados, más que democráticos, son burgueses (entendiendo por burguesía lo que ésta era a principios del siglo XVI), y se cifran en la rebaja o supresión de los impuestos, el mantenimiento o aumento de los privilegios municipales y la instauración de un régimen de ciudades-estado, autónomas o semiautónomas. Quizá resulte significativo que tanto los comuneros de Toledo como los agermanados de Valencia hablasen de tomar como modelo a Venecia, la república del Adriático gobernada por acaudalados patricios. Así es como, en medio de la protesta general contra la marcha de Carlos I y la arbitrariedad de los flamencos, aflora una rebelión de la clase urbana que va al mismo tiempo contra la nobleza de sangre y contra el centralismo del Estado moderno. Serán los nobles los que, al tener que combatir por sus propios intereses contra los sublevados, den el triunfo, muchas veces sin proponérselo, al Estado y, por consiguiente, al poder real.

a) La revuelta de las Comunidades en Castilla reviste dos etapas perfectamente diferenciadas. La primera (junio-octubre de 1520) es de guerra fría, siendo bastante raros los casos de violencia. Se envían memoriales, se hacen peticiones, se reclama la vuelta del rey y se desconoce muchas veces la autoridad del regente. Carlos I, advertido por las angustiosas cartas de Adriano de Utrecht, comprende al fin la gravedad de la situación, y desde los Países Bajos o Alemania trata de poner remedio. Promete regresar cuanto antes a España, deroga la exacción de los 600.000 ducados y nombra otros dos regentes, el condestable Velasco y el almirante Enríquez. En la regencia trina había ya mayoría de españoles.

Los motivos de protesta habían ya en buena parte desaparecido. Fue entonces cuando los extremistas decidieron precipitar la situación, y se lanzaron a la guerra abierta: comienza así la segunda etapa (octubre de 1520 a abril de 1521). La protesta, al radicalizarse, perdió apoyos. Se formó una junta (la Junta Santa) de 15 ciudades, pertenecientes en su mayoría a la cuenca del Duero, que era entonces el centro del patriciado urbano en Castilla. Fue, sin embargo, una ciudad del Tajo, Toledo, la que encabezó el movimiento, por obra de su regidor, Juan de Padilla. En cambio, los municipios de Galicia, Murcia y Andalucía, que habían apoyado en un principio a la Comunidad, decidieron retirarse en vista del cariz que tomaba la rebelión. Las ciudades miembros de la Junta se lanzaron a la lucha declarada, y obtuvieron al principio éxitos espectaculares, como la toma de Tordesillas; pero carecían del necesario apoyo, estaban desorganizados y divididos entre sí. A fines de 1520 su situación parecía ya perdida. La ofensiva de primavera lanzada por Padilla fue un breve respiro, pero las deserciones iban dejando a los comuneros sin fuerza combatiente. La acción decisiva se dio en los campos de Villalar (23 de abril de 1521), donde no hubo batalla propiamente dicha porque las milicias concejiles se negaron a combatir contra las tropas del rey y huyeron a la desbandada o se pasaron al bando contrario. Los principales jefes comuneros (Padilla, Bravo, Maldonado y el obispo Acuña) cayeron prisioneros y fueron ajusticiados.

b) Las Germanías de Valencia tienen una más amplia base social, aunque responden, en el fondo, a un mecanismo similar. Representan, aparte de una cristalización del descontento por el mal gobierno y la subida de precios, la rebelión de la costa (sobre todo, la capital), burguesa y mercantil, contra el interior, señorial y agrícola. Aquí tiene mayor importancia que en Castilla la intervención de los gremios, organización muy poderosa en Valencia, y cuyos oficiales (Juan Lloréns, Guillem Sorolla, Vicente Peris) fueron los principales jefes de la revuelta. Los nobles tuvieron que huir, mientras en la capital levantina se constituía la revolucionaria

Junta de los Trece, y la rebelión se extendía hacia el sur: Játiva, Denia, Orihuela. Como los territorios señoreados por los nobles estaban, por lo general, habitados por mudéjares (moros sometidos tras la Reconquista, en el siglo XIII), los agermanados quisieron dar a la lucha el carácter de una guerra santa, bautizándoles en masa: tal es el origen del luego famoso problema morisco.

Los mismo que en el caso de las Comunidades, primero dirigieron los moderados (Juan Lloréns, Guillem Sorolla), para ser desbordados después por los extremistas (Vicente Peris, *El Encubierto* de Játiva), circunstancia que facilitó la represión. Los nobles valencianos obtuvieron algunos triunfos, pero no pudieron acabar con la revuelta hasta que, vencidas las Comunidades, recibieron refuerzos de Castilla.

En julio de 1522 Carlos I regresó a España. Fue generoso con los comuneros, a quienes amnistió en su mayor parte; no con los agermanados, a los que la nobleza levantina sometió a represalias muy duras. La autoridad real se reforzó de modo indiscutido. La nobleza, fiel al monarca, recuperó gran parte de su función dirigente a través de los cargos militares, gubernativos y administrativos del Estado. La burguesía perdió casi totalmente su inserción en el poder, y su influencia en la vida oficial quedó muy restringida. Este giro puede explicarnos muchos de los caracteres socioeconómicos e incluso políticos de la historia española bajo la Casa de Austria.

El Emperador y los españoles

En 1522 Carlos I tuvo que tomar una de las decisiones más importantes de su vida. Se vio obligado a escoger entre Alemania, donde acababa de nacer el problema de la escisión protestante, cuya trascendencia supo comprender desde el primer momento, y España, donde las revueltas de las Comunidades y Germanías ponían en peligro su soberanía sobre los reinos peninsulares. Y no sin haberlo pensado escogió España. Aquella decisión tuvo una gran importancia en la historia universal. España sería desde aquel punto el centro principal de su imperio (y en el que permaneció más tiempo que en todos sus demás dominios juntos), mientras que en Alemania triunfaba el movimiento luterano, con todas sus consecuencias religiosas y políticas.

Después de tres años de ausencia, el joven emperador estaba completamente desconocido, no sólo en su aspecto físico (trajo la «barba alemana», destinada a hacerse típicamente española por espacio de un siglo), sino por su madurez y su sentido de la responsabilidad. Ya no se dejaba conducir por sus consejeros flamencos —muchos de los cuales se habían quedado en su país—, y procuró un contacto directo con los españoles. Aprendió el castellano, casó con una princesa hispanoportuguesa, Isabel, y aquí hizo construir sus residencias habituales (palacio de Granada, Alcázar de Toledo). Hombres de su confianza fueron Francisco de los Cobos, un secretario muy hábil e inteligente reformador de los Consejos; Alfonso de Valdés, humanista muy «europeísta», y fray Antonio de Guevara, representante de un humanismo más tradicional. Carlos se compenetró con los españoles, y de ellos recibió muchas ideas y muchas iniciativas: sin duda las más importantes. Pero esto no quiere decir que su españolización fuera completa, al menos en el sentido de considerarse español (como tampoco se sentía alemán, ni flamenco, ni italiano). El emperador era, ante todo, europeo, ciudadano del ecumene cristiano occidental, y nunca tuvo una clara idea de nacionalidad.

A este proceso de acercamiento a España respondieron los españoles —especialmente las clases altas y los intelectuales— con un proceso de «imperialización». Pocas veces estuvo el país tan abierto a las influencias europeas como en la década 1520-1530. El arte italiano y flamenco, la literatura humanista, la cultura del Renacimiento, penetraban sin obstáculo y encontraban adeptos entre los españoles. Las mismas conquistas americanas o la vuelta al mundo por Magallanes-Elcano, que tuvieron lugar por aquellas mismas fechas, contribuyeron a crear en España una especie de «mentalidad ecuménica»: los españoles se hacían universales, sin perder por eso su carácter especial.

Es así como se hizo realidad histórica esa especie de simbiosis España-Imperio, nunca del todo lograda, pero que, sin embargo, es el eje de la dinámica política del país durante dos siglos. Los españoles secundaron, casi siempre con gusto, las empresas imperiales; la mayor oposición la mostraron las clases burguesas, en tanto que el mayor apoyo lo prestaron las clases altas y las netamente populares. El cambio de mentalidad a que antes aludíamos y el prevalecimiento del sentido caballeresco favorecieron, por supuesto, esta inclinación hacia una política de altos vuelos. El emperador, hábilmente, supo valerse del idealismo y del afán aventurero de los españoles, que entregaron generosamente sus iniciativas, su sangre y su dinero en una serie de empresas que en nada iban a beneficiarles directamente, como no fuera en el campo de la honra y de la fama. Con ello se consagró en España una «tradición imperial» de la que ya no se podría prescindir, aun bajo condiciones distintas, durante toda la época de los Austria.

La conquista del Nuevo Mundo

En los años que siguen a 1520 se produce uno de los hechos más impresionantes de toda la historia universal, y al que no tenemos más remedio —aunque quede fuera de los límites de este libro— que hacer siquiera referencia. Hacía casi treinta años que Cristóbal Colón y sus marinos españoles habían descubierto el Nuevo Mundo. En este tiempo se había continuado la exploración de las costas americanas, de la Florida al Río de la Plata, y se había ocupado la mayor parte de las Antillas y una zona en tierra firme, alrededor del istmo de Panamá. Se habían encontrado algunas riquezas, se habían organizado misiones y una red bastante completa de funcionarios mantenía el control de aquellos lejanos territorios bajo la soberanía de Castilla. Pero hacia 1520 se produce una verdadera explosión de vitalidad conquistadora que no puede menos de asombrarnos. Los hechos son perfectamente conocidos: lo que nadie ha hecho todavía es explicar cómo pudieron producirse. El resultado es que hacia 1540 todo el inmenso espacio comprendido entre el norte de México y Santiago de Chile había sido conquistado por unos pocos miles de españoles.

La gesta conquistadora fue obra, ante todo, de particulares, de gloriosos aventureros que se lanzaron a la empresa en busca de fama, de riqueza o de engrandecimiento del Reino de Dios: que de todo hubo. Con un denominador común: una enorme capacidad operativa, intrepidez, voluntad y valentía. Los núcleos ya dominados en 1520, el antillano y el panameño, sirven de puntos de partida. De Cuba parte Hernán Cortés, con un grupo de 416 hombres reclutados por él mismo, y pronto se pone en contacto con la gran confederación azteca que desde México-Tenochtitlan dominaba la meseta del Anahuac. Cortés, valiéndose de la superioridad técnica de sus armas y soldados, y de la desorientación de los aztecas, que creían reconocer en los recién venidos cualidades sobrenaturales, se apoderó del país en una serie de hazañas que aun hoy parecen legendarias. Si la conquista de Méjico fue obra de la inteligencia y del ingenio, la de Perú fue un prodigio enorme de voluntad. Tres expediciones hubo de hacer Francisco Pizarro, con poquísimos medios y en las condiciones más hostiles, hasta dar con el fabuloso imperio de que le habían hablado los indios. Las penalidades que hubo de padecer aquel grupo de españoles no son para descritas, y más increíble todavía resulta que Pizarro y sus 170 compañeros pudieran llegar por las gargantas andinas hasta Cajamarca, y allí, en un audaz golpe de mano, apoderarse del inca Atahualpa. Desde entonces todo fue más fácil, aunque se prolongó por un tiempo la lucha con los indios, seguida de la lucha de los conquistadores entre sí. La fabulosa riqueza de un país donde los templos estaban revestidos de planchas de oro, y donde había valles como el de Jauja, en que se encontraba plata con sólo escarbar la tierra, explican en parte estas disensiones.

De las dos grandes áreas conquistadas partieron conquistas secundarias: de México hacia el norte, para ocupar parte de lo que hoy son los Estados Unidos, y hacia el sur, para enlazar con lo ya dominado en América Central. Benalcázar, que procedía de Perú, entró en el Ecuador y empalmó en la actual Colombia con Quesada, que venía de la costa del Caribe. Al sur del Perú la conquista más asombrosa fue la de Chile, a la que se lanzó Valdivia, en un principio, con un ejército de siete hombres (luego recibió refuerzos, algo más de cien), para atravesar el desierto más árido del mundo, el de Atacama, y ocupar en los valles andinos un espacio tan largo como el de Madrid a Moscú.

La conquista de América fue, pues, producto de impulsos impresionantes, operados casi siempre por iniciativas de unos pocos hombres geniales y con una intervención indirecta, a veces inexistente, del Estado. Es lógico que las conquistas no se ajusten a un plan homogéneo, y que el territorio ocupado ofrezca una gran irregularidad sobre el mapa, y no se adecúe muchas veces a la disposición que hubiera sido más racional. La naturaleza particular de la conquista y la falta de conocimientos geográficos hacen explicable que sea así.

El conquistador realiza su empresa por iniciativa propia, pero nunca en nombre propio. Lo primero que hace es poner el nuevo territorio bajo la soberanía del rey de España. Eso sí, el Estado tuvo que realizar luego una dura labor para pacificar los inmensos espacios ocupados, poner concordia entre los distintos conquistadores, controlar el terreno, administrar, organizar, atender a la población indígena. Hacia 1540, la época de las fulgurantes conquistas había terminado, sustituida por empresas menos espectaculares, pero tan decisivas o más para la historia universal: la religiosa (las misiones), la político-administrativa (los virreinatos), la económica (la explotación del metal precioso).

2. LA POLÍTICA IMPERIAL

La mayor parte del reinado de Carlos I es, aunque lleno de triunfos y de prestigio para los españoles, incómodo de insertar en el marco de la historia de España. El emperador se ha hispanizado en gran manera, ha tomado ideas, hombres, dinero españoles: pero su política casi nunca es una política española, sino una política imperial: entendiendo por estos términos no, como había temido Fernando el Católico, el prevalecimiento de los intereses del Imperio alemán, pero sí unas directrices en que el concepto de Europa, de Occidente, que el emperador intuyó en su tiempo como nadie, predominaba sobre los distintos intereses nacionales, incluyendo, por supuesto, los propios intereses españoles.

España se salvó de la tediosa mediocridad que le hubiera esperado de mantenerse encastillada en sus propias miras nacionales, participando con generosidad en la tarea imperial. Semejante actitud le valió el ponerse, moralmente, a la cabeza de los territorios dominados por el César; pero también le salió cara, hasta en el sentido más literal de la palabra, porque de las 600 operaciones crediticias concertadas por Carlos V, 518 pesaron sobre la Hacienda castellana. El emperador necesitaba continuamente dinero para sus grandes empresas; por lo general —y, sobre todo, a partir de 1530—, hubo de solicitarlo prestado a capitalistas flamencos, alemanes, italianos, para pedir luego los correspondientes subsidios a sus vasallos, entre los cuales fueron los castellanos los más concesivos.

La política del emperador no es propiamente española; pero los ejércitos que ganaron la batalla de Mulhberg o las naves que participaron en la acción de La Gravosa estaban en gran parte formados y sufragados por españoles: de aquí que, a pesar de todo, no podamos dejar esa política enteramente al margen de nuestro relato.

Tres grandes cuestiones absorben continuamente la atención de Carlos V. Por una parte, el peligro turco, que, bajo la dirección del más grande sultán otomano, Solimán el Magnífico, está a punto de estrangular Europa por tierra y por mar; de tal forma, que Carlos, por su cometido imperial, y por señor de muchas de las tierras atacadas, ha de ser el primer encargado de hacerle frente. En segundo lugar tenemos a Francia, gran potencia del Renacimiento, que se niega pertinazmente a inscribirse en un orden europeo cuyo árbitro supremo sea el rey de España y emperador de Alemania: Francia es, de principio a fin del reinado, el máximo estorbo y la máxima interferencia en la política imperial de Carlos V. Y, finalmente, ha de prestar éste atención a un problema que ha surgido en su propia casa, en el seno del mismo Imperio: la reforma luterana, que amenaza escindir trágicamente el mundo cristiano. Toda la política imperial gira desordenadamente, muchas veces al son que imponen las circunstancias, en torno a estos tres asimétricos centros de gravedad.

Las primeras guerras con Francia

Ya durante los años de permanencia del emperador en España, a que nos hemos referido en el capítulo anterior, hubo de hacer frente a la enemistad francesa. Aún no había terminado la guerra de las Comunidades, cuando los ultrapirenaicos invadieron Navarra, tratando de reponer a Juan de Labrit; entretanto, tropas imperiales invadían Milán (ocupado por los franceses); reclamándolo en nombre de Carlos como feudo que era del imperio. Así comenzó una guerra que, salvo breve interrupción, iba a durar toda aquella década. Los motivos son múltiples, especialmente en lo que se refiere a las reivindicaciones territoriales: pero la causa de fondo es más sencilla, y se explica por la política hegemónica que pretendía Carlos V, y por el recelo de Francia a verse rodeada por todas partes de dominios de la Casa de Austria.

La invasión de Navarra fue rechazada rápidamente; pero la lucha por Milán se prolongó durante cuatro años. Los franceses, derrotados una y otra vez, seguían insistiendo con un admirable poder de recuperación, en la posesión de aquel estratégico territorio que era el Milanesado; hasta que en la batalla de Pavía —febrero de 1525— cayó prisionero el rey Francisco I en manos de las tropas imperiales. El monarca francés fue traído a Madrid, donde entonces se encontraba el emperador. Carlos tenía en sus manos todos los triunfos para negociar la paz más ventajosa que jamás hubiera podido soñar.

Pero no supo (tenía aún veinticinco años) ser un buen diplomático. El *Tratado de Madrid* (firmado en enero de 1526) era poco concreto, y en él Francisco I no hacía más que promesas. En cuanto se vio libre, el rey de Francia se alió con el Papa Clemente VII (Liga Clementina) y con el inglés Enrique VIII, y reanudó las hostilidades. La guerra se hacía interminable e indecisa. Los imperiales invadieron los Estados Pontificios, y el episodio más triste de aquella contienda fue el saqueo de Roma (1527) por las tropas imperiales faltas de pagas, mientras los franceses invadían el reino de Nápoles, con éxito inicial, para ser rechazados después. Ambos bandos hacían grandes dispendios económicos, porque los nuevos ejércitos profesionales exigían los mayores desembolsos a los Estados, lo mismo en sueldos (de ahí viene la palabra *soldado)* que en material: los entonces modernos arcabuces o los cañones, a los que por primera vez se dota ahora de grandes ruedas, para poder trasladarlos junto con los ejércitos en marcha. El convencimiento por parte de los beligerantes de que cada vez era más difícil una victoria total, y la urgencia con que acuciaban al emperador los otros dos problemas (protestantes y turcos) condujeron a las negociaciones: paz de Cambray, 1529, por la que los imperiales renunciaban a Borgoña, y los franceses se resignaban a quedarse sin Italia. No era la paz que deseaban unos y otros; pero, cuando menos, era la paz.

La plenitud de la idea imperial

El 24 de febrero de 1530 —el día en que cumplía los treinta años— Carlos V fue coronado solemnemente como Emperador Romano Germánico por el Pontífice Clemente VII. Era la reconciliación entre los dos mayores poderes del mundo cristiano, el espiritual y el temporal, y era también la definitiva consagración jurídica de la política imperial de Carlos. Quizá en su juventud, por influjo de algunos de sus consejeros, como Gattinara, había soñado con una monarquía universal. En 1530 su pensamiento era mucho más maduro. Comprendía perfectamente que el imperio no debía suprimir los reinos: supone una categoría más alta dentro del ordenamiento político universal, pero no una dominación efectiva sobre todos los territorios, ni mucho menos su posesión. El papel del emperador es, ante todo, de arbitraje y concierto, para lograr un justo orden en el mundo, basado en los principios de la civilización cristiana. Tal era lo que entonces, y a partir de entonces, entendió Carlos V por imperio.

Solucionado, al menos de momento, el conflicto con Francia, otros dos problemas seguían urgiendo al monarca. Uno de ellos era la amenaza turca. La paz de Cambray hubo de ser acelerada para socorrer a la plaza de Viena, clave vital del corazón de Europa, cercada por las tropas de Solimán. La cuña otomana, ascendiendo por la cuenca del Danubio, se encontraba ya a las puertas de Alemania. Un ejército español mandado por el marqués del Vasto puso en fuga a los turcos y liberó a Viena. Pero Carlos V soñaba con una campaña mucho más amplia, que librase a Europa de aquella amenaza que se cernía sobre ella por tierra y mar.

De momento había que atender a otro problema gravísimo, como era la difusión de la doctrina de Lutero. Aquel fraile individualista y rebelde que había sido condenado en la Dieta de Worms (1520), se había escapado de la prisión y predicado por toda Alemania sus ideas de escisión religiosa. Lutero tenía la habilidad —no siempre consciente, tal vez— de hacer confluir en el suyo una serie de movimientos coetáneos: la conciencia de la necesidad de una reforma en la Iglesia, el sentimiento antilatino, antirromano, común entonces a todo el pensamiento alemán; el individualismo propio del Renacimiento; la ambición de los príncipes. Los luteranos (desde la Dieta de Spira, 1529, se les llamó *protestantes)* eran ya millones de alemanes y se extendían geográficamente sobre más de la mitad del imperio.

Carlos V no era en absoluto intolerante. Por carácter y formación se inclinaba a la concordia y al diálogo. En la Dieta de Augsburgo que reunió a su llegada (1530) creyó poder solucionar el problema sin salir del ámbito alemán ni de aquella asamblea política, a la que también acudían teólogos y humanistas. El emperador cedió en su criterio cuanto pudo; pero llegó un momento en que se vio imposible un acuerdo total sin poner en tela de juicio la doctrina católica. Sólo un concilio, formado por especialistas y autorizado por el Pontífice, podía precisar hasta dónde era posible llegar en las concesiones y, por consiguiente, hasta qué punto y de qué modo se podía llegar a un acuerdo con los protestantes. La idea de reunir un concilio era ya antigua en Alemania, y Carlos se convirtió desde 1530 en su principal portavoz; pero Clemente VII temía el peligro de que la reunión agravase aún más el cisma, y después de muchas cavilaciones murió sin convocarla. El nuevo Papa, Paulo III, se mostró mucho más propicio a la idea conciliar, y comenzó desde 1534 los preparativos. Por desgracia, las complicaciones políticas y las nuevas guerras entre Francia y el Imperio retrasaron su convocatoria una y otra vez. Cuando al fin se reunió el Concilio de Trento, en 1545, era ya demasiado tarde para buscar la deseada concordia.

Política mediterránea. Turcos y franceses

Durante la década de los años 30, la política imperial, salvo en lo que se refiere al problema protestante, gira una y otra vez en torno al Mediterráneo. De todas sus dedicaciones bélicas, la que más agradaba a Carlos V era la antiturca, por lo que tenía de espíritu de Cruzada. Pero los continuos problemas de sus Estados y la incordia de otros reinos hicieron que fuese el frente antimusulmán precisamente el menos sostenido. En 1532 fue preciso organizar otra expedición de socorro a Viena. Los turcos fueron alejados de la capital de Austria, pero en los años siguientes sus escuadras amenazaron más que nunca por el Mediterráneo, aliadas casi siempre a los poderosos corsarios del norte de África, como los célebres Barbarroja de Argel. La mayor parte de las plazas conquistadas por Fernando el Católico se habían perdido, unas por descuido, otras por falta de medios para seguir manteniéndolas.

En 1535, el emperador en persona, y al frente de un ejército y una escuadra españoles, dirigió el asalto a Túnez con pleno éxito. La alegría duró poco. Cuando en la primavera siguiente llegó a Roma, para ofrecer a Paulo III su victoria en la cruzada, supo que los franceses habían invadido el Piamonte y amenazaban Milán. Tal fue el origen de la tercera guerra con Francia, una guerra también mediterránea, pero que cortó de raíz la serie de campañas africanas que el emperador soñaba organizar. El conflicto duró de 1536 a 1538, y no resolvió absolutamente nada. Carlos V, utilizando como de costumbre dinero español y tropas en su mayor parte españolas, planeó la invasión de Francia desde la costa de Provenza, utilizando su superioridad naval. El desembarco cerca de Marsella se efectuó con pleno éxito, pero el avance subsiguiente no tuvo frutos apreciables, porque los franceses se retiraban sin combatir, y respondían con la táctica de *tierra quemada,* dejando a los imperiales poco más que un desierto. No fue posible entablar una batalla que hubiese podido batir al enemigo. Los abastecimientos se hacían costosísimos. El dinero se acababa. Y aquella campaña emprendida con gran lujo de medios fracasaba por simple consunción.

Era un nuevo método de hacer la guerra. Antes, los ejércitos enemigos se buscaban para dirimir la contienda cuanto antes. Ahora, en que juegan en la movilización gigantescas inversiones económicas (respaldadas generalmente por los banqueros de media Europa, que juegan así también a la política y al azar de las victorias y las derrotas), el ejército menos fuerte procura eludir la batalla gracias a su mayor movilidad; si lo consigue tiene la victoria casi asegurada, porque lo normal es que el atacante, por sus mayores gastos, agote antes su dinero y tenga que desmovilizar sus tropas.

La costosa campaña de 1536 resultó inútil, como también fueron baldíos los intentos franceses, en 1537, de pasar a la ofensiva. La guerra, una vez más, conducía a una situación de empate. En 1538 se firmó la tregua de Niza, por la que todo volvía a quedar como al comienzo.

Carlos V sacó de la experiencia una provechosa lección, que modificó en cierto modo su idea imperial. Sin renunciar a la máxima preeminencia política de Occidente, comprendió que tenía que compartir su iniciativa con la de otros monarcas, especialmente el de Francia. El orden europeo sólo podía lograrse teniendo en cuenta los intereses de todos, y no sólo mediante el arbitraje imperial. De ahí derivó la idea de una alianza entre los principales países cristianos, para concertar al fin la reunión del Concilio, y para luchar en común contra los infieles. Tal fue el sentido que se quiso dar a la tregua de Niza.

Dentro de este orden de ideas, el emperador trató de formalizar en 1538 una liga general antiturca, pero casi todos los príncipes europeos respondieron con evasivas; apenas pudo encontrar otra alianza que la de los venecianos. Las batallas navales de Gravosa y Santa Maura fueron victorias parciales, que no pudieron ser aprovechadas; pero muchos historiadores ven en ellas el precedente más claro de la batalla de Lepanto. En 1541, los mil enredos de la política dejaron un respiro al emperador para acometer una de las empresas más proyectadas de su reinado, el ataque a Argel. La idea era popularísima en España y encontró el mejor apoyo. Pero una serie de circunstancias retrasaron su puesta en práctica hasta el otoño. Las operaciones militares se vieron dificultadas por el mal tiempo, y las tempestades dispersaban la flota. En noviembre, y ante la resistencia de Argel —los franceses estaban a punto de romper la tregua—, Carlos, profundamente deprimido, ordenó retirada.

No es una casualidad que después de cada campaña africana sobrevenga una guerra con Francia. Francisco I buscó la alianza de Solimán y los piratas del Mediterráneo como una diversión táctica de su enemigo de siempre. Esta vez, en 1541, quiso salvar a Argel para mantenerlo como aliado. Un incidente oscuro, el asesinato de unos agentes franceses en Milán, provocó un nuevo conflicto bélico con Francia —el cuarto—, que resultó tan inútil como los anteriores. En 1542, después de la victoria de Cerisoles, los franceses invadieron Milán, pero fracasaron ruidosamente en los demás frentes. Una vez más, la guerra defensiva predominaba sobre la ofensiva: la explicación táctica de este hecho debe buscarse en el triunfo de las armas de fuego, que entonces permitían disparar con más comodidad al que, parapetado, se defiende que al que ha de moverse para atacar. En 1543 Carlos V pudo al fin invadir Francia desde los Países Bajos, y llegó a las puertas de París; pero la campaña terminó sin la conquista de la capital, de suerte que, arruinado por tantos gastos, y desengañado, prefirió parlamentar con los franceses. Francisco I estaba tan cansado como él de guerras estériles, y pareció renunciar a disputar al Imperio la hegemonía continental. Una nueva etapa parecía abrirse en la historia de Europa cuando se firmó la paz de Crépy (1544), en que los franceses devolvían Milán y los imperiales todo lo conquistado en el norte de Francia. Carlos V y Francisco I se mostraban dispuestos a una reconciliación definitiva, y apoyarían una inmediata reunión del concilio, para lograr de nuevo la unidad de los pueblos cristianos.

3. DEL IMPERIO ALEMÁN AL IMPERIO ESPAÑOL

En mayo de 1543 Carlos V abandonaba España, a la que no habrá de volver sino después de haber abdicado. Hasta entonces, el centro de gravedad de su política había radicado sobre España y la cuenca mediterránea. Desde aquel año habría de moverse sobre el espacio alemán y flamenco, enfrentado a graves problemas, tanto religiosos como políticos, que en vano trataría de resolver: aunque, paradójicamente, es en esta etapa de residencia germánica cuando mejor comprende el papel y la fuerza de España como nervio de su imperio. Así, Carlos V, al fracasar en su empeño de establecer sobre nuevas bases el imperio alemán, dejaría las puertas abiertas para el establecimiento del imperio español.

Trento

En diciembre de 1545, mientras el emperador se enfrentaba al problema alemán, centenares de teólogos se reunían en la ciudad de Trento para afrontar el mismo problema en su aspecto religioso. Allí concurrieron los representantes más ilustres de la Iglesia de entonces, y también los criterios más diversos. El punto principal a tratar fue el de la justificación y la salvación del hombre, que era la brecha más importante que separaba a la doctrina católica de la luterana. Las discusiones alcanzaron extremos dramáticos, siempre dentro de una doble y anhelante búsqueda de la verdad. Frente a la doctrina irenista que defendía Seripando, se impuso la tesis de los españoles: la justificación del hombre por sus obras mediante la gracia de Dios, simbolizada en la célebre alegoría de Láinez: el siervo, que con la espada del príncipe vence al león. El siervo (el hombre) por sí solo es incapaz de vencer a la fiera (el pecado). El príncipe (Cristo) le cede su espada invencible (la Gracia), pero el siervo ha de luchar (cooperación con las obras) si quiere vencer (salvarse). La claridad esquemática de la doctrina tridentina se impuso con la certeza inconfundible de la luz.

El Concilio de Trento es una parte de la historia de España en el sentido de que la participación de los teólogos españoles resultó decisiva. El hecho demostró, por una parte, la eficacia de la reforma de la Iglesia española emprendida por los Reyes Católicos y Cisneros; y, por otra, su capacidad doctrinal —fruto de la madurez del pensamiento español por entonces— para hacer frente a las más graves cuestiones. La Compañía de Jesús, fundada pocos años antes por otro español, Ignacio de Loyola, sería el arma más fuerte de la Iglesia en el movimiento de reexpansión del catolicismo en todos los órdenes que siguió al Concilio de Trento, es decir, en la llamada por algunos historiadores Contrarreforma.

La lucha por el imperio

Los protestantes no acudieron a Trento ni aceptaron los decretos conciliares. El emperador comprendió que ya no era posible llegar a un acuerdo con ellos y decidió seguir el camino de la fuerza, respaldado por la razón que —ahora ya oficialmente— le daban los teólogos. La guerra de la Smalkalda (llamada así por la liga que formaron los luteranos contra el poder imperial) es, por lo menos, tan política como religiosa. La Reforma era para muchos, sobre todo para los nobles y «príncipes» de Alemania, un cómodo expediente para apoderarse de los bienes de la Iglesia y mantener sus privilegios feudales. Carlos V, al luchar contra los nobles de su propio imperio, intenta extirpar el brote de luteranismo, que aquéllos eran los primeros en defender; pero también convertir a Alemania en un Estado «moderno», como ya lo era entonces España, Francia o Inglaterra, centralizando los resortes del poder y rebajando el influjo, entonces omnipotente, de los grandes señores.

En Ingolstadt (1546) obtuvo una victoria parcial, para en Mulhberg (1547) coronar la campaña con un triunfo completo. Los príncipes rebeldes, o murieron en la batalla, o cayeron prisioneros. El propio Lutero había muerto poco antes. Carlos V, apoyado, sobre todo, por la Infantería española, parecía al fin dueño absoluto de su propio imperio.

Los años que siguieron (1548-50) fueron decisivos para la historia del mundo. Nunca hasta entonces había aparecido tan madura la idea imperial de Carlos V. Comprendió que en los nuevos tiempos «modernos» que corrían, tan imposible era el sueño de un imperio universal sin fronteras, como el viejo concepto medieval de un imperio revestido sólo de autoridad moral, y revestido de autoridad únicamente por ser el emperador un ungido de Dios, con preeminencia sobre los demás monarcas. Ahora Carlos intuye un concepto nuevo: lo que actualmente conocemos como *Gran Potencia.* Es decir, un Estado poderoso, no dominador territorial, pero sí virtual, del resto del mundo, al que los restantes Estados tendrían que respetar y secundar, no ya por su fuerza moral, sino por su fuerza física.

Para ello se imponía, ante todo, la «modernización» de Alemania; y luego, una unión más estrecha y eficaz entre todos los territorios que componían la extensísima herencia de la Casa de Austria. Lo primero que se propuso Carlos V fue modificar el sistema de sucesión del imperio, hasta entonces electivo, para hacerlo hereditario. Su hijo Felipe II sería su heredero universal y continuaría su obra.

Los esfuerzos de emperador durante estos años fueron denodados, hasta el punto de envejecerle de un modo increíble;

pero tropezaron con una total resistencia, activa o pasiva de los alemanes. Los propios miembros de la Casa de Austria residentes en Alemania —Fernando, Maximiliano— se negaban a consentir una nueva Constitución del Imperio. Los príncipes y grandes electores no querían perder sus privilegios. Y, lo que era peor, las ciudades alemanas y la Dieta de Augsburgo aseguraron una y otra vez que «no querían ser gobernados por los españoles». El proceso de hispanización del imperio había llevado a este vuelco inesperado, y que nadie hubiera podido prever en 1519. España, al aceptar más que ningún otro patrimonio de la Casa de Austria la política imperial, se había ido convirtiendo insensiblemente en el centro del imperio. Las ideas políticas y religiosas, los soldados, el dinero del emperador, eran españoles. El único equipo burocrático organizado y homogéneo que hubiera podido regir un imperio más o menos unitario, era el español. Resultaba lógico que los alemanes se opusieran a tal perspectiva, como los españoles se habían opuesto a la idea contraria treinta años antes.

Carlos V comprendió que luchaba contra lo imposible. La victoria militar no era suficiente para hacer triunfar sus ideas, y la resistencia, activa o pasiva de los alemanes, hacía cada vez más imposible el sueño de un imperio «moderno». Un intento de reunir de nuevo el concilio con participación de los protestantes fracasó también estrepitosamente. En 1551 el emperador sufrió uno de sus característicos momentos de depresión. Se sentía fracasado, y no movió ni un dedo para oponerse a los enemigos que levantaban cabeza por todas partes. Los príncipes recobraban la libertad y formaban una nueva liga: Mauricio de Sajonia, a quien Carlos había confiado el mando de las tropas, le traicionó. El nuevo rey de Francia, Enrique II, llegó a un acuerdo con los alemanes rebeldes (tratado de Chambord). La revolución antiimperial tuvo un éxito completo. Carlos V, que la había visto venir sin hacer nada para evitarla, hubo de huir a través de los Alpes. Una vez en Italia pudo contemplar, no ya la ruina de sus sueños, sino la pérdida virtual del imperio alemán.

Hacia el Atlántico

Un hecho inesperado vino a cambiar las tornas de modo espectacular. Los tesoros que los españoles habían encontrado en Perú, retenidos durante un tiempo por la guerra civil entre los conquistadores, llegaron al fin a la Península en 1551. El emperador recibió la remesa económica más fuerte del reinado. Pudo movilizar tropas y ganarse adhesiones. Poco meses después le encontramos de nuevo en Alemania reuniendo la dieta de Passau y atrayéndose —con amenazas o con plata, según los casos— a los príncipes. Por supuesto, Carlos V comprendió la inutilidad de tratar de «modernizar» el imperio o de convertir a los protestantes: había que aceptar la realidad por ingrata que fuera. Pero, al mismo tiempo que se daba cuenta de esta situación, el emperador «descubrió» América. Parece que estos dos descubrimientos son casi simultáneos, y nos explican la nueva orientación de su política hacia el Atlántico. La idea de imperio potencia se mantenía, pero ya no tomando como base el viejo imperio alemán, sino levantándolo como un puente gigantesco sobre el Atlántico.

Un gran éxito diplomático consistió en el matrimonio de Felipe II con la reina de Inglaterra, María Tudor. Un eje Londres - Amberes - Valladolid - Sevilla, respaldado por las fabulosas minas de plata trasatlánticas, garantizaría la fuerza del nuevo imperio, mucho más «moderno» que el anterior. Por de pronto era preciso detener a Francia, tan opuesta a la nueva solución como a la centralización de Alemania. La paz que había seguido en el reino a la Dieta de Passau no contaba con Enrique II, joven y audaz, que parecía decidido a quedarse con la zona del Rhin. La guerra (quinta del reinado) con Francia fue más ruinosa para las dos partes que ninguna. La plata americana estaba operando en Occidente una revolución económica desconocida hasta la fecha: una revolución no sólo de precios, sino de ritmo de circulación, por la mayor «velocidad» de la plata sobre el oro, que era hasta entonces el metal base de las transacciones. El oro, precisamente por su valor, circula con lentitud: nadie se desprende de él sin haberlo pensado varias veces, y la tendencia natural es a guardarlo, a tesaurizarlo. La plata es mucho más circulante respecto del oro, y su irrupción en Europa, procedente de América, provocó un nuevo «ritmo» de tráfico al que los Estados, los banqueros, comerciantes y particulares tardaron en acostumbrarse. Gran parte de las crisis desconcertantes de esta época se explican por la fugacidad con que la plata aparece y desaparece.

Carlos V pudo amañar al fin una paz no muy firme con Francia (tregua de Vaucelles), y no esperó a otra cosa para abdicar. Los reinos españoles —con América e Italia— y la herencia borgoñona (Países Bajos y Franco Condado) pasaban a Felipe II como continuador de su política. Alemania, desvinculada ya de todo cometido imperial, con su estructura medieval casi intacta y dividida por las confesiones religiosas, quedaba en manos de su hermano Fernando. En adelante la política, la economía y la historia del mundo tendrían como centro principal el Atlántico.

Los epígonos de la política imperial

El nuevo monarca, Felipe II, un hombre inteligente, pero tímido, menos expansivo y más reconcentrado que su padre, se encontró, a los veintinueve años, inmerso en las realidades políticas —que él comprendía, pero tal vez no compartía enteramente— erigidas por Carlos I, y en el trance de consolidar aquel imperio europeo-americano con que aquél había querido sustituir tan a última hora la caduca e irrealizable idea del Sacro Imperio Romano Germánico.

Por de pronto era preciso seguir enfrentándose a Francia. Desde el matrimonio de Felipe II con María Tudor, la incordia francesa hacia tal combinación se hizo indisimulable. Enrique II, al frente de una Francia agotada por tantas guerras, estaba dispuesto, sin embargo, a jugarse el todo por el todo. Encontró un aliado inesperado en un Papa antiespañol, Paulo IV, recién subido al solio pontificio, y se lanzó a la aventura, que fue la sexta contienda de aquella serie interminable. Sería también la definitiva.

La invasión de Italia por los franceses resultó un completo fracaso. El duque de Alba, con un ejército menos numeroso, supo traer en jaque al duque de Guisa, que mandaba el de los invasores; y la campaña terminó con la retirada francesa sin haber conseguido tomar ni una plaza. Entretanto, el ejército que Felipe II había organizado en los Países Bajos invadía Francia por el norte. Junto a San Quintín se dio una de las batallas más importantes del siglo (10 de agosto de 1557), con una victoria total de los españoles; pero la ciudad sitiada siguió resistiendo algunas semanas, las suficientes para que el dinero enviado desde España estuviese a punto de agotarse. Un hombre más audaz se hubiese lanzado al asalto de París, que muchos aconsejaban; Felipe II, siempre prudente, prefirió retirarse a Bruselas y pedir nuevos subsidios para la siguiente campaña. Esta sí que fue decisiva. La nueva victoria de Gravelinas inclinó a los franceses a la paz. Casi al mismo tiempo moría María Tudor, sin hijos, y se rompía la vinculación, puramente matrimonial, hispano-inglesa. Felipe II comprendió la nueva coyuntura, y decidió sustituir la amistad de Inglaterra por la de Francia. Hubo, pues, deseo de negociación por ambas partes, y el resultado fue la *paz de Cateau Cambrésis* (1559), en la que se procuró armonizar la victoria española con la reconciliación hispanofrancesa. Felipe II se aseguraba una serie de plazas en el Artois, con lo que tenía a Francia bien sujeta por el norte, mientras en los Alpes se restablecía el estado tapón de Saboya, para prevenir cualquier futura apetencia francesa sobre Italia. España y Francia se aliaban contra los infieles y contra los herejes, y patrocinaban la sesión final del concilio. El viudo Felipe II casaba con una hija del francés, Isabel de Valois, aunque a los pocos días se quedó sin suegro, porque en las propias fiestas murió Enrique II.

Desaparecidos María Tudor y Enrique II, neutralizada Alemania, vencida Francia y sometida a una larga regencia, el planteamiento de la situación europea cobraba un cariz perfectamente claro. Nadie podría disputar a Felipe II la hegemonía. El monarca regresó a España, centro natural y lógico de todos sus dominios. «Ya Europa descansa sobre la paz que le han procurado mis armas», declara ante las Cortes de Toledo, al tiempo que anuncia su propósito de fijar su residencia en los reinos españoles. El imperio-potencia intuido como idea por Carlos V se hace, al fin, realidad histórica: pero no como imperio hispano-germánico, ni tampoco como imperio hispano-anglo-flamenco, sino simplemente como imperio español.

4. LOS COMIENZOS DEL SIGLO DE ORO

A partir del regreso de Felipe II a España, en 1559, ya no existe el problema metodológico del deslinde entre historia española e historia universal: y no porque aquélla se desuniversalice, sino porque la política del rey de España es ya, por fin, «oficialmente» española. Ahora, la Monarquía Católica —como se la llama desde Felipe II habitualmente— ya no es parte de un imperio, sino ella misma un imperio. Al mismo tiempo, en el campo del espíritu, las formas y las ideas renacentistas de origen italiano, renano o flamenco, se hispanizan y cobran un estilo propio. La cultura y el arte de España alcanzan así el cenit de su poder creador y de sus manifestaciones históricas, dando lugar al llamado *siglo de oro.*

La España de Felipe II

El siglo XVI presenta en toda Europa occidental el fortalecimiento del poder monárquico-estatal, y, al mismo tiempo, una notable recuperación socioeconómica de la gran nobleza: dos hechos que parecen paradójicos y no lo son. En España, el fracaso de las revoluciones de 1520 había cortado el despliegue de la burguesía ciudadana, que desde entonces, y por espacio de dos siglos, cuenta muy poco como fuerza histórica. Los nobles, en cambio, aumentan su riqueza, su influjo social y desempeñan, generalmente, los grandes cargos políticos. Esto no supone en modo alguno el retorno a un sistema de tipo señorial o feudal, tal como hubiera podido entenderse en la Edad Media. El noble preside consejos, manda ejércitos, gobierna virreinatos o grandes territorios: pero lo hace todo en nombre del rey, o, si se quiere, del Estado; no es, en el fondo, más que un altísimo y respetable funcionario. En lo social, mantiene su elevada dignidad y su alcurnia de sangre, da la pauta de la moda, de la educación y hasta del estilo de vida. En lo económico, el noble titulado disfruta de unos ingresos fabulosos, gracias, sobre todo, a lo que rentan sus extensas propiedades: la subida del valor de las tierras, y su facilidad, por encima de toda otra clase social, para adquirir nuevas propiedades, aumentan todavía más su carácter de gran señor latifundista. Los duques de Medina Sidonia, de Medinaceli o de Alba percibían, sólo en concepto de rentas, de 100 a 200.000 ducados anuales, es decir, el equivalente a algo parecido a centenares de millones de pesetas de 1999. Tales ingresos permitían un ostentoso tren de vida, tanto como la práctica de una virtud muy propia de la España de entonces: la generosidad, cuando no el increíble despilfarro. El noble, religioso, leal, culto, pésimo administrador de su patrimonio, es uno de los nervios fundamentales de la sociedad de los siglos XVI y XVII.

Los nobles titulados son en realidad muy pocos. En tiempos de Carlos I oscilan de 60 a 75. A fines del reinado de Felipe II alcanzan ya el centenar, como consecuencia de sucesivos ennoblecimientos. Pero la mayoría de los españoles que se consideran de familia noble no tienen título, y sus posesiones son más bien escasas. En el siglo XVI suele distinguirse ya entre el *caballero* noble sin título, que vive generalmente en la ciudad y busca ocupar cargos oficiales, ya en la administración del Estado, ya en la municipal; o bien nutre los cuadros jerárquicos de la Iglesia o el Ejército..., y el *hidalgo,* de tipo más bien rural, pequeño propietario, más culto que rico, y dotado de un alto sentido del honor y de fidelidad a los principios en que cree, que le convierten en uno de los personajes más representativos del siglo de oro.

En la clase media se integran el típico «burgués», es decir, el hombre de negocios o el mercader, pero también el funcionario, el intelectual, el profesional —médico o abogado—, el pequeño propietario de sangre no noble, el artista o artesano distinguido. El número de personas de esta clase media no es más elevado que el de los caballeros e hidalgos, unos cuantos cientos de miles, y tiende, además, a disminuir. La expulsión de los judíos, que privó a España de muchos de sus más importantes hombres de negocios, y las condiciones económicas provocadas por la afluencia de la plata americana (subida de precios, que hacían imposible la competencia con las manufacturas extranjeras) no favorecían en absoluto el desarrollo de la burguesía. Por si ello fuera poco, razones de vinculación dinástica y política ligaban a España con los dos países de economía más desarrollada en Europa: Flandes e Italia. Todavía en la primera mitad del siglo XVI los españoles pudieron mantener un comercio bastante activo con América, en su propio beneficio, a pesar de la competencia; en la época de Felipe II, dominada nuestra economía por el gran capitalismo internacional, las transacciones con el Nuevo Mundo, aunque a través de intermediarios españoles, se hacen en definitiva en beneficio de los grandes comerciantes o banqueros extrapeninsulares. A todos estos factores económicos hay que añadir, para comprender la decadencia de la burguesía española, un factor sicológico: en el siglo de oro el trabajo, el negocio, el alto beneficio no están de moda. Lo que importa es el honor, la virtud, las hazañas heroicas. El burgués marcha contra corriente y muchas veces traiciona a su propia clase: liquida su negocio, y con el producto adquiere tierras y se procura un título nobiliario o una carta de hidalguía. La nobleza se incrementa a expensas de una burguesía en decadencia.

Siete u ocho millones de españoles no eran nobles ni burgueses. Trabajaban la tierra o en cualquier taller artesano, se enrolaban con los ejércitos o en las expediciones de ultramar, o simplemente malvivían como pedigüeños, aventureros o pícaros. Las tres cuartas partes de esta masa modesta vivían de la agricultura, pero sólo una porción reducida era dueña de las tierras que trabajaba. El resto eran arrendatarios o jornaleros de las grandes propiedades amortizadas, pertenecientes a la nobleza o a la Iglesia. La cosecha, por razón de la tierra y del clima, era pobre (el trigo casi nunca llegaba a triplicar la simiente), de modo que el pequeño campesino, entre las rentas y censos que tenía que pagar al propietario y las dificultades del transporte, solía obtener unos beneficios reducidos, que en años de sequía o de riadas se hacían negativos. Esto explica la emigración del campo a la ciudad durante todo el siglo XVI.

El trabajador urbano vivía, por lo general, en condiciones más benignas que el campesino. Pertenecía a un gremio, según su tipo de industria, y compartía proporcionalmente al grado alcanzado (maestro, oficial, aprendiz) los beneficios comunes del pequeño taller. El gremio fija los tipos de producción, las calidades, los precios: todo queda uniformado, y es, por tanto, imposible la competencia. Esta cerrada organización impide tanto el que un trabajador se haga rico, como que sea explotado por otros, o que se muera de hambre. Lo que ocurre es que los gremios tienden a hacerse cada vez más cotos cerrados, en los que no es nada fácil ingresar. De aquí la gran cantidad de gentes desocupadas, de aventureros y hasta de mendigos que viven de una caridad pública más fuerte y eficaz de cuanto hoy pudiéramos imaginar. Debe ser exagerada, pero no disparatada, la afirmación de Pfandl, según la cual la desidia de los españoles por el trabajo, en el siglo de oro, se debe a la masiva práctica de la caridad por parte de las clases poderosas, y especialmente de la Iglesia.

Tal es, en esbozo muy breve y necesariamente incompleto, el ambiente de la España de Felipe II. El español modesto y anónimo pasa hambre a veces, se divierte en cuanto puede, hace gala de una fe de piedra y una piedad acendrada —no siempre muy de acuerdo con su vida privada— y participa de una forma más o menos implícita en los altos ideales de sus dirigentes. Lleva su propia modestia, su «villanía», con un sentido de dignidad, basado en su honradez y en el servicio intachable a su fe, a su rey, a su patria y a su destino, que va a reflejar muy pronto el teatro con la creación de los personajes más logrados de nuestro arte escénico: *García del Castañar;* Juan Labrador, de *El villano en su rincón;* Pedro Crespo, de *El alcalde de Zalamea.* O hasta un pueblo entero: *Fuenteovejuna.*

La preocupación espiritual

Una de las primeras preocupaciones de Felipe II una vez hubo regresado a España fue la referente a la unidad católica. En tiempos de Carlos I se habían registrado ya algunos dudosos brotes o influjos luteranos, nada difíciles de explicar, supuesta la apertura ideológica de la época del emperador. Pero las corrientes heterodoxas venían también de una tradición española anterior, obra de moriscos y judíos mal cristianizados. De ellos viene, sobre todo, el iluminismo. Los iluministas, o *alumbrados,* predicaban un misticismo quietista e inoperante. El alma, según su doctrina, debería irse desprendiendo de todas las inclinaciones y apetencias, hasta el punto de no desear nada ni realizar nada, como no fuera la unión íntima con Dios. Por este camino, las ideas iluministas podían confundirse más o menos vagamente con las protestantes en el sentido de negar la utilidad de las obras, o pretender garantizar la salvación sólo por la fe o por la unión con Cristo.

El movimiento no era extenso ni intenso; no alcanzó más que a algunas minorías, especialmente de intelectuales, o a familias de antiguos conversos; pero empezó a tener predicadores importantes, como los doctores Egidio o Constantino, y amenazaba extenderse. De aquí la preocupación de Felipe II de mantener la unidad católica y evitar conflictos como los que se habían producido en otras partes de Europa. La Inquisición, que se había mostrado tolerante en extremo durante el reinado de Carlos I, aumentó su rigor y vigilancia. Se celebraron autos de fe en Valladolid, Toledo, Sevilla y otras partes. Los condenados a muerte fueron pocos, pero la represión surtió sus efectos. El movimiento iluminista, con sus secuelas de corte luterano, abortó rápidamente —síntoma de su falta de arraigo— y sin dejar rastro. Si algo quedó fue la tendencia al misticismo, pero un misticismo, entiéndase, nada quietista, sino activo y emprendedor —muy propio del temperamento español—, como fue, por ejemplo, el de Santa Teresa.

Por otra parte, la intransigencia de la época de Felipe II —que no fue iniciativa del rey, sino resultado de un estado de opinión— es el reflejo de un nuevo espíritu más intolerante, que se incuba por entonces en toda Europa y que alcanza, igualmente, a los protestantes, en especial a los calvinistas. No corresponde dirimir aquí hasta qué punto la vigilancia inquisitorial pudo coartar la libertad de pensar o escribir; pero es un hecho que las más altas cimas del pensamiento y de las letras en España se alcanzaron en el momento en que la Inquisición gozaba de mayores atribuciones.

Felipe II y su sistema de gobierno

De Felipe II se han hecho los más encendidos elogios y las más enconadas críticas. Factores de tipo religioso, ideológico o político han ofuscado durante mucho tiempo una serena visión de la persona del monarca y de su reinado. Hoy las distintas versiones tienden a aproximarse cada vez más, señal evidente de que nos acercamos a la objetividad. Felipe II no puede catalogarse como un estadista genial. La envergadura de sus acciones se debe más bien al hecho de que le correspondió reinar cuando España alcanzó el máximo de su poderío y de sus posibilidades históricas. Pero era un hombre inteligente y tuvo el suficiente sentido común para hacer de su política un todo coherente y comprender la misión que, por la coyuntura del momento, por su carácter y el de los españoles, le correspondía.

Temperamentalmente, Felipe II era un hombre tímido. De este carácter derivan su retraimiento y su aparente frialdad: muchas veces se le calificó de insensible y apático, aunque hoy está averiguado que, en el fondo, era un hombre sentimental. Junto a la timidez, la indecisión, que explica sus continuas dudas, sus dilaciones para madurar bien las ideas, sus consultas con unos y otros antes de decidir, con el consiguiente ritmo lento en la marcha de su política. Su buena voluntad, su deseo de acertar, su profundo sentido religioso y ético y su amor a España están fuera de toda duda. Censurado por una falsa interpretación histórica como autocrático y tirano, hoy sabemos que condenaba el despotismo y compartía las ideas de los tratadistas españoles de entonces sobre la conveniencia del tiranicidio. Eso sí: fue un hombre sumamente celoso del mantenimiento de la alta dignidad de su realeza, aunque, como sabemos por el licenciado Porreño, «no le gustaba ser rey».

Motivos temperamentales, lo mismo que razones técnicas, influyeron para que Felipe II imprimiera un decisivo cambio al estilo de gobierno. Carlos V fue todavía, como los monarcas medievales, un emperador viajero, que iba en persona a resolver el problema o a dirigir la batalla contra el enemigo. Felipe II coloca su despacho en Madrid (capital de la monarquía desde 1561), y desde este centro lo dirige todo: ejércitos, armadas, aprovisionamientos, tratados diplomáticos, medidas políticas, administrativas, económicas. Cada día llegan montañas de papeles: noticias, informes, memoriales, consultas, peticiones. El rey, rodeado de un creciente ejército de funcionarios, lo revisa todo y, llegado el caso, resuelve. Antes el rey acudía al problema, ahora el problema acude al rey. Un sistema de gobierno si se quiere menos espectacular y directo, pero más técnico y, en el fondo, más eficaz. Lo implantarían luego los Borbones en Francia y los Estuardo en Inglaterra, y llegaría a informar la mecánica de los Estados modernos.

Todo esto significa centralismo y rigor burocrático. Los consejos, en continua evolución desde su reforma por los Reyes Católicos, se han multiplicado extraordinariamente. A principios del reinado de Felipe II son ya 10, luego serán 12. Y podemos distinguir ya entre los consejos *territoriales* —de

Castilla, Aragón, Italia, Flandes, Indias—, que entienden en el gobierno o administración de las distintas partes de la monarquía, y los que podríamos llamar *ministeriales,* por ocuparse de un ramo determinado de la cosa pública, como los actuales Ministerios: tales los Consejos de Estado, Hacienda, Guerra, Órdenes, Inquisición, etc. Todos ellos, hasta el de Indias, tienen su sede en Madrid. El rey despacha periódicamente con los consejos o con el secretario correspondiente, y es asistido, además, por dos secretarios personales. En los semisótanos del Alcázar madrileño —las «covachuelas»— trabaja, pluma en ristre, un ejército de funcionarios —los *covachuelistas*—, recibiendo, anotando, copiando, archivando.

Paz entre los cristianos, guerra contra los infieles

a) La paz de Cateau-Cambrésis había sido un logro costoso, pero deparaba al fin a España, sin discusión, la hegemonía europea. Nuestros embajadores en París o en Londres —don Francés de Alava, don Bernardino de Mendoza—, o nuestros tercios en Flandes, Milán o Nápoles, tutelaban aquel orden; la prudencia de Felipe II y la sutil diplomacia de su principal consejero en asuntos internacionales, Ruy Gómez de Silva, movían en silencio, sin estridencias, los finos hilos de la política europea.

Pero aquella paz significaba al mismo tiempo un orden cristiano que Felipe II estaba dispuesto a garantizar por todos los medios. Muerto Paulo IV, el rey de España instó a la elección de un Papa amigo del concilio, y una vez elegido Pío IV (1561), solicitó la inmediata reanudación de las sesiones de Trento. Cuando un grupo de teólogos franceses quisieron organizar un concilio particular —el coloquio de Poissy—, el rey de España lo impidió, amenazando incluso con la intervención militar. Las sesiones tridentinas culminaron a fines de 1563. La doctrina de la Iglesia quedaba clarificada en cánones estrictos, donde no cabían equívocos o interpretaciones ambiguas. En su forma, es obra de una generación que ve más necesaria que nunca la firmeza inflexible de las definiciones, del mismo modo que estima perniciosa y oscurecedora la tendencia al diálogo con el error. Felipe II, paladín de la Contrarreforma, no hace sino participar de este espíritu general.

b) El otro capítulo del viejo programa imperial, *pax inter christianos, bellum contra paganos,* tropezaba inicialmente con la rémora de la crisis económica. España tenía que recuperarse lentamente de la sangría de las guerras contra Francia y de los tremendos empréstitos concertados en los últimos años de Carlos V, y que había que reembolsar, en su mayoría, a los grandes detentadores del capitalismo internacional. Pero Felipe II, fiel a su programa, decidió emprender las operaciones contra los piratas africanos y contra los turcos desde el mismo año 1560, en un despliegue progresivo, conforme lo fuera permitiendo la recuperación de la Hacienda. Esta guerra del Mediterráneo es una contienda habitual, no declarada, que utiliza como arma principal la galera, un barco ligero de vela y remos, y, como táctica favorita, la sorpresa. Una guerra de verano, con descanso los inviernos, ya casi secular y rutinaria, pero que Felipe II, por primera vez, hace objeto de una verdadera planificación. Al rearme español respondieron los turcos con idénticos preparativos, de suerte que pronto se entabló entre los dos colosos del Mediterráneo una carrera de armamentos nunca vista (ambas potencias pasarán de 60 a 350 galeras, aproximadamente, en diez años).

Las primeras campañas fueron de resultado incierto, pero pronto se echaron de ver los recursos económicos de España —las remesas de plata americana, entre 1560 y 1565, fueron excelentes— y la perfecta organización de la maquinaria estatal montada por Felipe II. La conquista del peñón de Vélez de la Gomera —planeada en Madrid, y en la que confluyeron al mismo tiempo fuerzas procedentes de los más diversos puntos de la monarquía— fue la primera gran operación de la historia dirigida a distancia, y obtuvo pleno éxito. En 1565 los turcos pretendieron recobrar la iniciativa, lanzando una poderosa escuadra —100 galeras— contra la isla de

Malta, punto clave en el cuello que une el Mediterráneo oriental y el occidental. La isla resistió heroicamente, mientras la pesada, pero segura maquinaria española se ponía en movimiento una vez más. Los turcos fueron aplastados, y desde entonces nadie pudo disputar a España la hegemonía sobre la parte occidental del Mediterráneo. La lucha por la mitad oriental, que lógicamente hubiera empezado en 1566, hubo de quedar aplazada durante unos años por motivos que en seguida vamos a conocer, hasta que en 1571 se produjo la decisión final de Lepanto.

5. LA POLÍTICA DEFENSIVA (1566-1580)

Entre 1566 y 1568, el panorama de la monarquía católica, tan tranquilo hasta el momento, se ensombrece y complica. La sublevación de los moriscos en Granada y la de los Países Bajos obligan a Felipe II a abandonar su política de trazos simples y enredarse en aquellos dos avisperos. Pero también se recrudece la crisis económica, motivada por la inflación y por las continuas exigencias fiscales, que no son suficientes, sin embargo, para hacer frente a los tremendos gastos del Estado. Francia e Inglaterra abandonan su timidez inicial e insinúan una política de oposición a España. Felipe II, ante tal cambio de coyuntura, se pone a la defensiva. Pone a España en guardia, fortalece los resortes del poder, cierra la Península a todas las influencias externas; se acoraza, por así decirlo, y se dedica a parar los golpes. Tal es el carácter del segundo tramo de su reinado, quizá el que más ha contribuido a fijar la leyenda o la tradición histórica sobre la figura y la actitud del monarca.

La rebelión de los moriscos

Puede parecer extemporánea una insurrección en la Península a mediados del siglo XVI, y, sin embargo, el hecho se estaba viendo venir desde hacía algún tiempo. Cerca de un millón de españoles constituían aún una masa extraña, más que desde el punto de vista étnico (pues eran, en líneas generales, tan descendientes de los iberos como los demás), desde el religioso y cultural. Nos referimos a los moriscos. En la terminología medieval, *mudéjares* eran los musulmanes que vivían en territorio cristiano, y *moriscos,* los mudéjares mal convertidos al cristianismo, o sólo oficialmente cristianos. Los mudéjares de Granada habían pasado a ser moriscos a raíz de las guerras de 1500-1502, en que los Reyes Católicos les habían puesto en la alternativa de convertirse o emigrar. Los mudéjares de Valencia eran moriscos desde que los agermanados, en 1521, los habían bautizado a la fuerza. Había, además, moriscos en la cuenca del Ebro, en la Baja Andalucía y en Castilla.

Todos los esfuerzos por asimilarlos al resto de la población española habían fracasado. En 1525, tras una sublevación, Carlos I les había dado un plazo de cuarenta años para convertirse y adoptar la misma indumentaria y costumbres que el resto de los españoles. Tal plazo se cumplió en 1565 sin que se hubiera dado el menor paso en aquel sentido. Felipe II, con su lentitud habitual, estudiaba las medidas que convenía tomar.

Los moriscos granadinos —los más numerosos y activos— prefirieron adelantarse a los acontecimientos y, dirigidos por un tintorero del Albaicín, Farax ben Farax, se alzaron en rebelión. El golpe falló en la ciudad de Granada, pero se extendió, en cambio, por toda la vega. Los sublevados se calculaban en unos 150.000, aunque, por lo general, mal armados. Si no podían hacer frente a las fuerzas regulares, se refugiaban en la guerrilla y la emboscada. El peligro aumentó cuando los moriscos eligieron como rey a un caballero de Córdoba, Hernando de Válor, que se hizo llamar Mohamed ben Humeya, como pretendido descendiente de los Omeyas, para restaurar así la vieja dinastía califal.

La idea de restablecer un reino musulmán en la Península era entonces absurda, pero los sublevados eran fanáticos y estaban decididos a todo; contaban, además, con el posible apoyo de la gran potencia turca. Las fuerzas militares, cortas en número, que empleaban los gobernadores de Granada —primero el marqués de Mondéjar, luego el de Los Vélez— se estrellaban contra la táctica huidiza de los moriscos, que se esfumaban y volvían a surgir inopinadamente por todas partes. Fue preciso organizar una acción a fondo y conferir el mando supremo a un hermanastro del rey, don Juan de Austria, que en una labor sistemática, dura y difícil, pudo ir expugnando la resistencia.

Entre los moriscos disputaban los partidarios de contentarse con una soberanía limitada (entre los que llegó a contarse el propio Ben Humeya) y los decididos a la guerra total mediante la intervención turca, fracción que acaudillaba Ben Abóo. Ben Humeya fue asesinado, y sustituido por Ben Abóo, que sentó en su consejo a varios oficiales turcos. Constantinopla no se decidió a una acción abierta; casi todo quedó en rumores y en una especie de «guerra de nervios». Pero unos cuantos desembarcos furtivos de otomanos y berberiscos en las costas de Murcia y Almería amenazaban con una generalización de la guerra. Don Juan de Austria, cortando la retirada hacia Murcia, aisló a los moriscos en la Alpujarra, y desde entonces su sometimiento, aunque lento, fue inevitable. Muchos arreglos se hicieron por vía de negociaciones, aunque hubo también castigos ejemplares. Los moriscos fueron expulsados del reino de Granada y dispersados en pequeños grupos por el resto de Castilla. Pero ni a ellos ni a los de Valencia o Aragón se los trató ya de cristianizar o de españolizar. El peligro de sublevación había sido conjurado, pero los moriscos seguían siendo un quiste.

La insurrección de los Países Bajos

Ya hemos visto las razones que tuvo Carlos V para vincular los Países Bajos a la Corona de Felipe II, en lugar de ligarlos al Imperio o dejarlos como un archiducado independiente. El papel de aquel estratégico enclave entre los dominios del rey de España fue, política y militarmente, de una importancia incalculable durante los siglos XVI y XVII; pero los Países Bajos, tan distantes en múltiples aspectos de España y los españoles, fueron también una pesada carga y una fuente continua de conflictos.

Hoy se tiende a considerar que los motivos concretos de la ruptura, tanto en lo económico —desfase entre precios y salarios— como en lo religioso —reformas, provisión de nuevos obispados—, datan ya de los tiempos de Carlos V, aunque fuera Felipe II quien tuviera que sufrir sus consecuencias. Pero también es cierto que el Imperio de Felipe II es más español, tendente a dirigirlo todo desde España, que el de su padre, y el hecho hubo de tener sus obligadas repercusiones morales.

Entre las manifestaciones de descontento que empezaron a insinuarse en los Países Bajos desde 1561 es preciso distinguir dos planos, el nobiliario y el popular. Los nobles se oponían a la política «modernizante», centralizadora y estatalista que propugnaban la gobernadora Margarita de Parma y su consejero Granvela, mientras el descontento de las clases populares obedece a motivos económicos —la carestía— o religiosos —rápida difusión del luteranismo y, sobre todo, del calvinismo, activista y agresivo—. Las dos rebeliones se mueven con relativa independencia, aunque su momento crítico coincide en el año 1567: la nobiliaria con la asamblea celebrada en el hotel de Culemburgo (abril) y la popular con el incendio de la catedral de Amberes (julio). La gobernadora supo contraponer hábilmente las dos revoluciones y los nobles, primeros interesados en suprimir la revuelta del bajo pueblo, contribuyeron a la pacificación.

Mientras tanto, discutían en Madrid los partidarios del apaciguamiento —con el príncipe de Eboli, Gómez de Silva— y los de la intervención armada —con el duque de Alba—. Ambos consejeros de Felipe II dirigían dos auténticos partidos, entre los que el monarca actuaba siempre como árbitro concertador. En este caso, el voto del rey fue a favor de la intervención. El duque de Alba en persona iría a los

Países Bajos, acompañado de lo mejor de los tercios españoles e investido de amplísimos poderes. España se lanzaba a la aventura flamenca para asegurarse la posesión de aquel territorio clave de los dominios de la Corona en Europa. Elegía el camino de la fuerza estimando que el olvido de lo ocurrido significaba una claudicación y el posible envalentonamiento de los rebeldes.

El duque de Alba implantó en Bruselas el *Tribunal de los Tumultos,* que funcionó ininterrumpidamente durante seis años y que decretó la condena de más de 12.000 personas, de ellas 1.105 a muerte. Entre las víctimas se contaban personajes tan célebres como los condes de Egmont y Horn. Pero el príncipe Guillermo de Orange, principal cabecilla de la sedición, logró huir y trató de encender la guerra. No le fue posible organizar un levantamiento en los Países Bajos, señal de que la idea independentista no se encontraba aún suficientemente desarrollada, y hubo de recurrir a los mercenarios alemanes, ejército improvisado que fue destrozado por la Infantería española.

Los Países Bajos, siquiera a la fuerza, parecían pacificados. Pero fue entonces cuando, infortunadamente, se perdieron los barcos que conducían la paga de las tropas. Hubo que arbitrar un nuevo recurso, como fue la imposición de un tributo similar a la alcabala castellana. El descontento, aunque sordo, aumentó a partir de entonces en una sociedad tan poco acostumbrada a sufrir gabelas como la flamenca, y las protestas empezaron a llegar hasta de los católicos o de los más fieles hasta el momento a Felipe II. Los Países Bajos se iban transformando poco a poco en un volcán que podía entrar en erupción de un momento a otro.

La ocasión de Lepanto

Hacia 1570, Felipe II pudo al fin respirar, libre de grandes cuidados en sus dominios. Y aprovechó el momento para reanudar su política favorita de cruzada, máxime que el peligro turco se recrudecía por aquel mismo año. El nuevo sultán, Selim II, servido de un activo ministro, Mehemet Sokobí, abandonó la política continental de Solimán y fomentó el expansionismo marítimo. La lucha por el Mediterráneo alcanzó así sus momentos más dramáticos. En 1570, la flota turca se abalanzó sobre el último bastión importante que restaba a los cristianos en el extremo oriental del Mediterráneo: la isla de Chipre. El golpe, llevado a cabo con grandes fuerzas, puso en conmoción a todo Occidente. Pío V, «el último de los Papas medievales», predicó la cruzada general, a la que España se adhirió desde el primer momento, pero no el Imperio ni Francia: celoso el primero de su neutralismo religioso y la segunda de las posibilidades de expansión española en el Mediterráneo. La *Liga Santa* que al fin se formó estaba constituida sólo por los países ribereños (España, Génova, los Estados Pontificios, Venecia), y sin otra gran potencia que la española, que fue la que aportó la mayor parte del dinero, los hombres y los barcos. Venecia se oponía a esta primacía hispana, pues le molestaba la presencia de su poderosa amiga en el espacio oriental mediterráneo, pero ante el peligro hubo de consentir. Un español, don Juan de Austria, mandaría la expedición de la Santa Liga.

La maquinaria española, orquestada, como siempre, desde Madrid, se puso en marcha con una lentitud desesperante, pero con la tremenda seguridad de costumbre. Los preparativos comenzaron en mayo y no terminaron hasta septiembre; muchos creyeron que era ya demasiado tarde, pero el optimismo de don Juan galvanizó a todos. El 7 de octubre de 1571 chocaban a la entrada del golfo de Lepanto las escuadras cristiana y turca. Fue una de las batallas navales más grandes de la historia, pues en ella participaron más de 300 barcos por bando y 70 u 80.000 hombres. Puede decirse que la lucha la decidieron los soldados más que los marinos, puesto que ambas escuadras se mezclaron al abordaje en indescriptible confusión, hecho que sin duda favoreció a los cristianos, que disponían de la famosa Infantería española.

El resultado de la batalla de Lepanto fue una de las victorias más sensacionales de todos los tiempos: los turcos perdieron 300 galeras, y sólo 30 pudieron salvarse; sólo 10 barcos cristianos se fueron a pique. La escuadra otomana, muerto su célebre caudillo, Alí Pachá, había dejado prácticamente de existir. Entonces sí que se tocaron las consecuencias del retraso español: el otoño se echaba encima, y ya no era posible lanzarse sobre Constantinopla o tratar de liberar los Santos Lugares. Algunos autores, como L. Serrano, ven en Lepanto una colosal victoria sin frutos ulteriores, ya que no se la supo o no se la pudo aprovechar. Otros, como Braudel, estiman que ya fue fruto suficiente el que el Mediterráneo quedase convertido en un mar cristiano y que la decadencia turca se precipitase entonces sin remedio.

La crisis de la política filipina

Si la victoria de Lepanto no pudo ser aprovechada para consagrar la presencia española en Oriente Próximo, ello se debió a un inmediato recrudecimiento de las preocupaciones europeas en 1572. Sería un error no ver una conexión entre ambos hechos. Era preciso buscar estorbos para España, si se quería evitar que explotase su éxito en el Mediterráneo. La nueva insurrección de los Países Bajos es alentada por Francia e Inglaterra, mientras los corsarios británicos inician los ataques contra la flota española y las ricas posesiones americanas. No se llegó a una guerra abierta, que ambas partes, por prudencia, trataron de evitar; pero sí a escaramuzas, zancadilleos y frecuentes rupturas diplomáticas. Si los ingleses ayudaban a los flamencos sublevados, España apoyaba a los irlandeses descontentos de la soberanía británica.

La insurrección de los Países Bajos en 1572 es completamente distinta a la de 1567: tiene esta vez un matiz claramente nacionalista y popular que la hace mucho más penetrante y difícil de dominar. Una patria nueva empezaba a dibujarse en el espacio flamenco, Holanda, e iba a ser a la postre imposible ignorar este hecho. El duque de Alba, invencible en campo abierto, era incapaz de dominar la situación contra la guerrilla y la pequeña subversión local. Felipe II, aquel hombre que nunca perdía la calma, reaccionó ante la crisis con su flema característica. La economía pasaba por un mal momento —«estrecheza», como entonces se decía, para contraponerla a «largueza», o abundancia de numerario—, y se pensó como solución más prudente optar por la táctica del diálogo. Fue retirado el duque de Alba, y se envió como gobernador a un miembro del partido contrario, don Luis de Requeséns, con encargo de entablar negociaciones. Pronto se vio que el nuevo camino, al envalentonar a los flamencos, no conducía a un mejor resultado que el de la fuerza. Toda la política española en el avispero flamenco entre 1573 y 1578 no es más que una sucesión de tratos y de hostilidades. Cuando España puede movilizar sus tercios, el éxito militar es inmediato; pero pronto la angustiosa falta de dinero obliga a una desmovilización intempestiva, y los rebeldes se apoderan de medio país. Requeséns murió en el momento menos oportuno, tuvo que transigir con la *Pacificación de Gante* y el *Edicto Perpetuo,* por el que se restablecían todos los privilegios de las provincias flamencas, y el ejército español —hambriento y desmandado por la falta de pagas— habría de abandonar el país. Cuando en 1578, amargado y enfermo, murió don Juan de Austria, la presencia española en el ángulo más estratégico de la Europa atlántica parecía acabada para siempre.

La crisis económica

Ante una mirada ingenua o simplista, puede parecer increíble que España, dueña de los más ricos filones de metal precioso que había en el mundo, se desenvolviese en continua penuria, que fuesen tan frecuentes las hambres y que la organización económica fuese incapaz de levantar cabeza. Esta visión ingenua, no técnica, es la misma que tenían los españoles de entonces, hasta que en la Universidad de Salamanca (con Soto y Azpilicueta) comenzó a estudiarse, quizá por primera vez en la historia, el fenómeno que hoy llamamos *inflación.* De nada sirve el dinero si no hay productos que adquirir con él: se puede tener mucho dinero y ser pobre (un caso, aunque sea novelístico, de «inflación total» es el del náufrago Robinson Crusoe, que encuentra un cofre lleno de joyas en su isla desierta y, por supuesto, sigue muriéndose de hambre). La abundancia de dinero y la escasez de productos depararon a España los precios más altos de Europa; y en estas condiciones la industria española no tenía posibilidad de competencia con la extranjera. Podrían, por supuesto, encontrarse otros móviles al no desarrollo industrial de España, entre los que cuentan su estructura social, carente casi por completo de burguesía, y su propio carácter señorial e idealista, que veía en el trabajo algo indigno y casi infamante; pero las condiciones económicas impuestas por la inflación hubieran sido, de todas formas, muy difíciles de superar con los rudimentarios conocimientos técnicos de aquellos tiempos.

Los españoles habrían de comprar así gran parte de los productos que consumían en el extranjero (sabemos que hasta los palillos de dientes se importaban), con lo cual la plata americana se esfumaba apenas llegaba a puerto. El principal exportador de metal precioso, no hace falta decirlo tampoco, era el Estado, con sus continuos empréstitos y sus pagas a los cuerpos de ejército españoles distribuidos por Europa. Hasta 1560 aproximadamente, los mercaderes españoles habían podido competir, bien que mal, en el negocio con las Indias; pero desde entonces, autorizadas por los reyes las «sacas de dinero», nuestra economía quedó invalidada en gran parte por el capitalismo cosmopolita: al mercader sucede el banquero, y la artesanía decae sin posibilidades de competencia. Por si ello fuera poco, las guerras de Flandes y el dominio por Inglaterra del Canal de la Mancha cortaron la tradicional ruta de la lana, la más fructífera de las exportaciones españolas. Se hunde Medina del Campo como centro de contratación, Burgos —con su Consulado del Mar— como nudo distribuidor y las ciudades del Cantábrico, base hasta entonces de una floreciente marina mercante. Mientras la política —y con ella la «historia de acontecimientos»— bascula del Mediterráneo al Atlántico, ocurre un desplazamiento inverso respecto del comercio. Precisamente porque desde Lepanto allí no pasa nada, el Mediterráneo presencia un transitorio florecimiento comercial. La lana se exporta ahora por Alicante, rumbo a los telares italianos, en tanto que la «ruta de la plata» va de Barcelona a Génova. Pero el resurgimiento de la actividad mercantil por el Mediterráneo es sólo una compensación parcial y modesta a la pérdida de los mercados flamencos y alemanes.

Una serie de quiebras que se producen en Medina, Sevilla y otras partes, en 1575, coincide con el momento de mayor aprieto por que tuvo que pasar la Hacienda de Felipe II. Las dos crisis —la económica y la hacendística— se intercausan, y cada una hace más difícil la solución de la otra. La monarquía católica, dueña de medio mundo, tuvo que declarar la suspensión de pagos. No se llegó a la quiebra oficial (hecho que hubiera sido demasiado humillante), sino a un acuerdo con los acreedores, en su mayor parte extranjeros, por el cual se les concedían juros —derechos a percibir durante un plazo determinadas rentas del Estado— a cambio de la condonación de la deuda. El bache pudo ser salvado gracias a un sistema más ágil de préstamo —los *asientos*— que permitía colocar el dinero directamente en cualquier punto del imperio, y, sobre todo, de un espectacular incremento de las aportaciones de plata americana a partir de 1578. Pero la crisis quedaba planteada, y la economía española ya nunca podría resarcirse totalmente del golpe.

6. LA POLÍTICA OFENSIVA (1580-1598)

De pronto, hacia 1580, la política de Felipe II experimenta un viraje espectacular. En vez de limitarse a parar los golpes, como en los años anteriores, pasa a la contraofensiva, y parece dispuesto a conquistar Francia e Inglaterra; ocupa Portugal y domina de nuevo el espacio flamenco. Se acaban las dilaciones y las contemporizaciones.

Varias son las causas que pueden explicarnos el cambio. Existe una evidente reacción en la corte contra la política anterior. La desaparición del príncipe de Eboli y la caída en desgracia de Antonio Pérez coinciden con la rehabilitación del duque de Alba, el encumbramiento del conde de Chinchón y la llegada a España del cardenal Granvela, partidarios todos ellos de la política firme. La misma ocupación de Portugal obligó a Felipe II a defender los caminos de Ultramar y a tratar de controlar el Atlántico. Y la prodigiosa abundancia de las remesas de metal precioso procedentes de Méjico y Perú permitió al fin resarcirse de la «estrecheza» de los años anteriores y aumentar los desembolsos del Estado. Sin duda por todo ello, Felipe II cambia de táctica y lanza a España a uno de los momentos más dramáticos de su historia.

La integración de Portugal

La muerte del alocado rey don Sebastián en Alcazarquivir (1578) dejaba a Portugal sin otro heredero que el anciano cardenal don Enrique, y abocado el reino a un grave problema sucesorio. El heredero más lógico, desde el punto de vista legal, era Felipe II, hijo de portuguesa y emparentado por todos los costados con la Casa de Avis; pero muchos lusitanos veían en aquella sucesión la absorción de un país —Portugal— por otro país —España—; hacía ya tiempo que se había perdido la conciencia de la unidad peninsular. De aquí que muchos prefiriesen a don Antonio, prior de Crato, pese a tratarse de un heredero ilegítimo.

Felipe II supo manejar hábilmente los resortes diplomáticos, y se atrajo a la mayoría de los gobernantes portugueses, así como a la alta nobleza y a la burguesía de negocios, que esperaban de España la defensa del imperio ulramarino portugués y la libre entrada de la plata española, muy necesaria para los negocios coloniales. Pero las clases media y baja, afectadas por un profundo sentido nacionalista, se negaban de todo punto a la integración. Cuando murió sin testar el viejo rey don Enrique, Felipe II tuvo así que recurrir, contra su deseo, a la fuerza de las armas. La ocupación de Portugal, en 1580, fue una operación perfecta del duque de Alba, que penetró por Extremadura, amagó hacia el norte y, cuando parecía dirigirse hacia Oporto, cayó por sorpresa sobre Lisboa. El prior de Crato huyó a las Azores, apoyado por Francia e Inglaterra, y fue preciso organizar una expedición que conquistó aquellas islas (1582), después de derrotar a la escuadra aliada.

La unión ibérica estaba al fin lograda, y con ella la presencia de la monarquía católica en los cinco continentes; fue entonces cuando empezó a decirse que en los dominios de Felipe II no se ponía el sol. Pero aunque el rey extremó sus consideraciones con los portugueses, nunca se pudo borrar del todo la idea de la «invasión» española.

Las campañas flamencas

En 1578 se hizo cargo del gobierno de los Países Bajos el duque Alejandro Farnesio, buen diplomático y excelente militar, que supo emplear simultáneamente estas dos cualidades —y el dinero, que al fin empezó a llegar abundantemente de España— para modificar en pocos años el panorama flamenco. Comprendió que mejor que tratar de someter a todos era atraerse a unos para combatir a otros; por eso en la convención de Arras se ganó a la parte sur —católica, valona, señorial— para enfrentarla a la parte norte —protestante, burguesa, flamenca—. Al reconocer en Holanda el principal enemigo, puso al mismo tiempo los cimientos de la moderna nacionalidad belga. Y Bélgica, para subsistir frente a Holanda necesitaba el apoyo de España. La fidelidad de los belgas —que iba a mantenerse, en líneas generales, hasta principios del siglo XVIII— permitió contar con una base segura de operaciones. Una serie de campañas sistemáticas, que Farnesio acostumbraba a planear cuidadosamente sobre el mapa, permitió conquistar toda la parte flamenca de lo que hoy es Bélgica; período que culmina en 1585 con la ocupación de Amberes, centro de la banca mundial. Y luego, la irrupción en el espacio holandés, pese a la presencia de un cuerpo del ejército británico que mandaba el conde de Leicester. Complicaciones ulteriores —la expedición de la Invencible, la entrada en Francia— distrajeron a Farnesio de las campañas flamencas; pero, de todas formas, llegó un momento en que de las siete provincias holandesas sólo dos quedaban por conquistar. La vieja pesadilla surgida en 1567 parecía a punto de terminar para siempre.

La lucha por el océano

A comienzos del reinado de Felipe II, España e Inglaterra eran aliadas. A fines del reinado, protagonizaban la máxima enemistad que había en el mapa europeo. Este viraje se fue efectuando paulatinamente por efecto, sobre todo, de dos factores: el religioso, al pretender convertirse Isabel I de Inglaterra en cabeza política del mundo protestante, en papel simétricamente opuesto al que desempeñaba Felipe II en el mundo católico, y el económico, al intentar los británicos romper el monopolio que España ostentaba en la explotación de las Indias. Durante la segunda mitad del siglo XVI, Inglaterra se transforma en una gran potencia naval, y en estas condiciones, su choque con España, que poseía el más vasto imperio ultramarino del globo, era inevitable.

Entre 1568 y 1572 se amaga la ruptura. Los corsarios ingleses merodean las costas americanas —tales los viajes, entre piráticos y negociantes, de Drake o Hawkins—, obligando a los navíos españoles a navegar en convoy para evitar sorpresas. También los ingleses comenzaron a apoyar, primero bajo cuerda, luego abiertamente, a los rebeldes flamencos. Felipe II contestaba enviando ayuda a los irlandeses sublevados contra el dominio británico. Desde 1586, fecha de la intervención directa de tropas inglesas en Países Bajos, puede decirse que la guerra es ya abierta.

Felipe II estaba decidido, en virtud de su nueva política ofensiva, a invadir Inglaterra. La lucha por el dominio de los mares aconsejaba conjurar el peligro en su mismo origen, y la muerte de María Estuardo presentaba una ocasión ideal para proclamar reina de Inglaterra a la princesa española Isabel Clara Eugenia. En el momento menos oportuno desapareció el mejor marino español, el marqués de Santa Cruz, vencedor en Lepanto y en las Azores, con lo que el proyecto sufrió un retraso. También se acabó modificando a última hora el plan inicial: en lugar de transportar directamente a las tropas desde España, la escuadra iría casi vacía hasta Ostende, donde embarcarían los tercios de Alejandro Farnesio.

Al fin, en agosto de 1588 zarpó de La Coruña la flota que algunos llamaron *Armada Invencible.* La componían 131 barcos de alto porte, enormes y pesados, más propios para el transporte que para el combate. La misión consistía en tratar de eludir a la escuadra británica hasta haber embarcado a los tercios de Flandes, y realizar el desembarco cuanto antes. Es decir: los españoles daban primacía a la operación terrestre, que era la que les ofrecía mayores ventajas. Pero esta operación no llegó nunca. El almirante de la armada, duque de Medina Sidonia, hombre inexperto en las cuestiones de mar, se negó a seguir el consejo de los técnicos de aplastar a la flota británica en la bahía de Plymouth, donde no hubiera podido eludir el abordaje; los combates se desarrollaron así en mar abierto —el canal de la Mancha—, donde los barcos ingleses, más frágiles, pero más ligeros, hostilizaron una y otra vez a distancia a los españoles, causándoles pérdidas parciales de cierta consideración. Además, las mareas de cuadratura obligaron a aquellos pesados navíos a esperar casi una semana para poder recalar en el puerto de Ostende: cuando llegó la fecha conveniente ya era tarde, los temporales y los ingleses habían rechazado a la Armada Invencible hacia el mar del Norte. Parece impropio de un hecho histórico arrojar las culpas sobre la luna, pero hoy se estima que la cuestión de las mareas fue un factor más decisivo que el pésimo tiempo de aquel agosto y el acierto del almirante inglés Howard. La idea de regresar a España dando la vuelta completa a las islas Británicas resultó un completo fracaso, y en aquel complicado periplo se perdieron la mitad de los barcos y de los hombres. Alejandro Farnesio, casi a la vista de las costas británicas, se desesperaba en Ostende, sin poder embarcar sus tropas.

Tal fue el famoso «desastre de la Invencible». Es inexacto decir que desde 1588 comienza la decadencia de España, ni siquiera naval. Las pérdidas fueron prontamente rehechas, y en 1591 la escuadra española derrotaba a la inglesa a la altura de las Azores. Pero el proyecto de desembarco en Gran Bretaña hubo de quedar pospuesto por la necesidad de la intervención en Francia. La falta de política naval por parte de los sucesores de Felipe II haría el resto, y en el siglo XVII se consagraría definitivamente la primacía inglesa en el océano.

La intervención en Francia. Fin del reinado

Después de la paz de Cateau-Cambrésis, Francia hubo de renunciar a sus pretensiones de hegemonía europea. España ejerció muchas veces una especie de tutela sobre aquel país, condenado a una serie de minorías y regencias que coartaban toda continuidad política, y dividido cada vez más por la irrupción del calvinismo, que dio lugar a una serie interminable de guerras de religión. No hace falta decir que Felipe II apoyó en todo momento la causa católica.

Pero desde 1572, lo mismo que en el caso de Inglaterra, se ve cómo los franceses intentan levantar cabeza e impedir tanto el aprovechamiento de la victoria de Lepanto como el afianzamiento definitivo del poder español en los Países Bajos. Los intentos de enviar un cuerpo de calvinistas en ayuda de los flamencos fracasó ante un tajante ultimátum de Felipe II; pero el progreso de aquella secta en el propio interior de Francia degeneró muy pronto en conflictos internos (en que a los factores religiosos se unen otros políticos y sociales) que aconsejaron a Felipe II una intervención creciente en el país vecino. La crisis llegó a su momento culminante en 1589, cuando subió al trono de Francia un hugonote, Enrique IV.

Felipe II dio orden entonces de intervención directa al ejército español. Francia fue invadida por todas partes. En 1591 los tercios de Alejandro Farnesio entraban en París. El norte, este y sur de Francia estaban controlados por la Liga Católica, y, a su través, por Felipe II. Lo que éste pretendía era proclamar reina de los franceses a Isabel Clara Eugenia (hija de Felipe II y de Isabel de Valois), pero esta pretensión tropezaba con la milenaria Ley Sálica, que impedía reinar en Francia a las mujeres.

La crisis fue resuelta con un paso muy hábil de Enrique IV, que se convirtió al catolicismo, dejando así sin argumentos al rey de España. La guerra siguió aún durante unos años, pero ya se vio que la mayor parte de los franceses apoyaban a su monarca y se negaban a convertirse en dependencia de los Austrias. Al fin (1598) se llegó a la paz de Vervins, por la que España reconocía a Enrique IV, a condición de que mantuviera la religión católica. Se consiguió el objetivo religioso, no político.

La paz de Vervins fue la última decisión importante de Felipe II. Se dice que la firmó con el propósito de quedar con las manos libres para un nuevo asalto a Inglaterra, pero este extremo no está comprobado. Lo que se infiere más bien es un nuevo viraje de su política en sentido pacifista y de «coexistencia», que ya no tuvo ocasión de dar. Lo daría su sucesor, Felipe III. El gran monarca, agotado por el tremendo esfuerzo que suponía gobernar con la técnica que él mismo había implantado, y víctima de una enfermedad que soportó de modo ejemplar, falleció en septiembre de 1598.

III. EL SIGLO DEL BARROCO

Suele presentarse al siglo XVII como una simple secuela, hasta a veces como una desfiguración o caricatura del siglo XVI. Tal visión tiene una base en la realidad, pero es también muchas veces fruto del tópico, y no tiene en cuenta la rica personalidad y el «estilo» peculiar que, dentro de la continuidad con la centuria anterior, posee el siglo XVII. Esta personalidad le viene conferida por una forma de ser que podemos designar con el epígrafe general de *barroco.* Hace algún tiempo se entendía por barroco únicamente un estilo literario o artístico; hoy el concepto se extiende a todos los ámbitos del ser histórico del siglo XVII. Para D'Ors, el barroco es «una categoría»; para Rodríguez Casado, «una forma de entender la vida»; y en este sentido no hay inconveniente en hablar de una política barroca, una sociedad barroca, una diplomacia barroca, o una administración barroca: porque a todo llega esta forma de ser que define al siglo.

El barroquismo se manifiesta, sobre todo, por la tendencia a la hinchazón, a la hipérbole, desbordando los límites de la moderación y la mesura. El mundo barroco, contrariamente al renacentista, parece descontento de sí mismo, y no busca el equilibrio como ideal, sino la tensión y la fuerza expresiva. De aquí también la tendencia a lo «nuevo», a lo «nunca visto», que se manifiesta en la originalidad de las formas, el recurso a los neologismos, la idea chocante o la escenografía sorprendente.

En lo político, el barroco es una época de ambiciones imperiales, de monarquías autoritarias, de complicada y frondosa administración, de guerras casi continuas en toda Europa y de larguísimos y enrevesados tratados diplomáticos. En España se consagra —por más que viniera larvado del siglo anterior— el concepto de *Estado misional,* esto es, provisto de una misión concreta que realizar en el mundo, en defensa de la fe y de los valores de la civilización cristiana: llegará a haber autores que defiendan la misión de España como la de un pueblo elegido por Dios, como el pueblo hebreo lo fue en los tiempos de la antigua Ley. A ello se une una política ambiciosa y generosa a un tiempo, en que se aprecia a las claras el quijotismo del carácter español y un exacerbado sentido del honor, que es uno de los rasgos más definidores de la época: de aquí que lo caballeresco —y su personificación, el caballero o el hidalgo— imprima carácter a la historia española del XVII y prevalezca sobre el ideal burgués o el sentido práctico. Ello no priva —porque la mentalidad barroca es enormemente rica y desconcertante— la existencia de una visión realista de las cosas, o hasta de una tendencia casi exagerada al criticismo: hacia 1635-1640, esta coexistencia de las engoladas y solemnes proclamaciones idealistas, y el pesimismo de la visión realista y crítica, llegará a extremos dramáticos, capaces de precipitar a España en una de las crisis más graves y, sobre todo, más profundas de su historia.

El barroco es también una época populista. Junto a la monarquía autoritaria —en España nunca despótica— hay que alinear el peso de la opinión pública, mucho más fuerte ahora que en el siglo anterior; la reacción popular ante este o aquel hecho, las «manifestaciones», que puede decirse que nacen en esta época, y la fuerza con que se arraigan y se definen costumbres, formas, elementos folklóricos. El arte barroco marcha más que ningún otro a remolque de los gustos del público. Y sin que de la política pueda decirse exactamente lo mismo, hoy tiende a considerarse que el término «monarquía democrática» usado por ciertos autores para definir el estilo político de la época de los Austrias es más apropiado al siglo XVII que al XVI, pese a que el régimen, teóricamente, se hace más autocrático. El utilizar, por ejemplo, las onomásticas reales para entrar multitudinariamente en palacio y «ver y tocar al rey», hubiera sido impensable en tiempos de Felipe II.

Idealismo y realismo conviven también —como Don Quijote y Sancho, que se oponen y se necesitan a un tiempo— en la vida popular. Fe profunda y sincera en una vida desordenada en que la pasión predomina sobre la templanza. Las costumbres públicas tienden a degradarse, al tiempo que se defienden —a veces con heroísmo y entrega total— los ideales más puros y generosos. España entera está llena de hidalgos y de pícaros, sin que hidalguía y picardía sean incompatibles, como hoy podríamos imaginar. Tal es el sentido de «síntesis de lo contrapuesto» que define Weissbach como la esencia del barroco.

También en lo administrativo tuvo la mentalidad barroca una decisiva influencia, aunque aquí predominan casi exclusivamente los rasgos negativos. En general tiende a sustituirse la idea de servicio por la de privilegio. Tal el papel de la nobleza, que olvida en el siglo XVII la razón funcional de su existencia en el orden estamental; es frecuente el caso de un noble que rechaza el cargo de general de un ejército en tiempo de guerra, o una embajada comprometida: y se dedica a vivir de sus rentas y sus prebendas. El mismo funcionario deja de ser, como en tiempos de los Reyes Católicos, un servidor de la Corona o del país, para sentirse «colocado» en un puesto que asegura su subsistencia o su buena posición. Los cargos públicos tienden cada vez más a heredarse —desde el consejero de Estado al alguacil de un pueblo—, creándose así verdaderas dinastías de empleados, con el consiguiente descenso en la capacidad efectiva de la administración.

Párrafo aparte merece el *valimiento,* quizá el fenómeno político-administrativo más notable del siglo. Por regla general, en el XVII el rey no gobierna directamente, sino a través de un «valido» o «privado». El hecho se debe, en parte, a la escasa personalidad y a la falta de dotes de los monarcas del barroco; pero también tiene otras explicaciones. Hay que tener en cuenta que el fenómeno no es sólo español, sino europeo (hubo validos en Francia, en Alemania, en Inglaterra), aunque en ninguna parte alcanzara el grado total y permanente que tuvo en España. Los motivos generales hemos de buscarlos en la enorme complejidad administrativa, en la tecnificación de la burocracia y en la multiplicación de los problemas del Estado, que convierten ahora la misión de gobernar en una tarea tediosa e insoportable. El rey, precisamente porque es absoluto, puede permitirse este supremo lujo de poder: encargar a otro que gobierne en su nombre. El valimiento, aunque en muchos casos inevitable, fue impopular, y constituye un factor más de la crisis general del siglo XVII.

Ahora bien: el limitarnos a considerar únicamente los rasgos negativos de la centuria —lo cual no sería sino incidir en el tópico consagrado— supondría el arrinconamiento de una parte de la verdad y constituiría una grave injusticia histórica. El siglo XVII es el siglo de la decadencia española; pero no todo él es decadente. Su primer tercio es, todavía, de grandes victorias militares. La hegemonía política se mantiene, aproximadamente, hasta 1640. La magnífica floración cultural, artística, literaria, del siglo de oro, perdura aún durante más tiempo. En cuanto a la decadencia económica, no puede adscribirse al siglo XVII, porque venía ya larvada en la centuria anterior.

1. LA GENERACIÓN PACIFISTA (1598-1621)

A las grandes guerras de fines del siglo XVI sucede, en los primeros años del XVII, una etapa de paz casi general. El pacifismo se pone de moda en toda Europa, hasta el punto de que un monarca, Jacobo I de Inglaterra, acepta como lema *beati pacifici.* España, cansada de tantos conflictos, y gobernada por un rey indolente, Felipe III, y un ministro cuyo fuerte es la diplomacia, el duque de Lerma, sigue con gusto la corriente general. La idea que informa aquella política es, por demás, lógica: mantener el *status quo* significa, en definitiva, mantener —y sin esfuerzo— la hegemonía española. ¿Para qué alterar las cosas? Por más que, como a su tiempo veremos, aquella paz permitió recuperarse a España mucho menos que a otras potencias europeas, de suerte que la situación de ventaja aparecería, a partir de 1620, gravemente comprometida. Sin tener en cuenta esta circunstancia no comprenderíamos, probablemente, la política exterior del conde-duque de Olivares.

Una corte barroca

El nuevo rey, Felipe III, no era tan incapaz, como muchas veces se ha creído, pero aborrecía la política, y su pereza era casi invencible. Desde el primer momento abandonó la tarea del gobierno en manos de su ministro, don Francisco de Sandoval y Rojas, convertido por él en duque de Lerma. El valido era, al decir de Quevedo, «mañoso más bien que entendido», hábil, enredador, desconfiado y nepótico. Se granjeó los más pingües beneficios y colocó admirablemente a todos sus deudos. Fue, en general, buen diplomático, y su mejor virtud era la prudencia, aunque su afán de revisarlo todo minuciosamente, a lo Felipe II, imprimirá a los negocios públicos una lentitud desesperante. Junto con la lentitud, se echó pronto de ver la corrupción, el anquilosamiento de la maquinaria del Estado. La administración comenzaba a perder su eficacia. Los cargos públicos tendían cada vez más a ser objeto de compra.

Mientras, en la vida de la Corte se imponían las formas del barroco. Complicada etiqueta palaciega, fiestas lujosas y solemnes, corridas de toros u otras fieras, representaciones teatrales con rica escenografía, cacerías aparatosas. Las pompas llegaron al máximo cuando, por motivos aún no bien aclarados, la Corte se trasladó a Valladolid, donde permaneció seis años (1601-1607), cuajados de banquetes, recepciones, saraos, toros, cañas, revistas militares, máscaras, parodias, monterías. Felipe III y el duque de Lerma, en plena luna de miel europea, procuraban halagar a los embajadores de las potencias extranjeras, y ratificaban con grandes solemnidades los tratados de paz, aunque para ello los dispendios fuesen casi tan grandes como los de una guerra. Donde no se pudo alcanzar la concordia fue en los Países Bajos. Felipe II, cansado de la pesadilla flamenca, había legado aquellos territorios a su hija Isabel Clara Eugenia, casada con el archiduque Alberto; pero los holandeses se negaron a reconocer su soberanía, se entabló la guerra y España no pudo dejar de ayudar a la hermana de su rey. Los tercios españoles, comandados por un hábil general, Ambrosio Spínola, obtuvieron algunos éxitos, aun sin decidir plenamente la campaña. El eterno problema de Flandes seguía sin resolverse.

La crisis de 1609

Apenas regresada la Corte a Madrid, el Tesoro se encontró con un descubierto de más de 12 millones de ducados, que no hubo forma de llenar aquel año. Hubo que recurrir al mismo remedio arbitrado por Felipe II en 1575 ó 1596, esto es, sustituir el pago de la deuda por la concesión de *juros* o rentas de la Corona. Una nueva bancarrota en 1611, que obligó a un segundo arreglo, puso las cosas más oscuras todavía.

El caso era un tanto sorprendente, porque el Estado español no se hallaba embebido en empresas gigantescas, como en los tiempos de Carlos I o Felipe II; y la indirecta guerra de Flandes no parecía explicación suficiente a tantos gastos. Las quejas contra la mala administración fueron inmediatas, y no les faltaba una buena parte de razón. De resultas de la crisis salieron despedidos varios altos funcionarios, entre ellos don Pedro Franqueza, uno de los «validos del valido»; aunque se procuró echar tierra sobre el asunto, y las remociones no llegaron a más.

Pero en realidad la crisis económica no se limita a un simple fallo en la administración. En toda Europa, y, sobre todo en España, se aprecia un decisivo cambio de coyuntura: a la fase A (expansión debida a la plata americana) sucede ahora la fase B, de contracción. Los aportes argentíferos comienzan a disminuir, por motivos que más tarde expondremos. La moneda de plata va siendo desplazada por la moneda de cobre. La misma demagogia de Felipe III —más atento a la «opinión pública» de lo que hasta ahora se creía— jugó un importante papel en este terreno. La misma política que aconsejó el pacifismo a ultranza emitió grandes cantidades de moneda de cobre para contentar a las clases modestas. Felipe II se había negado terminantemente a esta medida, pero su hijo la puso en práctica repetidas veces. Tuvo cumplimiento entonces lo que los economistas designan como «ley de Gresham»: *la moneda mala expulsa a la buena.* (Lo que ocurre, desde el punto de vista de la sicología colectiva, es que el que tiene un real en plata y un real en cobre gasta el cobre y se guarda la plata, lo que tiende a circular es la moneda de baja calidad.) Se produjo entonces un nuevo y más pernicioso tipo de inflación. En el siglo XVI la inflación había estado provocada, como ya sabemos, por la abundancia de plata y la escasez de productos; pero en el XVII la causa principal es la depreciación de la moneda. Esta depreciación tiene todavía otro capítulo desgraciado, que es el doble precio. Pronto se hizo costumbre que las cosas tuviesen dos valores, según el metal empleado para comprarlas. Un comerciante, por ejemplo, cobra por determinado artículo «un real» (moneda de plata), o bien «seis cuartos» (moneda de cobre), lo que equivale a real y medio. En definitiva, una medida destinada aparentemente a ganarse al pueblo repercutió en perjuicio de las clases modestas, a las que iba a parar indefectiblemente la moneda de cobre.

La crisis económica obligó a pactar en 1609 una tregua en los Países Bajos. Ambos bandos estaban agotados de un conflicto al que no se veía término, y los mismos holandeses (donde los grupos burgueses presididos por Olden Barnevelt tienden a sustituir a la alta nobleza de los Orange) se mostraban tan pacifistas como los españoles. No hubo acuerdo para una paz definitiva, pero sí para una tregua de doce años (1609-1621), que podía prorrogarse en su día. Era otra solución provisional, pero necesaria. Y representó, por primera vez, el reconocimiento oficial de los rebeldes, es decir, de la existencia de una nación (la holandesa) considerada hasta entonces por el Estado español como una simple pandilla de rebeldes. La tregua de 1609, aunque significó un respiro, provocó una verdadera crisis moral en España. El Consejo de Castilla celebró una reunión extraordinaria aquel mismo año para estudiar los males del país y su posible remedio. Los españoles empezaban a darse cuenta de su decadencia.

La expulsión de los moriscos

La crisis «revisionista» de 1609 dio motivo también a la decisión más importante del reinado: la expulsión de los moriscos. Aquella minoría, que mantenía férreamente su estirpe, su religión, su cultura, su vestimenta, seguía siendo un problema. Habían fallado todos los métodos de integración. El pueblo en general aborrecía a los moriscos, y éstos habían pasado insensiblemente de campesinos sumisos y laboriosos a revolucionarios en potencia, dispuestos a aliarse con cualquier enemigo que le saliera a España. El monarca francés, Enrique IV, celebraba tratos secretos con los moriscos valencianos, con vistas a una insurrección general. La idea de la expulsión de aquella masa alógena y hostil era popular, excepto entre la alta nobleza de los reinos aragoneses, para la que constituía su más útil mano de obra.

Al fin, aprovechando la paz en los Países Bajos, Felipe III y Lerma se decidieron a adoptar la medida meditada desde bastante tiempo atrás. En 1609 se decretó la expulsión de los moriscos valencianos, considerados como los más peligrosos, y en el plazo de un año fueron siguiendo los de los otros reinos peninsulares. La operación se llevó a cabo con una organización perfecta y apenas se produjeron incidentes; donde sí se produjeron violencias fue en Argelia por parte de los propios correligionarios de los expulsados, que no veían con gusto aquel imprevisto incremento de la población. En cifras aproximadas salieron unos 125.000 moriscos de Valencia —un tercio de la población total de aquel reino—, 70.000 de Aragón, 80.000 de Andalucía y unos 30.000 del resto de Castilla. En total tendríamos algo más de 300.000 expulsados para una población morisca que se calcula en medio millón. Cabe un error en las cifras de salida, pero es probable que no todos los moriscos abandonaran España. Unos fueron protegidos por los nobles, otros se emboscaron y muchos —especialmente en la meseta castellana— demostraron su completa españolización, y se les permitió quedar. En todo caso, el problema morisco dejó de existir desde aquel momento, y los restos de aquella población se fundieron insensiblemente con los demás españoles.

La expulsión de la minoría morisca culminó el proceso de la unidad moral de España, a costa de una nueva y dolorosa amputación. Se ha exagerado en exceso la laboriosidad y el celo de la sociedad morisca, en contraste con la supuesta haraganería de la cristiana, afirmación que lleva camino de convertirse en mito. En Andalucía, por ejemplo, las profesiones más frecuentes de los moriscos eran las de buhonero, pedigüeño y bandolero. Las huertas de Levante, en su mayoría, no eran trabajadas por los moriscos —que cubrían el secano—, sino por los cristianos. Pero, de todas formas, la expulsión de aquellos 300.000 hombres supuso una nueva merma en la ya menguada población española y una nueva baja en la ya escasa producción agrícola.

Los grandes políticos periféricos

El asesinato de Enrique IV de Francia permitió al duque de Lerma erigirse, entre 1610 y 1618, en el árbitro diplomático de Europa. Hombre dado a los tratos y a las negociaciones amistosas, pudo disponer de uno de los mejores equipos de embajadores que tuvo nunca España: Gondomar, en Inglaterra; Cárdenas, en Paris; Zúñiga, en Viena; Aytona, en Roma. Lo más sorprendente es que muchos de estos embajadores llegaron a convertirse en auténticos validos de los monarcas respectivos. Europa se gobernaba así al gusto de España, en tanto el servicio de espionaje dirigido por Lerma, el mejor organizado del mundo, le tenía al corriente de los más mínimos detalles o de las intenciones de las cancillerías europeas.

También se encuentran por esta época eficientes y enérgicos virreyes o gobernadores, como los de Milán, conde Fuentes y marqués de Villafranca —«en España manda el rey, en Milán mando yo»—, o el de Nápoles, duque de Osuna, que limpió el Adriático de piratas y llegó a declarar la guerra a los venecianos por su cuenta. Todos estos grandes «políticos periféricos», como los ha llamado algún historiador, mucho más activos que los propios gobernantes peninsulares, dan aún a la monarquía católica un aire de grandeza y dignidad que en nada trasluce los síntomas de decadencia interior.

El eje de la política internacional de Lerma era Italia. Aquí era donde las apetencias francesas podían crear los máximos conflictos y donde convenía mantener a toda costa el *status quo*. Dos puntos eran esenciales en este aspecto: uno, la «quietud de Italia» —frase que se repite insistentemente durante aquellos años—, evitar cualquier conflicto que pueda abonar la intervención de otra potencia en la zona, y otro, la intervención de la diplomacia española —a veces también de la amenaza militar— en las sucesiones de los príncipes o señores italianos, a fin de evitar en aquellos Estados no sometidos directamente a la Corona española la presencia de gobernantes poco gratos a Madrid.

La «quietud de Italia» se vio interrumpida por el intento del joven Carlos Manuel de Saboya, que pretendió organizar un movimiento general antiespañol; pero fue sometido fácilmente por los gobernadores de Milán; así como la célebre «conspiración de Venecia», hecho todavía no enteramente aclarado, y en el que se dijo había tomado parte el embajador español, marqués de Bedmar. Parece que éste no hizo otra cosa que organizar en aquella república (la menos dispuesta a colaborar en la política de Lerma) un partido españolista.

Estas intervenciones en Italia, más policiacas que otra cosa, y algunas campañas africanas, que culminaron en la conquista de Larache y La Mámora, representan las únicas acciones de fuerza de España en la segunda década del siglo. Lerma no quiso aventurarse a una amplia política antiturca, como querían los persas —que vinieron en embajada a Madrid— o los albaneses sublevados contra el poderío otomano, con lo cual se perdió tal vez una magnífica ocasión como no la hubieran soñado Carlos I o Felipe II. La paz era un grato fruto de la época y —por virtud o por comodidad— casi nadie estaba dispuesto a turbarla.

La caída de Lerma. Hacia una política nueva

La posición del valido, con todo, empezó a desgastarse lentamente. La molicie, la lentitud en la resolución de los negocios, los favoritismos e irregularidades administrativas iban aumentando las críticas y minando la posición del en otro tiempo omnipotente ministro. Conforme se iba viendo venir la caída del duque de Lerma, fueron asomando nuevos candidatos al valimiento. Y el que tuvo más suerte o más habilidad fue el propio hijo de Lerma, el marqués de Cea. No puede hablarse propiamente de una sucesión, ya que el hijo subió al poder contra el deseo del padre; pero tampoco es exacta la idea de una conspiración de Cea contra Lerma, ya que lo único que hizo el primero fue aprovechar la inevitable caída del otro para encaramarse en el poder.

La sustitución coincidió con otra crisis económica y moral. El nuevo valido era ya, en el fondo, un revisionista, y quiso, quizá con mejor voluntad que talento, evitar los errores de su padre. Se procuró una administración más honrada, hubo destituciones y al principal colaborador de Lerma, don Rodrigo Calderón, se le instruyó proceso. El procurador Lisón y Biedma proponía en las Cortes una visión más realista de los problemas de España; Fernández de Navarrete proponía nuevos planes de repoblación del país; el Consejo de Castilla se reunía de nuevo para tratar de poner remedio a «los males del reino», y Sancho de Moncada escribía en 1619 su *Restauración política de España.* Si la crisis vislumbrada no se salvó como convenía, no fue por falta de buenos deseos.

El marqués de Cea, convertido en seguida por Felipe III en duque de Uceda, era un hombre algo gris, pero con buenos detalles de gobernante. Idea suya fue el viaje del monarca a Portugal, que tuvo la virtud de calmar muchas susceptibilidades en aquel reino; y fue una lástima que la enfermedad del rey obligase a un precipitado regreso a Castilla. También reforzó Uceda la política de amistad y colaboración con el Imperio, para mantener mancomunadas a las dos ramas de la Casa de Austria —política que suele conocerse como *austracismo—,* y que le llevó a decisiones importantes. En efecto, en 1618 comenzó la guerra de los Treinta Años, que en un principio pareció una simple pugna intestina entre dos aspirantes al trono imperial: el católico Fernando II y el luterano

Federico V. Uceda estimó que España no podía permanecer neutral ante aquel conflicto en que se jugaban los destinos del Imperio. Lo primero que hizo fue asegurar la comunicación entre los dominios de Italia y los territorios imperiales, mediante la ocupación de la Valtelina, un estrecho paso estratégico, cuyos habitantes, católicos, vivían sometidos a los señores grisones, protestantes. España mataba así dos pájaros de un tiro. Por la Valtelina llegaron a tierras germánicas los tercios del coronel Verdugo, que en Weisenberg —la Montaña Blanca, en la actual República Checa— destrozaron a los contingentes de Federico V. El Imperio seguía en manos de los católicos y de la Casa de Austria. Aunque aquella guerra acabaría derivando por cauces insospechados.

2. EL ESPLENDOR DE LA MONARQUÍA DEL BARROCO

En 1621, con la muerte de Felipe III y la subida al poder del joven Felipe IV, y, sobre todo, de su valido, el conde-duque de Olivares, el nuevo sesgo de la política alcanza su orientación definitiva. En España —y lo mismo en el extranjero— se acaba la generación pacifista. Una nueva generación, activa, grandilocuente, llena de ambiciones imperiales y de proyectos grandiosos, parece invadir casi toda Europa. La lucha por la hegemonía llega a su momento de mayor dramatismo. Y en esta coyuntura, España, como movida por un impulso biológico, se afirma sobre sí misma, subraya más enfáticamente que nunca los principios del Estado misional y realiza un esfuerzo supremo —al cabo agotador— para mantener su primacía, e incluso afirmarla definitivamente. Entretanto, una corriente interior de opinión, cada vez más fuerte, se manifiesta contra los idealismos excesivos y contra los quijotismos. El país se encamina así, en una secuencia de impresionante despliegue, hacia uno de los momentos más agónicos y decisivos de su historia.

Olivares y la nueva política

Felipe IV no era un abúlico como su padre, ni se desinteresaba por los asuntos públicos; al contrario, los problemas del gobierno le quitaban el sueño. Pero tenía un carácter tan débil, que carecía en absoluto de voluntad y necesitaba a su lado un hombre fuerte, seguro de sí mismo, en quien pudiera apoyarse; y nadie más apropiado para ello que don Gaspar de Guzmán, conde de Olivares y duque de Sanlúcar. Sanguíneo, dominante, ambicioso, tremendamente activo y trabajador, no llegó al poder, como Lerma, por ansia de riquezas, sino de fama y de gloria; en él predominaba, ante todo, como con fina observación sicológica ha observado Marañón, «la pasión de mandar». La gestión de Olivares es honrada, sincera, volcada sin reservas en pro del bien de España; pero con un quimerismo excesivo y un sentido de la vehemencia que habrían de redundar al cabo en una catástrofe, tanto interior como exterior.

El programa del nuevo valido quedó reflejado en dos memoriales, escritos en 1621 y 1625, en los que exponía al rey los cuatro puntos sobre los que debería centrarse la tarea reformadora.

1. En primer lugar había que acometer una amplia remoción administrativa, prescindiendo de los venales funcionarios del régimen anterior —algunos de ellos fueron sometidos a espectaculares procesos— y creando nuevos organismos. Los principales fueron las *Juntas,* 16 en total, y en las cuales muchos historiadores pretenden ver el precedente más claro de los actuales Ministerios. Estas Juntas *(Ejecución, Armada, Población, Obras y Bosques,* hasta una *Junta General de Reformación)* serían más especializadas que los Consejos, y pondrían mano en los asuntos de mayor interés para el país, singularmente la economía y las obras públicas. Los resultados no respondieron a los proyectos, porque Olivares tuvo que luchar desde el primer momento con la molicie y el agarrotamiento del funcionario. Las Juntas complicaron aún más el aparato burocrático y mejoraron, pero sólo en grado modesto, la administración.

2. Era preciso, si se quería que España mantuviera su posición en el mundo, estimular su riqueza interior y fomentar el desarrollo económico. El Estado no podría ser fuerte si el

país no era rico. Para ello se tomaron medidas proteccionistas, se favoreció el laboreo de la lana, muy decaído en los últimos tiempos, y se procuró impulsar el comercio. La preocupación económica de Olivares no es despreciable, y en muchos aspectos se adelanta al colbertismo francés; pero tuvo que tropezar, también aquí, con una coyuntura adversa, que inutilizó todos los esfuerzos. Disminuía el aporte de la plata americana, faltaban brazos, madurez técnica, capitales, iniciativa privada. Las guerras obligarían pronto a nuevas exacciones (contra el deseo de Olivares) y paralizarían el comercio exterior.

3. La causa principal de la decadencia de España radica en el descenso de su población. (En esto está Olivares de acuerdo con Navarrete, Lisón, Moncada y todos los tratadistas de su tiempo). Es preciso fomentar el crecimiento demográfico por dos procedimientos; estimular el desarrollo interno de la población mediante premios de nupcialidad y natalidad, eximiendo de impuestos a las familias numerosas, etc., y proceder a la repoblación del territorio, mediante la admisión de inmigrantes. Las medidas de Olivares son un curioso precedente de las repoblaciones del siglo XVIII, y hasta si se quiere de la legislación del siglo XX sobre familias numerosas; pero las condiciones por que atravesaba el país no eran las mejores para favorecer un aumento demográfico o atraer inmigrantes (pese a que se consiguió la entrada en España de franceses e irlandeses). Si algo se enderezó la curva demográfica, todos los esfuerzos se hundieron con la terrible peste de 1648.

Pero no sólo, razonaba el valido, es preciso fomentar la población, sino que hay que ayudar, sobre todo, a la población útil. En este sentido las ideas de Olivares son francamente revolucionarias para su tiempo. Noble y Grande de España, estimaba que la nobleza no es más que un lastre para el país. El gobierno y la administración habrían de estar en manos de las clases medias, y no habrían de descuidar las necesidades de las modestas. La nobleza sería, pasados los años, la autora de la caída del ministro.

4. «Y, por último, señor —terminaba diciendo el conde-duque en su informe a Felipe IV—, os pido que seáis rey de España»: es decir, no como hasta entonces rey de Castilla, de Aragón, de Valencia, de Portugal, de Navarra. Era preciso lograr lo que ni los Reyes Católicos ni los primeros Austrias habían hecho: la unificación jurídica de la Península. La idea, contra lo que muchos autores opuestos a ella han afirmado, no consistía exactamente en una «castellanización» de los demás reinos, o su absorción por Castilla, sino más bien su sometimiento al mismo régimen jurídico a que Castilla ya antes había tenido que someterse.

La idea de unificación de España y la igual participación de todos los españoles en la tarea y la carga común tenía sus rasgos de nobleza; pero el planteamiento de Olivares partía de unas bases algo simplistas. No comprendió los principios históricos y constitucionales del foralismo, y siguió en ocasiones procedimientos desatentados. La política que él juzgó principio de la grandeza de España resultó ser, precisamente, el principio de la catástrofe.

La plenitud del barroco

Vistos los planes de Olivares, cabe preguntarse no si eran acertados, sino más bien si era posible llevarlos a la práctica. Quimeristas o no, representan un intento de renovación, un desperezamiento general que acompaña los primeros años del reinado de Felipe IV. Muchos españoles (entre ellos Francisco de Quevedo, más tarde implacable crítico de la política del conde-duque) lo esperaban todo de aquella nueva época en que el país, renovado su equipo dirigente, parecía dotado de más bríos y esperanzas que nunca.

En política exterior, finalizada la tregua con los Países Bajos, los holandeses fueron derrotados por tierra y mar; y cuando los franceses trataron de poner su pie en Italia fueron rechazados espectacularmente. Las victorias exteriores no hacían sino fomentar el clima de hinchazón y orgullo propio de los tiempos; los discursos engolados de Olivares —gran orador—, los panfletos, proclamas y hojas volantes, los *avisos* y *gacetas,* toda la frondosa publicística del barroco se hacía eco de la grandeza de España y la nobleza de sus ideales.

En 1630 comenzó la construcción del Buen Retiro. Felipe *el Grande,* el *Rey Planeta,* cuyo imperio se extendía del mar del Norte a las Filipinas, y de la Baja California a África del Sur, merecía el más grande y fastuoso palacio del globo. Aquel complejo de residencias reales, salones dorados, jardines, ríos artificiales y lugares de recreo, es todo un símbolo de la grandilocuencia del barroco. En el teatro flotante se representaron los mejores dramas de nuestro siglo de oro. Y aquel teatro —de Lope de Vega, Calderón, Rojas, Tirso de Molina o Moreto— representa a las mil maravillas, con su exaltación del sentido del honor, su idealismo y su visión teológica, filosófica y ética, todo el espíritu de su tiempo.

Nos encontramos en el momento de máximo apogeo del barroco. El pensamiento, la literatura, el arte de España, alcanzan por entonces no sólo el momento cumbre de su historia, sino, sobre todo, el de su más peculiar personalidad. No hay, como en el Renacimiento, influencias italianas o flamencas, sino todo lo contrario: el arte, la literatura, las modas, la indumentaria, hasta los ritmos de baile españoles se imponían en toda Europa. Las bibliotecas de Londres estaban llenas de libros españoles, y en París el mejor negocio, según Brantôme, era montar una academia de lengua castellana; Tiermann y Weissbach han podido estudiar, por ejemplo, los influjos hispánicos en Bohemia y en Polonia en la primera mitad del siglo XVII. España, es cierto, estaba al borde del agotamiento, pero su personalidad se desbordaba hacia el mundo más que nunca. Hablar de decadencia para estos años iniciales del reinado de Felipe IV supondría un adelantamiento de los hechos y, por consiguiente, un anacronismo.

El escalonamiento de la lucha decisiva

Olivares no fue un innovador en política exterior, como lo había sido en la interior. No tuvo que inventar esta política, sino, sencillamente, reanudar las directrices de Carlos I y Felipe II, un poco arrinconadas por el paréntesis de la generación pacifista. Esto no quiere decir que el conde-duque sea un belicista a ultranza, ni que no domine otro lenguaje que el de la guerra. Aunque hombre de genio vivo, gustaba de la diplomacia, y siempre tentaba, antes de lanzarse a una aventura militar, la solución negociada. Lo que ocurre es que la coyuntura europea ha cambiado, y que los nuevos estadistas —Richelieu, Cromwell, Gustavo Adolfo, Fernando II de Alemania— parecen dispuestos a plantear una lucha decisiva. España ha de aceptar, a gusto o a disgusto, si quiere seguir ostentando la hegemonía del continente y su papel de «Estado misional».

Esta lucha, aunque integrada por una serie de conflictos más o menos inconexos, es la que suele conocerse en los manuales de Historia como guerra de los Treinta Años (1618-1648), y se va escalonando en acciones de magnitud creciente, desde un incidente local —la defenestración de Praga— hasta una gigantesca contienda europea, que no terminará sino con una de las paces más trascendentales de la historia moderna, la de Westfalia.

Olivares comenzó cauto. Realmente no fue él quien decidió la intervención, sino su antecesor en el valimiento, Uceda, al enviar tropas a Alemania en 1620. En 1621, reinando ya Felipe IV, y en el poder Olivares, caducaba la tregua de los Países Bajos; el ministro español hubiera visto con gusto la prórroga, pero los Consejos de Indias y de Portugal se inclinaban por el rompimiento, en vista de la intrusión (económica y hasta de ocupación territorial) que los holandeses estaban realizando tanto en América como en las posesiones portuguesas del Extremo Oriente. Se reanudaron las hostilidades, con la victoria de Fleurus, mientras la escuadra holandesa era destrozada cerca del cabo San Vicente. Una expedición a Brasil expulsó de allí a los neerlandeses. En 1625 tuvo lugar la conquista de Breda por Ambrosio Spínola, hecho inmortalizado por uno de los más célebres cuadros de Velázquez.

Pronto se complicaron las cosas. En el mismo año de 1625, los franceses, con el pretexto de la ocupación de la Valtelina por España, se decidieron a la aventura italiana. Génova pasó por momentos de peligro, y Olivares comprendió la necesidad de un supremo esfuerzo. La guerra, en un momento de euforia, debió ser popular, pues llovieron los donativos y la recluta pasó, por primera vez en la historia moderna de España, de los 100.000 hombres. Una expedición al mando del marqués de Santa Cruz desembarcó en Génova, salvó a la ciudad —aliada desde un siglo antes a España— y rechazó a los franceses más allá de los Alpes. La paz de Monzón restablecía la situación en Italia. El ministro francés, cardenal Richelieu, comprendió que era preciso esperar.

Mientras tanto, la guerra ardía de nuevo en el corazón del Imperio alemán. Los príncipes protestantes, vencidos desde 1620, lograron la intervención de Christian IV de Dinamarca, que disponía de un excelente ejército. La contienda de los Treinta Años rebrotaba más peligrosa que nunca, y pronto los políticos españoles comprendieron la necesidad de ayudar al emperador, si no querían el prevalecimiento religioso de los protestantes y el político de las potencias del Norte. La intervención de los tercios españoles de Flandes, con el general Tilly —vencedor en la batalla de Lutter— resultó decisiva. Los daneses fueron rechazados y volvió a imponerse sobre la mayor parte del territorio alemán la Liga Católica.

Pero España, erigida ya por los acontecimientos en guardiana activa de la situación en Europa, no podría permitirse un momento de respiro. La lucha por la hegemonía y por una organización político-ideológica del continente en uno u otro sentido se precipitaba con una rapidez de vértigo hacia su decisión final. En 1629, los suecos, azuzados por la hábil diplomacia de Richelieu, se decidieron a intervenir en el castigado espacio alemán. Gustavo Adolfo de Suecia había transformado a su país en una gran potencia militar, y se disponía ahora, en nombre de la ideología luterana, a formar una liga en la que Suecia pudiera erigirse en cabeza de todo el mundo germánico. El Ejército sueco, dotado por primera vez de uniformes modernos, armado de fusiles de chispa y entrenado en una técnica perfecta en que los movimientos ensayados una y mil veces, eran efectuados con la precisión de una máquina, gozaba fama de ser invencible.

Y, en efecto, el empuje sueco se hizo incontenible desde el primer momento. Las tropas imperiales, a pesar del genio del caudillo católico, Wallenstein, se veían incapaces de hacerle frente. El asesinato de Wallenstein, en 1633, vino a complicar todavía más las cosas, hasta hacer la situación desesperada. Una vez más tuvo que intervenir España en el espacio alemán, y esta vez lo hizo con todas sus fuerzas, con un ejército al mando del cardenal infante don Fernando, hermano de Felipe IV, e infinitamente más enérgico que él. En Nördlingen (1634) se dio una de las grandes batallas del siglo, en la que chocaron las dos Infanterías más famosas del mundo. Los suecos fueron destrozados y los príncipes alemanes, en pleno desconcierto, hubieron de reconocer la paz de Praga. Los soldados españoles se desparramaron por Alemania y, tras ocupar el enclave sueco de Pomerania, se asomaron a las orillas del Báltico. La enorme potencia española, a pesar de todos los síntomas de cansancio, se había impuesto espectacularmente. La guerra entre católicos y protestantes, que había ido transformándose también en una lucha por el dominio de Europa, parecía definitivamente ganada.

La batalla final

Y, sin embargo, a aquella guerra interminable, que habría de durar treinta años, aún le faltaba el último y decisivo capítulo. Francia comprendió la necesidad de su intervención directa si quería evitar en última instancia la consagración de la hegemonía española en Europa, y el astuto político que fue

Richelieu decidió correr la aventura. Las probabilidades de victoria eran muy grandes; España se encontraba al borde del agotamiento total, después de tantos esfuerzos, víctima, además, de unas estructuras socioeconómicas cada vez más desproporcionadas y de una administración lenta e ineficaz. Por el contrario, Francia se había recuperado de la larga crisis subsiguiente a la paz de Cateau-Cambrésis y la muerte de Enrique II (1559), había crecido su población, la distribución social era más armónica, la economía, floreciente. Las victorias españolas no podían ser un milagro continuado.

Para España, la intervención de los franceses en la guerra de los Treinta Años fue una «traición» a la causa católica; para Francia fue, sencillamente, una decisión política destinada a acabar con el exclusivismo español. Pero el hecho de que la guerra deje de ser religiosa para hacerse política no excluye en absoluto el matiz ideológico. Justo antes de empezar la contienda se registra una auténtica discusión entre escritores y publicistas españoles y franceses: lo que Jover ha llamado *la polémica de 1635;* como si ambos bandos quisieran dejar bien sentados sus principios antes de ponerse a defenderlos con las armas.

Los panfletos franceses defienden una nueva concepción del mundo, basada en el naciente racionalismo y en una visión pragmática de las cosas; proclaman, sobre todo, la razón de Estado, según la cual las naciones no están sujetas a normas de moral objetivas, sino que cada una debe buscar aquella política capaz de engrandecerla. Este principio se trata de conciliar con el de la *coexistencia,* idea que deriva de la visión pluralista de Europa, y que defiende el entendimiento dentro de una diversidad de políticas nacionales. Un orden europeo, basado en unos principios únicos a aceptar a todos, sería injusto.

Los españoles, en cambio, no aceptan la idea de Europa como diversidad, sino la de Cristiandad, que unifica a Occidente, no física, pero sí moralmente en unos ideales comunes. Ideales que los españoles defienden, pero no como españoles, sino como cristianos: «El francés que ama a Dios es mi español; el español que le ofende es mi francés» (A. Bautista). Queda así planteada la lucha entre el idealismo y el pragmatismo, entre la unidad o la diversidad.

En mayo de 1635 Francia declaró la guerra a la Monarquía Católica. Olivares comprendió que había llegado el momento decisivo. A aquella guerra fue supeditado todo. Si desde 1627 se había luchado contra la inflación recogiendo la moneda de vellón o rebajando su valor, ahora se volvió, por necesidad, a acuñar numerario de baja calidad, para facilitar los pagos del Estado; se procuró un drenaje total de los recursos del país, solicitando no ya nuevos impuestos, sino donativos voluntarios; se prohibió el comercio con los países enemigos, con lo que los inicios de una nueva política comercial se vinieron abajo. Había que jugarse el todo por el todo.

En un supremo esfuerzo, Olivares consiguió movilizar 40.000 hombres: los recursos del Estado no daban para más. Pero la ofensiva de aquel ejército podía ser decisiva, combinada con la intervención de los tercios de Flandes desde el Norte. Los políticos españoles comprendieron muy bien que sólo se podía ganar una guerra corta; en caso de prolongación del conflicto, los franceses, con más recursos de fondo, llevaban las de ganar. La idea era acertada, pero se falló en la ejecución. El cardenal infante don Fernando invadió Francia por el norte, venció en La Corbie y sembró el pánico en París, mientras Olivares no conseguía organizar, por la reticencia de las Cortes en entregar los subsidios, el ejército de la Península: así se perdió la mejor ocasión en aquel año de 1635; cuando en la campaña siguiente pudo lanzarse el ataque por los Pirineos, el ejército de Flandes, agotado y falto de pagas, no estaba en disposición de proseguir la ofensiva. Siguieron unos años dramáticos, en que España agotaba sus últimos recursos. Desde 1637, la iniciativa es claramente francesa, pero sin que los españoles cedieran un palmo. En Thionville fueron derrotados los galos en su intento de penetrar en los Países Bajos, y otro intento de entrar en la Península terminó en el desastre de Fuenterrabía. Aún en 1639, el publicista Pellicer cantaba las victorias y el poder de España.

La catástrofe, sin embargo, ya no cogió a nadie de sorpresa; el mismo Olivares —lo sabemos por sus cartas— la estaba temiendo desde años antes. En 1640 se produce una serie de revoluciones dentro de la propia monarquía española, que rompen la unidad peninsular y están a punto de acabar con España misma. El esfuerzo exterior no tiene más remedio que ceder. El conde-duque, agotado, dimite en 1642. En 1643 los españoles sufren su primera derrota en batalla campal, *Rocroy.* Otro desastre en *Lens* (1646) conduce a la paz de Westfalia (1648), en la que España se ve obligada a admitir, con la pérdida de su hegemonía en el mundo, la realidad de un mundo nuevo.

3. LA DESINTEGRACIÓN DE LA MONARQUÍA HISPÁNICA

En 1640, España, agotada, se hundió de pronto. Pero no fue (como es frecuente que suceda en tales casos) una catástrofe exterior, sino interior. Una revolución que tiene mucho de *deserción:* los reinos periféricos abandonan a Castilla, directora y patrocinadora de una política que rebasaba las posibilidades y las fuerzas de España. En 1640 tienen lugar las revoluciones de Cataluña y Portugal; poco después se registran intentos en Andalucía, Aragón, Navarra, Sicilia y Nápoles. toda la Monarquía Católica, tan poderosa años antes, está a punto de descomponerse y hasta de desaparecer como tal del mapa europeo.

Esta revuelta general ha sido considerada por algunos historiadores (Merriman, Trevor-Roper) como una manifestación de la «crisis de 1640» que se registra en todo el occidente de Europa (la *Fronda* en Francia, revolución de 1640 en Inglaterra, desórdenes político-sociales en Holanda), y que sería reflejo, a su vez, de la «crisis de los Estados del Renacimiento». El anquilosamiento burocrático propio del siglo XVII y el aumento del espíritu criticista darían lugar en todas partes a similares resultados. Con todo, en el caso concreto de España hay que tener a la vista dos factores capaces por sí solos de explicarnos la crisis: el centralismo estatal, creciente durante el siglo XVII y que alcanzó el máximo en tiempo de Olivares, y el agotamiento de España en una empresa que, sobre todo en los reinos periféricos, empezó a ser vista como absurda y desproporcionada.

España pudo sobreponerse al fin al colapso. Felipe IV acabaría recobrando todos sus reinos, excepto Portugal. La diversidad foralista sería mantenida. Pero la Monarquía Católica habría dejado de ser una primera potencia en Europa y habría renunciado para siempre a su política.

El alzamiento de Cataluña

No hay inconveniente en admitir, en sentido lato, la afirmación de Elliott de que los Habsburgo fueron reyes absolutos en Castilla y monarcas constitucionales en los reinos de la Corona de Aragón. Las diferencias jurídicas se mantuvieron íntegramente, y con ellas la distinta participación de unos y otros en las tareas de la administración interior y en la dirección y desarrollo de las empresas exteriores. En el siglo XVII se echa de ver un prurito centralista, del cual Olivares no es más que el supremo representante, pero en modo alguno el único; de aquí que los reinos periféricos de la Península —concretamente Portugal, Navarra y los de Aragón, sobre todo Cataluña— mantuviesen una actitud recelosa ante todo intento de absorción jurídico-administrativa por parte de Castilla, o, aún mejor, por parte del equipo que gobernaba desde Madrid.

En 1626 el conde-duque consiguió que Aragón y Valencia aceptasen, aunque a regañadientes, su proyecto de «Unión de Armas», relativo a una participación proporcional de todos los reinos en el sostenimiento de las fuerzas armadas; pero Cataluña se negó rotundamente a secundar la iniciativa. Desde entonces data la guerra fría que existió entre el valido y las Cortes y diputación catalanas. En el Principado, la nobleza del interior y la burguesía de la costa mostraban intereses contrapuestos y estaban desunidas; pero vinieron al cabo a coaligarlas las circunstancias exteriores. El descontento de la burguesía obedecía a razones económicas, la depresión del comercio mediterráneo —en plena fase B— y las crecientes exacciones del gobierno central, como el «quinto» que se pretendía exigir a los municipios. La pequeña nobleza pirenaica era celosa en cambio de su independencia, y se oponía a cualquier cortapisa centralizante o a la presencia de funcionarios o de jerarquías eclesiásticas no catalanas.

La tensión fue creciendo progresivamente entre 1600 y 1640. Para los castellanos resultaba indignante que los catalanes, parapetados en sus fueros y privilegios, quisieran eximirse de la carga común, en tanto que los catalanes veían en el centralismo de Olivares, que pretendía suprimir su secular constitución política, un intento de intromisión no menos intolerable.

En 1639-40 aquella tensión llegó a su colmo con la presencia de tropas (castellanas e italianas) en Cataluña, con motivo de la campaña del Rosellón. Los catalanes no estaban acostumbrados al hecho —normal en los focos bélicos de Europa— de que los soldados viviesen a expensas de los recursos del país. Hubo incidentes cada vez más violentos entre militares y paisanos. Y el día de Corpus, 12 de junio de 1640, los segadores, que tradicionalmente acudían a Barcelona con motivo de aquella fiesta, iniciaron la revuelta, probablemente instigados. Fue asaltado el palacio del virrey, y aquel —un catalán, don Dalmáu de Queralt, vizconde de Santa Coloma— arrastrado por las calles y asesinado. La ciudad por varias horas estuvo en manos de las turbas.

El *Corpus de Sangre* causó enorme sensación, tanto en Cataluña como en Castilla. Entre los catalanes, unos pensaron inmediatamente aprovechar la coyuntura para iniciar un movimiento de secesión, en tanto que otros rechazaban la violencia. En Madrid había partidarios del castigo y de las negociaciones. Al fin se impuso por ambas partes la línea dura. El conde-duque, después de unas semanas de vacilación, se inclinó por el camino de la fuerza. Una intervención armada sería una ocasión única de suprimir por decreto todos los fueros catalanes. Cuando supieron la decisión del Gobierno de Madrid, los extremistas catalanes, como el diputado Tamarit o el canónigo Claris, partidarios de la emancipación total, encontraron ya argumentos para imponerse. Se iba a la guerra civil.

En el otoño de 1640, un ejército real avanzaba desde las fronteras de Aragón. La resistencia catalana era arrollada. No hubo más que llamar a los franceses, que no iban, desde luego, a desperdiciar la ocasión. Los primeros refuerzos llegaron cuando los castellanos se disponían a asaltar Barcelona, y de aquí la prisa de unos y otros: de los catalanes por conceder a sus nuevos amigos cuanto pidiesen, y de los castellanos por consumar la ocupación de Cataluña antes de que la presencia francesa la hiciese imposible. Aquella prisa fue fatal para todos. Olivares dio la orden de asalto a un ejército cansado por la marcha y que necesitaba unos días de respiro. La operación sobre Barcelona fracasó. Los Ejércitos franceses penetraban a marchas forzadas en el Principado. Luis XIII se titulaba ya conde de Barcelona. A fines de 1640 Cataluña parecía perdida para España y hasta para los catalanes.

La separación de Portugal

Por los mismos días en que se producía el desastre castellano frente a Barcelona el reino de Portugal desertaba de la monarquía hispánica. Las razones del abandono son fáciles de comprender. La unión entre Castilla y Portugal hubiera sido, a fines del siglo XV, tan lógica o más, como la de Castilla y Aragón. Pero fracasados, como hemos visto, los intentos de fusión que realizaron, por cierto, tanto castellanos como portugueses, los nacionalismos del Renacimiento irían separando a dos patrias dotadas de plena personalidad. La unión realizada en tiempos de Felipe II resultó ya forzada, y era seguro que los portugueses no desperdiciarían la primera ocasión que se les presentase para romperla.

Durante un tiempo, la plata española favoreció el comercio ultramarino de Portugal; pero el exceso de los aportes metálicos procedentes de América, y el asalto de ingleses y holandeses a las posesiones lusitanas, sin que el ejército o la flota de los reyes de España hiciese gran cosa por evitarlo, cambiaron la situación. Desde 1630, el deseo independista de Portugal era ya muy grande. Las exacciones tributarias de Olivares aumentaron el descontento, hasta el punto de que la revolución se hizo al grito de *¡Abajo los impuestos!* En 1634 estalló un motín en Evora, que fue prontamente reprimido, y el 1 de diciembre de 1640 tuvo lugar el levantamiento de Lisboa, que ya no hubo forma de dominar. El duque de Braganza, aunque su participación en la conjura había sido bastante tímida, para no comprometerse de antemano, aceptó el título de rey, con el nombre de Juan IV. Todo Portugal se puso a su lado desde el primer momento. Los gobernantes de Madrid, agobiados con la catástrofe de Cataluña y los dramáticos esfuerzos de la guerra exterior, no pudieron atajar a tiempo la nueva rebelión. Durante años, las operaciones militares serían mínimas. Luego sería ya demasiado tarde. Portugal había decidido vivir su propia historia.

Otros movimientos de secesión

En plena bancarrota de la unidad, los movimientos de Cataluña y Portugal produjeron toda una cadena de intentos separatistas, tanto en la Península como en las posesiones de Italia, que a punto estuvieron de descuartizar por completo la monarquía. Si todos fueron al cabo dominados, ello se debe tanto a falta de coordinación como a la carencia de una auténtica fuerza capaz de sustituir con éxito al poder del rey de España.

En la Baja Andalucía conspiraban el duque de Medina Sidonia y el marqués de Ayamonte, de acuerdo con los portugueses, para establecer un reino con capital en Sevilla, y cuyo monarca sería el propio Medina Sidonia. La conjura fue descubierta y el marqués de Ayamonte ejecutado; con Medina Sidonia, alto personaje de la nobleza española y pariente de Olivares, hubo más lenidad. Pero la falta de una auténtica base popular hizo que la confabulación, una vez descubiertas las cabezas, quedara desarticulada.

En Aragón, aunque la idea de separación de Castilla era casi tan antigua como la unión bajo los Reyes Católicos, el proyecto cuajó más tarde (1648) y es patrimonio también de un grupo reducido, en el que, lo mismo que en Andalucía, juega un papel fundamental la nobleza. El autor del plan era un caballero despechado, Carlos de Padilla; el director, el marqués de la Vega, y el presunto rey de Aragón, el duque de Híjar, Grande de España. La trama era sumamente complicada, con todo el enrevesamiento típico del barroco, y los proyectos, más imaginativos que realizables. Nada tiene de particular que los autores fueran descubiertos, con lo que Vega y Padilla perdieron la vida, mientras que Híjar —al que no se pudo demostrar una culpabilidad directa— fue preso a perpetuidad. Pese a que el foralismo aragonés era popular, la idea independentista no cuajó, y el reino mantuvo en todo momento una fidelidad total a Felipe IV. Respondiendo al proyecto aragonés, hubo otro en Navarra, encabezado por el capitán Itúrbide, que, falto de eco, se esfumó rápidamente.

Muy distintos son los alzamientos italianos, porque aquí son las clases modestas las que se levantan y los nobles los que, más por razones sociales que por fidelidad política, se ponen en contra de ellos. Sicilia, que hacía tiempo había dejado de ser el granero de Europa, vivía años de hambre. La propaganda de Richelieu fomentó un movimiento popular, que iba dirigido lo mismo contra la dominación española que contra una nobleza poderosa y asfixiante. Sólo la ciudad de Mesina permaneció fiel; pero los grandes señores se rehicieron, y con su ayuda, la administración española pudo recobrar el control de la isla. Nápoles se alzó con motivo de un nuevo tributo sobre la fruta impuesto por el virrey, duque de Arcos, también en 1646. El motín en el mercado degeneró en un movimiento popular, dirigido por un marinero pintoresco, Masaniello, que pronto habría de convertirse en un déspota extravagante. La guerra civil, dotada, como en Sicilia, de un indisimulable tinte social, se resolvió con la llegada de una escuadra española que mandaba el hermanastro del rey, don Juan José de Austria, y que impuso el orden en el castigado reino.

Hacia 1648 la situación parecía salvada, excepto en los casos de Cataluña y Portugal. Los movimientos secesionistas habían fracasado en la Península porque la decisión de los grandes no estaba respaldada por el apoyo popular; en Italia, porque la radicalización del motín puso en guardia a la nobleza y la colocó al lado de los españoles. La Monarquía hispánica se salvaba de la destrucción y recobraba su unidad. Pero, maltrecha y desmoralizada, ya nunca habría de recobrarse de la crisis.

4. LA DECADENCIA DE ESPAÑA

Aunque la paz de Westfalia señala el cambio definitivo de destino en Occidente, en la conciencia española la crisis se manifiesta ya desde años antes, y el gran colapso de 1640 puede ser tanto la causa como —más bien— la consecuencia de esa crisis. La idea de «decadencia» o «declinación» ya puede rastrearse en algunos tratadistas de fines del siglo XVI y aparece clara a partir de 1609; sin embargo, es de 1640 en adelante cuando se manifiesta en todo su rigor. Pocos pueblos tuvieron una conciencia tan clara y general sobre su decadencia como el español de mediados del siglo XVII; aunque nadie, pese a la proliferación del arbitrismo y hasta de los más quiméricos proyectos, supo encontrar la solución.

El fenómeno de la decadencia de España es enormemente complejo, y no se puede enfocar su estudio desde un único punto de vista, como el económico, el ideológico o el militar. Más que de decadencia, casi podría hablarse de «decadencias», porque la administración interior se encuentra en plena descomposición cuando los tercios siguen ganando batallas en Europa; o la derrota militar llega cuando los escritores y los artistas que expresan la máxima potencia creadora de España se encuentran en plena floración. La primera en manifestarse es, como hemos visto, la decadencia económica, que muestra los primeros síntomas de crisis en la segunda mitad del siglo XVI —a pesar del aumento por entonces de la plata americana—, con la aparición de las bancarrotas periódicas, las crecientes dificultades de la producción y exportación y el creciente predominio del capitalismo cosmopolita sobre la economía mercantil, que oscurece la figura del mercader y eleva la del gran financiero, extranjero casi siempre. En el campo demográfico, el siglo XVI representa todavía un incremento de la población, que pudo alcanzar un 10 por 100 del total; pero en el XVII se precipita brutalmente la curva demográfica en uno de los mayores baches de la historia de España. El anquilosamiento administrativo, con los consiguientes fallos funcionales, se inicia también con el nuevo siglo.

La decadencia militar es posterior a estos hechos en una generación. Hasta 1640 los ejércitos españoles mantienen a raya a los de cualquier otra potencia extranjera y obtienen grandes victorias, como la Montaña Blanca o Nördlingen. Rocroy (1643) cambia el signo de la preponderancia militar, y, sobre todo a partir de 1660, las derrotas se suceden sin excepción. Parte de la causa se debe a la carencia de grandes generales (la nobleza se retrae del servicio militar), a la desorganización de las tropas, la no renovación de las tácticas y hasta a la desmoralización interna; pero el motivo principal hemos de encontrarlo en la penuria de recursos. La curva de movilización durante la época de los Austria es perfectamente simétrica: a principios del siglo XVI —campañas del Gran Capitán— las tropas en acción oscilaban entre 5.000 y 8.000 hombres; durante el reinado de Carlos I la cifra se eleva de 10.000 a 40.000; en tiempos de Felipe II se alcanzan los 60.000 y aún los 80.000. La máxima movilización se registró en 1625, con un total de 100.000 hombres en pie de guerra. Desde entonces la cifra comienza a disminuir rápidamente, de suerte que a fines del siglo XVII los soldados españoles en campaña no rebasan los 10.000. Falta de hombres y falta de dinero para pagarles. Eso lo explica todo.

Y, por encima de todos los signos de decadencia material, late el desánimo, el colapso moral subsiguiente a la desmoralización y a la derrota. Al mesianismo optimista de la generación de 1635, que afirmaba, a través del padre Enríquez, que las batallas de España eran batallas de Dios, y Dios no pierde batallas, sucedió el tremendo desengaño de la derrota. Todo cambió en España, desde 1640, aproximadamente, y en las crónicas de la época se trasluce esa tremenda crisis de conciencia, que no por mal estudiada deja de constituir uno de los fenómenos clave del siglo y, hasta cierto punto, de toda la Edad Moderna española. La gloriosa generación de pensadores, de literatos, de artistas, se extingue lentamente entre 1650 y 1680: ningún nombre de importancia viene a sustituir a los genios del siglo de oro que se mueren. Sin tener en cuenta lo que es y lo que significa la decadencia moral tampoco comprenderíamos nada de lo que sucede en España por aquellos años.

La despoblación

Una de las bases de la decadencia, como supieron comprender muy bien los tratadistas de la época —como Fernández de Navarrete— o los políticos —como Olivares— fue el descenso de la población. A primera vista es uno de los hechos más incomprensibles del siglo XVII y fenómeno de excepción en toda la Edad Moderna, ya que las centurias restantes, lo mismo anteriores que posteriores, registran un incremento demográfico.

Que la población descendió es cosa indudable, por lo menos entre 1600 y 1652. Hoy se tiende a creer que las cifras han sido un poco exageradas y que el colapso es menos fuerte de lo que se creía; pero aun así la baja de la población, de diez millones a siete u ocho, combinada con el incremento de los otros países europeos (sobre todo, los no mediterráneos), dejó a España en evidentes condiciones de inferioridad.

Los motivos son variadísimos, y deben contar en primer lugar la fortísima mortalidad infantil (la mitad de los nacidos no llegaban a los tres años de edad), resultado de las deficientes condiciones de vida; y las epidemias, sobre todo el cólera, que se ceban con especial predilección sobre las generaciones del siglo XVII. Las «tres grandes ofensivas de la muerte», como llama Domínguez Ortiz a las pestes de 1599-1602, 1648-1652 y 1676-1685, llevaron a la tumba aproximadamente a millón y medio de españoles. Al lado de estas cifras impresionantes, los motivos que con insistencia tópica se han aducido para explicar la despoblación resultan ser factores secundarios. Por ejemplo, la expulsión de los moriscos (unos 300.000), compensada sólo en parte con la inmigración de franceses e irlandeses (alrededor de 150.000). A América parecen haber emigrado unos 400.000 españoles en el siglo XVII. La vida religiosa representaba una cierta merma en la capacidad de procreación, pero la existencia de 180.000 ó 200.000 personas dedicadas a la Iglesia, aunque desproporcionada a la población del país, nos parece hoy un factor de escasa importancia. Lo mismo puede decirse de las muertes causadas por la guerra, que tal vez no sobrepasara los 100.000 en todo el siglo. Lo cierto es que España se despoblaba, y que esta despoblación la dejaba exhausta.

La ruina económica

El fallo de la economía española, como ya hemos visto, no es exclusivo del siglo XVII, aunque ahora cobre caracteres de verdadera catástrofe. España, país pobre de recursos, con una estructura social en la que la burguesía de negocios era casi inexistente y una mentalidad que predisponía más a las hazañas caballerescas que a las empresas mercantiles, había dominado políticamente el mundo, pero, cuando menos en cierto sentido, se había dejado dominar por el capitalismo extranjero, que se arrogaba casi el monopolio de los préstamos del Estado y, de hecho —aunque bajo cuerda—, del comercio con las Indias.

La plata americana fue, al menos, un postizo, un recurso que, aunque tuvo sus efectos perniciosos (la inflación, las desfavorables condiciones de competencia frente a la producción extranjera), permitió a los españoles, y sobre todo al Estado español, disponer de dinero en el siglo XVI. Pero en el XVII, y de modo sorprendente, las aportaciones del metal blanco empiezan a disminuir hasta así reducirse a la nada. En el decenio 1620-1630, la riada de plata fue casi tan espléndida como en los mejores tiempos. En 1630-40 (coincidiendo con el mayor esfuerzo de España en el exterior) quedó reducida a poco más de la mitad. En 1640-1650 apenas llegó a la tercera parte. Años más tarde alcanzaba cifras ridículas, diez veces inferiores a las de principios de siglo. Estos son los valores oficiales; teniendo en cuenta el desarrollo creciente del contrabando pueden significar un descenso menos marcado: con todo, el comercio ilícito sólo beneficiaba a los extranjeros.

Nadie por entonces se explicaba las razones de este fallo, ni aun resulta fácil hoy determinar sus causas. El argumento más repetido es el del agotamiento de las minas, que sí pudo ser un factor importante, pero no total, puesto que sabemos que si muchos yacimientos se extinguieron en el siglo XVII, otros alcanzaron por entonces las vetas más ricas. Un motivo también muy razonable es la falta de mano de obra indígena y la decadencia de la mita, el servicio obligatorio minero en Perú. Sabemos que algunos filones argentíferos quedaron clausurados por dificultades crecientes en la explotación. Pero en los últimos años tiende a considerarse como explicación principal un fenómeno muy distinto. Sería ingenuo pensar que la plata americana llegaba a España como un simple regalo de los conquistadores y colonizadores. Era simplemente el pago de unos artículos que el residente en América no encontraba allí, y que tenía que encargar a la metrópoli. El negocio, en principio, podía ser fabuloso —y lo fue en muchos casos— para los productores y mercaderes de la Península; pero la falta de tradición industrial, la peculiar estructura socioeconómica del país y la competencia extranjera, dotada de una gama de producción más abundante y de precios más bajos, retrasaron aquel lógico proceso de desarrollo y al fin lo llevaron a la decadencia. El descenso de la producción peninsular fue suplido por la presencia de mercaderes extranjeros en España, por el comercio clandestino de las Indias con otros países (muy ligado al corsarismo y a la piratería, sobre todo de ingleses y holandeses) y quizá, más que nada, por la propia producción americana. Los residentes en las Indias acabaron por fabricar los mismos productos que antes compraban en España; al dejar de comprar dejaron también de enviar plata. La explicación es un tanto simplicista, pero ahí radica, al parecer, la causa principal de la baja en las remesas.

España, sin plata y sin una industria capaz de ganarla, se arruinó sin remedio: acuñó moneda de cobre, con la consiguiente desvalorización, y quedó sin recursos para organizar sus ejércitos y su administración. La decadencia económica, aun sin explicarnos todo, se convierte así en uno de los principales factores del eclipse español en la segunda mitad del siglo XVII.

Los jalones del renunciamiento

A la caída de Olivares, en 1642, le sucedió en el valimiento su sobrino don Luis de Haro. No se trata, sin embargo, de una «sucesión» ni nada por el estilo. Don Luis era el tipo opuesto a su tío. Nada ostentoso, carecía de grandes ambiciones personales o políticas. Más diplomático que militar, hombre un tanto gris, pero de sentido común, reunía varias de las condiciones que el Gobierno estaba necesitando en aquellos momentos.

Su política iba a ser de paz, pero no paz a cualquier precio. Era preciso ir escogiendo la mejor oportunidad en cada caso. Comprendiendo que a España la habían hundido tantos esfuerzos simultáneos, su lema podría ser: guerras por separado y paces por separado. Había que acabar con los problemas uno a uno, aprovechando para cada resolución la coyuntura más favorable. Don Luis hizo su composición de ideas, estableciendo un orden virtual de urgencias: primero era preciso recuperar Cataluña, luego Portugal; después, conservar los Países Bajos y, por último, si era posible, firmar una paz favorable con Francia.

Los acontecimientos le aconsejaron, sin embargo, alterar el orden, y el nuevo valido, que por su oportunismo tenía ya algo de una nueva generación, no tuvo inconveniente en cambiar el objetivo cada vez que las circunstancias variaban, aunque a veces, buscando la ocasión mejor, dejó escapar la buena. Por de pronto la derrota de Rocroy (1643) hacía temer la pérdida definitiva de los Países Bajos. Había que atender cuanto antes aquel frente, y se pidió ayuda a las tropas imperiales; el avance francés fue de momento contenido, pero una nueva derrota en Lens (1646) aconsejó iniciar las conversaciones de paz. En Münster y Osnabrück trataron los principales diplomáticos de Europa aquel histórico tratado que se llamó paz de Westfalia. En él se simbolizan la derrota de España y, aún más, de sus ideales, y de allí sale una nueva Europa, racionalista y diversa. Pero desde el punto de vista puramente material España pierde en Westfalia muy poco. Se limita a reconocer la independencia de Holanda, hecho realmente consumado desde dos generaciones antes, y a cederle las provincias de Brabante y Limburgo. No se llegó, en cambio, a un acuerdo con Francia, que exigía nada menos que el Artois y toda Bélgica; era preciso defender aquellos territorios, y las probabilidades de éxito no eran escasas, porque Francia, en plena revuelta intestina de la Fronda, se hallaba en aquellos momentos casi tan agotada como España.

Haro comprendió que había llegado la ocasión de recuperar Cataluña. Tampoco los catalanes se sentían satisfechos bajo el protectorado francés y muchos deseaban ya la vuelta a la comunidad de los reinos hispánicos, siempre que fuesen respetados sus fueros privativos. Y tal fue la política que el nuevo valido —opuesto en esto, como en tantas cosas, a las viejas directrices de Olivares— empleó para atraérselos. El ataque partió de Lérida en 1650, y en 1652 capitulaba Barcelona, después de un largo asedio. Don Juan José de Austria, hijo bastardo de Felipe IV, que mandaba los Ejércitos reales, prometió solemnemente respetar las leyes de Cataluña, y fue uno de los principales artífices de la reconciliación entre castellanos y catalanes. La ocupación de la provincia de Gerona fue lenta y difícil, pero no por la resistencia de sus habitantes, sino por la de los franceses. No hubo forma de recuperar el Rosellón.

Francia se resignó a perder Cataluña, y decidió concentrar su atención en el frente flamenco. Este giro de los acontecimientos, operado alrededor de 1654 (año en que Luis XIV alcanza la mayoría de edad), obligó a don Luis de Haro a abandonar su idea de reconquistar el Rosellón y sus proyectos inmediatos sobre Portugal. Don Juan José de Austria, que tan destacada intervención había tenido en la pacificación de Nápoles y en la de Cataluña, convertido ya en una especie de héroe nacional, fue enviado al reducto flamenco. No era un gran estratega, pero sí un hombre de corazón e iniciativa. Se lanzó inesperadamente al ataque y arrolló a los franceses en Valenciennes (1656). Fue la última gran victoria española. Francia pidió tratos de paz, y Haro, esperando triunfos aún más sensacionales, se negó a ellos, cometiendo, probablemente, el mayor error de su vida. Los franceses se recuperaron en los años siguientes, aliados de Inglaterra, que realizó peligrosas incursiones sobre las plazas españolas de América. En 1658, la batalla de Newport (o Las Dunas) terminó con una gran victoria de los aliados. Las plazas flamencas se rendían por doquier a Francia; Haro comprendió que había llegado el momento de pedir la paz, antes de que las condiciones fuesen aún más desastrosas.

Fue la *paz de los Pirineos,* discutida, con toda la solemnidad del barroco, en la fronteriza isla de los Faisanes. Haro, mejor diplomático que estratega, hizo lo posible por que la idea de reconciliación privase sobre la de victoria francesa. No hubo más remedio que ceder el Rosellón —perdido de hecho desde bastantes años antes—, aunque pudo salvarse la zona del cabo de Creus, así como la mayor parte de la Cerdaña. En el frente norte, Francia se quedaba con casi todo el Artois, pero Bélgica seguía bajo la corona española. Prenda de la paz era el matrimonio de Luis XIV con la infanta María Teresa, hija de Felipe IV. La solemnidad de los actos y las mutuas declaraciones parecían augurar una paz definitiva. No iba a ser así, sin embargo.

Westfalia y los Pirineos significaban el fin de la hegemonía española en Europa. Don Luis de Haro, con su sentido realista, lo comprendió así. Pero por fin España quedaba con las manos libres para recuperar Portugal, único reino de la Monarquía Católica que aún quedaba insumiso. La empresa se creyó relativamente fácil, y resultó a la postre imposible; en parte por el agotamiento español, en parte por la decisión portuguesa y en gran manera también por el apoyo que a los lusitanos prestaron ingleses y franceses, estos últimos faltando a las cláusulas de la paz recientemente firmada. Don Juan José de Austria, el hombre que hasta entonces sólo había conocido éxitos, organizó una serie de campañas entre 1660 y 1663 que permitieron, aunque lentamente, ocupar una serie de plazas en Portugal; pero en *Ameixial* sufrió una inesperada derrota, y dejó el mando del ejército. Su sucesor, el marqués de Caracena, lanzó una ofensiva imprudente sobre Lisboa, que se estrelló totalmente en *Villaviciosa* (1665). Casi al mismo tiempo moría tristemente Felipe IV. Ya nadie volvería a soñar con recuperar Portugal.

5. EL FINAL DE LA ESPAÑA DE LOS AUSTRIA

La segunda mitad del siglo XVII es, en España, uno de los momentos más tristes de su historia. La ruina económica, reducidas casi a cero las remesas de metal precioso, y sin una industria capaz de atraerlo, estaba ya consumada. La población se había reducido a unos siete o siete y medio millones de habitantes, mermada al máximo por la terrible peste de 1648-52. La administración era lenta, venal e ineficaz; faltaban grandes políticos y grandes ideas. Hasta en el campo del arte, del pensamiento, de la literatura, la postración es espectacular: mueren los epígonos del siglo de oro, Gracián, Calderón, Murillo... sin que otros hombres, siquiera mediocres, vengan a sustituirles. Lo cual indica que la crisis no es sólo material y que alcanza también los campos del espíritu. Los españoles se sienten derrotados y desanimados. En medio de esta actitud derrotista, es posible rastrear una reacción de desengaño. Hoy apenas ha sido estudiada esta postura mental de la segunda mitad del XVII, pero no es difícil encontrar por entonces testimonios que denotan una actitud de «vuelta». Decaen los estudios filosóficos, teológicos, la poesía o el arte; en cambio, preocupan las matemáticas, la medicina, la economía, las ciencias útiles. Se buscan reformas en el país sobre una base económica y un nuevo sentido pragmático parece abrirse paso. Castilla va cediendo su puesto de cabeza rectora a los reinos de la periferia, entre los que empiezan a tomar iniciativas, sobre todo, Cataluña y Valencia. Comienza a insinuarse una revalorización de la burguesía y de las clases mercantiles. La máxima decadencia de España empalma así con las bases de su ulterior progreso en el siglo XVIII, aunque se trate de un progreso, como a su tiempo veremos, fundamentado exclusivamente sobre soportes materiales, sin un nuevo ideal vitalizador. Es todo un cambio de mentalidad que lentamente se empieza a gestar y sin el cual no podríamos comprender, entre otras cosas, el propio cambio de dinastía el año 1700.

La regencia de doña Mariana

Carlos II era, a la muerte de su padre, Felipe IV, un niño enclenque de tres años, cuya vida estuvo varias veces en peligro. La regencia hubo de ser ejercida por la reina madre, doña Mariana de Austria, una extranjera que sólo se fiaba de su confesor alemán. Fue este confesor, el padre Nithard, quien vino a gobernar el país, pues, aunque doña Mariana se mostró enemiga del sistema de valimiento, pronto comprendió que no tenía capacidad para disponer por sí sola, y el Consejo de Regencia que había nombrado Felipe IV para ayudarle estaba dividido y no podrían esperarse de él dictámenes concretos.

Bajo el valimiento de Nithard el poder quedó por los suelos. El jesuita alemán, pese a sus buenas intenciones, no era un político. La nobleza se había ido retrayendo del servicio al Estado y sólo recababa privilegios; había perdido sus viejas virtudes de clase dirigente y no se vislumbraba de momento otra clase o grupo social capaz de sustituirla. La picaresca se colaba en palacio y la administración era un desastre. El único hombre de verdadera altura, a juicio de la opinión, era don Juan José de Austria, y muchos veían en él al valido ideal; pero la regente no podía soportar al hijo natural de su esposo, con lo que don Juan José fue alejado una y otra vez de la Corte.

Nithard enfocó el problema político desde un punto de vista moral. Se hizo impopular al suprimir las fiestas y representaciones teatrales, y sus medidas económicas, guiadas por la ética, pero no por la técnica, ahondaron aún más el desastre; no pudo suprimir, pese a sus leales esfuerzos, la venalidad administrativa. En política exterior fue demasiado ingenuo, al dejarse sorprender por Francia, que disuadió a España de toda alianza con otras potencias, y luego le declaró la guerra: fue la llamada, cínicamente, «guerra de devolución», por reclamar Luis XIV los Países Bajos en nombre de su esposa, María Teresa. Los franceses vencieron fácilmente, pero la paz (Aquisgrán, 1668) sólo les deparó un puñado de plazas en Flandes. Europa entera se oponía, más que los ejércitos españoles, al engrandecimiento del Rey Sol. Bélgica seguiría siendo manzana de la discordia en nuevas e interminables guerras.

La derrota aumentó aún más la impopularidad del privado. Don Juan José de Austria, que por su respeto a los fueros se había ganado ya de antiguo las simpatías de los catalanes, contaba con gran predicamento en la Corona de Aragón, y allí organizó en 1669 una marcha sobre la Corte; en aquel «pronunciamiento» puede verse, a juicio de algunos autores, la primera iniciativa de Cataluña para ponerse al frente de una España de nuevo cuño, opuesta al matiz castellanista que había privado hasta entonces. El movimiento triunfó, y el padre Nithard salió del país, pero don Juan José, incompatible con la regente, no quiso aceptar el puesto de valido. El poder pasó por manos de diversos políticos, hasta caer en las de un aventurero como Fernando Valenzuela, empleado de palacio e intrigante de profesión. Mientras tanto, una nueva maniobra de la diplomacia francesa apartó a España de una alianza con Inglaterra y Suecia, y preparó una nueva guerra. Cuando ésta estalló, en 1672, sólo Holanda entró al lado de los españoles. Siguieron las inevitables series de derrotas. Tal andaban las cosas cuando en 1675 Carlos II llegó a la mayoría de edad.

El salvador del país

El reinado de Carlos II es la edad de oro de los arbitristas. Por doquiera pululan panfletistas que pretenden haber encontrado el remedio a los males del país, o teorías que quieren resolverlo todo de un plumazo. España tiene plena conciencia de su postración y de su incapacidad para levantarse de ella con los simples medios habituales; pero impera una especie de mesianismo —unido a una ansia vaga, pero radical de reformas— que lo espera todo de un hombre providencial o de una especie de golpe milagroso. Se sueña en un «salvador del país».

La mayoría de edad del rey fue recibida con esperanzas, como si pudiese implicar una nueva y dorada edad; pero pronto se comprendió que el nuevo monarca no podía responder a aquellas ilusiones. Carlos II era, en medio de su poquedad, un hombre leal e intachable, pero ni su salud ni su inteligencia retrasada le capacitaban para ejercer siquiera con decoro la realeza; el recurso a un nuevo valido era un mal menor e inevitable. Y el hábil Valenzuela aprovechó una vez más la situación para convertirse en consejero para todo del nuevo monarca. Si algo conservaban los españoles de los buenos tiempos era la sensibilidad política, y es fácil percibir cómo entre 1675 y 1677 se pasa rápidamente de la ilusión al despecho y de éste a la indignación manifiesta.

Y en 1677, después de una larga serie de intrigas, muy de la época, sucedió lo que ya se estaba viendo venir: un nuevo «pronunciamiento» de don Juan José de Austria, apoyado, como la otra vez, desde Cataluña, y convertido, ahora ya sin reservas, en el «salvador del país». Valenzuela fue enviado a Filipinas, y don Juan José se hizo cargo del poder. ¿Iba a responder el nuevo héroe a las esperanzas que en él se habían depositado? El bastardo era hombre de ideas e iniciativas, aunque carecía de habilidad; trabajador, puso todo su empeño en sacar a España del atasco, aunque parece claro que acertó más con los fines —lo que había que hacer— que con los medios —el modo de hacerlo—.

Don Juan José es representante de la nueva España periférica, que empieza a sustituir a Castilla como órgano nutricio de hombres y de ideas; es también moderno en su visión pragmática del gobierno y su preocupación social y económica. Quiso crear un nuevo sistema de impuestos que hiciese gravitar las cargas sobre los económicamente fuertes, aunque perteneciesen a las clases privilegiadas; en 1679 se creó la *Junta de Comercio y Moneda* para estimular el desarrollo económico; se comenzaron a reunir memoriales sobre los males del país y forma de remediarlos...

Pero los problemas eran muchos y los medios escasos. Hubo que recurrir una vez más a la moneda de cobre y ver cómo subían los precios. El Estado, lleno de deudas por todas partes, no tenía con qué iniciar una política de reformas, ni siquiera posibilidad de remover una burocracia viciada. Y además, la preocupación por los asuntos internos hizo que don Juan José descuidase la guerra con Francia, de modo que las sucesivas derrotas obligaron a firmar la paz de Nimega (1678), por la que la monarquía perdía el Franco Condado, si bien obtenía una cierta compensación territorial en Flandes. El prestigio de don Juan José se encontraba en pleno declive cuando le sorprendió la muerte, en 1679.

El fin de una época

Tras la desaparición de don Juan José de Austria, la historia de España entra en uno de sus períodos menos conocidos y más merecedores, sin embargo, de un estudio a fondo. Sabemos, sí, los hechos concretos, contamos con toda suerte de noticias eruditas sobre dos nuevas y desastrosas guerras con Francia y que terminan, como las anteriores, en dos paces —Ratisbona y Ryswick—, no tan desastrosas por la oposición de las demás potencias al engrandecimiento de Francia; conocemos la sucesión de ministros, en su mayoría mediocres, y las intrigas para lograr la sucesión del reino, una vez que se vio claro que el rey no iba a tener descendencia. Pero sabemos muy poco sobre el estado interno del país, la evolución de la sociedad, la marcha de las ideas: cómo viven, cómo sienten y qué quieren los españoles. Hay motivos, sin embargo, para suponer que ya por entonces se ponen las bases de la actitud mental y la línea histórica que veremos ya claramente dibujadas en el siglo XVIII.

En 1680 se produjo una nueva crisis económica: la última y definitiva. Los precios pagados en moneda de cobre habían alcanzado un 275 por 100 de prima sobre los pagados en plata. No hubo más remedio que devaluar una vez más el cobre; fue una devaluación completa; tanto es así, que las monedas de cobre fueron utilizadas para fundir campanas o para fabricar artículos metálicos. Se volvía a los metales preciosos, aunque su escasez fuese total. La economía alcanzó así hacia 1680 su momento de máxima depresión; la curva tocó fondo: ya no podía bajar más. El movimiento quedó prácticamente paralizado. Pero precisamente por eso, a partir de entonces ya no podía haber otra tendencia que el alza. La peste que por aquellos años segó la vida de otros 200.000 españoles —como mínimo— señaló también el bache más profundo de la curva demográfica en toda la Edad Moderna. Pero también habría de ser la última de las grandes epidemias de nuestra historia.

Desde entonces, y a lo largo de los veinte años últimos del siglo, se adivina una cierta tendencia a la mejoría. No pudieron apreciarla quizá los mismos españoles de entonces, preocupados por los enredos políticos y por la falta de descendencia del monarca, que abocaba a un grave problema sucesorio e incitaba las apetencias de varias dinastías extranjeras a la Corona de España. Pero hay datos que permiten hablar de un resurgir del comercio —el puerto de Barcelona, por ejemplo, duplica su tráfico a finales de siglo— y una mayor vitalidad por parte de las clases burguesas, por escasa que fuera todavía. Los demógrafos añaden que el propio descenso de la población proporcionó, por primera vez, a partir de 1680, un sensible equilibrio entre los habitantes y los recursos del país. El hambre dejó de ser una calamidad necesaria y endémica.

Entre los medianos políticos de aquellos años destaca el conde de Oropesa. Es un hombre de reformas, pero no, como en el caso de don Juan José de Austria, de reformas grandiosas e imposibles, sino —más de acuerdo con la nueva generación— de medidas concretas, todo lo modestas que se quiera, pero dotadas de sentido realista. Con él se inicia claramente un tipo de gobierno y de administración que veremos consagrado de modo definitivo tras el cambio de dinastía.

Efectivamente, Carlos II había llegado hasta la hechicería, en su afán de tener descendencia directa; pero todo había sido inútil. Sus mejores consejeros, entre ellos Oropesa, se habían inclinado por un testamento en favor de un príncipe independiente y sobrino-nieto de nuestro rey, José Fernando de Baviera. Así parecía conjurarse la influencia tanto de Francia como del Imperio, que intrigaban en Madrid por obtener una decisión en favor de sus familias reinantes respectivas. Pero la muerte de José Fernando en 1699 obligó a Carlos II a decidirse por una de las dos grandes potencias. Una serie de factores, entre los que la mentalidad de cambio no debe ser ajena, le aconsejaron, poco antes de su muerte (otoño de 1700) legar todos sus Estados a Felipe, duque de Anjou, nieto de Luis XIV y de la española María Teresa. La Casa de Borbón, hasta entonces enemiga, se entronizaba en España, y con ella se abría un capítulo totalmente distinto —pero quizá no totalmente inesperado— en nuestra historia.

IV. EL SIGLO DE LAS REFORMAS

Las tendencias que se insinuaban en la España de fines del siglo XVII se consagran, a veces hasta como una verdad oficial, en la centuria siguiente. Una nueva dinastía, procedente de Francia, facilita el cambio ideológico y, desde luego, promueve la transformación práctica del país.

Las bases de la nueva mentalidad pueden quedar definidas bajo el común denominador del *Racionalismo,* el movimiento intelectual que se había iniciado en Occidente durante el siglo XVII, y que señorea por doquier el ambiente y el pensamiento del XVIII. La razón humana, por supuesto, no es un hallazgo de los nuevos tiempos. Había alumbrado todas las épocas de la cultura helénica, y racionalistas, en sentido amplio, habían sido, por ejemplo, el gran despliegue de la filosofía cristiana medieval o la magnífica explosión humanística del Renacimiento. Lo que caracteriza al movimiento históricamente conocido como *Racionalismo* no es el recurso del hombre a la Razón, sino la valoración de la misma como fuente suprema de certidumbre. El intelectual del siglo XVIII se considera capacitado para dar cuenta de los motivos esenciales de su presencia en este mundo, de sus ideas y convencimientos, de las normas de su actuación individual o colectiva, a la sola luz de su razón. Otros factores de su criterio, como la fe, el dogma, la tradición o la autoridad, quedan un tanto difuminados o hasta se prescinde de algunos de ellos en absoluto.

Junto a lo racional o «razonable», que es el principio que preside las ideas del siglo, hay que alinear a la Naturaleza, maestra y modelo (se debe seguir en todo el «orden natural»); la Tolerancia y el Progreso, en cuya marcha hacia la felicidad del género humano se cree indefectiblemente. El siglo XVIII tiene así mucho de época teorética, llena de «filósofos», como entonces se llamaban hasta los ensayistas, y de ideas abstractas, llenas de vaguedad generalizadora. Pero también es el siglo del pragmatismo, del utilitarismo, de la preocupación por el desarrollo económico y por el bienestar material. El racionalismo, entendido desde un punto de vista puramente humano y terreno, tenía que conducir a este intento que Paul Hazard llama «la reconquista del Paraíso»: la búsqueda de la felicidad sobre la tierra.

España había luchado oficialmente contra el pensamiento racionalista en su sentido telúrico —véase, por ejemplo, la polémica de 1635—, aun cuando en la generación barroca es fácil encontrar un racionalismo español, patente, por ejemplo, en Quevedo, Gracián o Saavedra Fajardo; o hasta en el mismo Calderón; racionalismo cristiano y dotado de una visión trascendental sobre el destino del hombre en el mundo. Pero la derrota militar —y la decadencia, en general, con todas sus secuelas morales— había arruinado lo que podríamos llamar filosofía oficial de España. No nos resulta bien conocida todavía la última generación del siglo XVII, pero ya veíamos en ella algunos rasgos de reformismo y de tendencia a abandonar toda visión idealista, para asegurar lo material y práctico. Esta tendencia quedaría asegurada, al menos al nivel de las clases dirigentes y de la política oficial, en la generación siguiente.

El mismo cambio de dinastía, es decir, la introducción de los Borbones en España, puede ser considerado como causa o como consecuencia de la nueva mentalidad: hubo españoles que aplaudieron la presencia de los Borbones porque querían «cambios»; y los Borbones, por su cuenta, vinieron con un programa de cambios para España. Que este programa de reformas coincidiese o no con el que deseaban los españoles que apoyaron el giro dinástico es otra cuestión que de momento no resulta fácil resolver.

Concretamente, uno de los módulos más visibles de la nueva política borbónica consiste en el hecho de que la dinastía recién llegada es de origen francés. «Reformas» supone muchas veces, de hecho, afrancesamiento. Afrancesamiento es un principio formal (instituciones, organización, modas), luego ideológico y, finalmente, político-revolucionario, una vez ha estallado en 1789 la gran Revolución francesa. En este sentido, el reformismo del siglo XVIII implica una amplia gama de frentes, en que luchan lo moderno contra lo antiguo, la concepción terrena contra la concepción espiritualista, el criticismo contra el dogmatismo y la innovación extranjerizante contra la tradición españolista. Este último aspecto de la lucha modifica sustancialmente sus condiciones y es muchas veces un arma dialéctica en manos de los tradicionales; porque el dicterio de «afrancesado», por muy grande que fuera entonces el prestigio de Francia, no gustaba ni a los españoles más reformistas. Y, sin embargo, el agotamiento intelectual de España —consecuencia de la crisis del XVII— no permitió el despliegue de una auténtica escuela «ilustrada» española en el XVIII; y el resultado fue que las ideas, los principios, los gustos, hasta las formas concretas, hubieron casi siempre de ser importados. Pese a todos los intentos de una «ilustración cristiana», no fue posible encontrar una síntesis entre lo nuevo y lo español capaz de concretarse en realidades históricas permanentes; y el resultado fue una disociación de la conciencia hispana, que explica, por lo menos en buena parte, la dramática historia interior de los siglos XIX y XX.

Bajo la nueva dinastía y bajo el nuevo equipo de gobernantes, hombres por lo general emprendedores, honestos y dotados, si no siempre de genio político, de una buena dosis de sentido común, el país se renovó, vio un aumento muy apreciable de su población, experimentó reformas saludables de todo género, fue mejor administrado que nunca, superó el bache económico hasta alcanzar etapas de auténtica prosperidad y volvió a contar —si bien ya nunca a la cabeza— entre las principales potencias europeas. Los Borbones, además, manejando con habilidad los resortes delicados del «equilibrio europeo», supieron hacer necesaria la presencia de España en todos los asuntos importantes de la política continental o marítima. La gran atención dispensada a América, al tráfico y a la Marina de guerra vuelven a dar a las directrices españolas proyecciones auténticamente planetarias. En todo ello, el balance del siglo es francamente positivo. Pero la crisis ideológica, la falta de una voluntad común, acabarían dando al traste, por los últimos años de la centuria, con tan prometedor despliegue.

1. EL PERÍODO DE POLÍTICA FRANCESA (1700-1715)

El primer monarca de la Casa de Borbón, Felipe V, llegó a España como un nuevo «salvador del país». Esta vez se trataba de un mesías extranjero, educado en Francia y rodeado de un equipo de funcionarios franceses. Su política —y era lógico— iba a consistir en implantar en España los sistemas e instituciones vigentes en el país vecino. Como, además, estos sistemas e instituciones garantizaban al otro lado de los Pirineos un período de máximo esplendor, bajo la soberanía de Luis XIV, el Rey Sol, y estaban rodeados del máximo prestigio en toda Europa, la imitación de Francia parecía el método más fácil y directo de levantar a España.

Sin embargo, las potencias extranjeras, y en especial Austria e Inglaterra, vieron con recelo la entronización de un Borbón en España. A los pocos meses de la llegada de Felipe V se vieron el país y la nueva dinastía envueltos en una dura guerra de sucesión, de suerte que las reformas no pudieron ser bien meditadas ni implantadas con método: fueron muchas veces «medidas de tiempo de guerra». Aunque la premura de la situación o la victoria militar facilitarían también la implantación de drásticos decretos que de otra forma hubiera sido mucho más difícil imponer.

La guerra de Sucesión

El testamento de Carlos II cumplía uno de los sueños dorados de Luis XIV, que veía así a uno de sus nietos en el trono secularmente enemigo de España. Pero era al mismo tiempo una amenaza para Francia, pues estaba claro que las restantes potencias europeas no iban a ver con gusto aquel engrandecimiento de los Borbones.

El primero en protestar fue, naturalmente, el Imperio, que esperaba prolongar la soberanía de los Habsburgo en España por medio de su candidato, el archiduque Carlos. Una vez conocido el testamento de Carlos II, el emperador se mantuvo a la expectativa, en espera de aliados que pudiesen ayudarle en el difícil enfrentamiento a Francia. Una imprudente declaración de Luis XIV, que dio como posible una futura unión de Francia y España, si la herencia llegara a recaer en un monarca común, suscitó la hostilidad de Inglaterra. Poco después Holanda, y más tarde Saboya y Portugal, se unían a la alianza. Comenzaba la guerra de Sucesión, en la que España se veía envuelta sin buscarlo. Dos hombres, Felipe de Anjou (ya entronizado en Madrid como Felipe V) y Carlos de Habsburgo (que hubiera sido, de reinar, Carlos III), se disputaban los todavía inmensos, aunque maltrechos dominios de la Monarquía Católica.

Fueron trece años de dura lucha sobre casi todos los escenarios de Europa occidental; en ellos se discute la hegemonía europea al mismo tiempo que la corona española; y los hechos cobran en la Península el carácter de una guerra civil, al aceptar parte de los españoles al archiduque como rey. El desarrollo de tan vasta contienda es sumamente complejo y no resulta posible seguirlo en detalle; su desenlace puede resumirse en una breve fórmula: afianzamiento de Felipe V en el trono de España y pérdida de todos sus dominios en el resto de Europa.

Hasta 1704 los éxitos franceses en el exterior permiten a Felipe V dominar la Península, establecer en ella las más urgentes reformas y hasta viajar a Italia para rechazar a los austríacos. Las derrotas de Francia en 1703 y 1704 permiten la contraofensiva de los aliados sobre la propia España. Fracasó un intento de invasión desde Portugal, aunque en el propio año 1704 el almirante Rooke se apoderó de Gibraltar. En 1705 los aliados desembarcaron en Barcelona, y pronto encontraron el apoyo de la nobleza catalana y valenciana; el archiduque encontraba simpatías en grandes sectores de los reinos de la Corona de Aragón, y allí comenzó a gobernar como Carlos III. Para comprender el hecho es preciso recordar que Felipe V, como buen Borbón, significaba dos cosas: sometimiento de la nobleza y centralismo administrativo. Por ello la lucha tuvo un cierto tinte social —la burguesía apoyaba, en cambio, al francés— y un claro carácter foral, por temer los aragoneses que el centralismo borbónico iba a acabar con sus fueros.

Aquel nuevo sesgo pareció dar un vuelco decisivo a la guerra. En 1706 Felipe V, presionado desde Aragón y Portugal, hubo de retirarse al norte de España, donde las clases medias y la pequeña hidalguía le fueron fieles; pero el archiduque no supo aprovechar la coyuntura. Hombre más solemne que práctico, fue desbordado por el joven Borbón, que contaba, además, con la popularidad en grandes sectores de Castilla: lo demuestran, por ejemplo, las guerrillas o los actos de sabotaje de que fueron objeto las tropas austríacas o inglesas que apoyaban al archiduque, en un curioso precedente del sistema que iba a consagrar, cien años más tarde, la guerra de Independencia. La batalla de Almansa (1707) rechazó a los invasores hacia la franja mediterránea, y pareció consagrar definitivamente la soberanía de Felipe V.

Sin embargo, las nuevas derrotas sufridas en el exterior por los franceses y la crisis económica del país vecino permiten a los aliados un último intento que, por un momento (1710), volvió a depararles la posesión de Madrid. Pero el archiduque se había hecho definitivamente impopular y no pudo mantenerse mucho tiempo. En 1711 toda España, excepto Cataluña y Baleares, estaba de nuevo en manos de Felipe V. Aunque los franceses, agotados, y los españoles, que bastante tenían con las campañas peninsulares, no pudieron impedir que los últimos jirones del imperio español en Europa cayesen en manos de los aliados. Proseguían con éxito las operaciones sobre Cataluña, cuando en Utrecht se iniciaron las conversaciones de paz.

La paz de Utrecht

Los tratados de Utrecht, Rastatt y la Barrera suponen el comienzo de un nuevo capítulo en el panorama geopolítico de Europa. No olvidemos que la guerra de Sucesión española había envuelto una lucha más amplia por la supremacía continental. Dentro de este nuevo panorama, los Borbones consiguieron la meta central de sus aspiraciones: Felipe V era conformado como rey de España. Eso sí, la nueva dinastía no podría unirse nunca con la francesa en una soberanía única, condición que a los españoles no pudo menos de alegrarles. Pero España era en realidad la gran sacrificada. En una guerra en la que teóricamente no se debatía más que la herencia a su corona, la Monarquía Católica perdía todos sus dominios extrapeninsulares en Europa: Bélgica, Luxemburgo, Milán, Cerdeña, Nápoles (que pasaban al Imperio) y Sicilia (que pasaba a Saboya). Y para más, Inglaterra, árbitro y gran aprovechada de la contienda, se quedaba con dos jirones de territorio español, que se negó pertinazmente a devolver: Menorca y Gibraltar.

En cambio, Francia, que era la derrotada militarmente, conservaba la línea del Rhin, aparte de haber colocado a los Borbones en España; eso sí, la gran época de Luis XIV terminaba con la paz de Utrecht —el propio Rey Sol moría poco más tarde—; en adelante ya no cabría aspirar a hegemonías continentales: la nueva ley del equilibrio, como principio inapelable, gobernaría la dinámica de las guerras y las paces.

La Nueva Planta y las reformas interiores

La entronización de los Borbones significaba necesariamente centralismo. Una serie de ministros —Orry, Amelot, la princesa de los Ursinos— emprendieron la tarea de «racionalizar» y unificar jurídicamente España. La influencia francesa es indudable, y el modelo para todas las reformas se toma siempre de más allá de los Pirineos. Pero concretamente en la obra centralizante hay que tener en cuenta la previa tradición castellana o, quizá más exactamente, la tendencia manifestada por los gobernantes de Madrid ya en el siglo XVII. La resistencia de los reinos de la Corona de Aragón a la soberanía de Felipe V proporcionó a éste un espléndido pretexto para reducir su constitución política a la misma planta que Castilla. Era lo que dos generaciones antes había deseado, sin conseguirlo, el conde-duque de Olivares.

En 1709 y 1711 se redujeron las leyes e instituciones de Aragón y Valencia —con unas pocas concesiones— a las de Castilla, «tan loables y plausibles en todo el universo». Cataluña resistió hasta última hora, incluso después de firmada la paz de Utrecht. Era impolítico reducirla al patrón castellano sin más, y, por otra parte, Felipe V y sus ministros habían aprendido ya un poco de la experiencia. De aquí que el Decreto de Nueva Planta, dictado en 1716, no fuera la estricta castellanización de Cataluña, sino la aplicación de un régimen nuevo, equilibrado y racional, que más tarde acabaría implantándose, por cierto, en la propia Castilla. Tres figuras se reparten el poder: el *Capitán General,* que gobierna asesorado por la *Audiencia* —la cual no sólo juzga, sino que aconseja—, y el *Intendente,* del que dependen la administración y la economía.

Cataluña se vio privada de sus viejos fueros y privilegios, pero como muchos de aquellos preceptos jurídicos, favorecían a la antigua nobleza o a la aristocracia de los «ciudadanos honrados», la burguesía industrial o mercantil se encontró así mucho más liberada para el negocio; al mismo tiempo, al desaparecer las fronteras entre Castilla y los reinos aragoneses, el comercio interior aumentó su volumen, y los catalanes pudieron establecerse en Sevilla o Cádiz para negociar con América. Cataluña más salió ganando que perdiendo con la Nueva Planta. Como ha hecho ver Vicéns, su sumisión jurídica fue la fuente de su prosperidad económica.

Entre las reformas de tipo general cabe destacar la creación de cuatro «secretarías de despacho»: Estado (Asuntos Exteriores), Justicia, Guerra y Marina, primera versión formal de los modernos ministerios. Aunque oficialmente se mantuvo el término «secretario de despacho» hasta el siglo XIX, pronto la palabra «ministro» vino a designar usualmente a cada uno de estos hombres que ayudaban al rey a gobernar o que muchas veces, de hecho, gobernaban en su nombre. La tarea de gobierno quedó así compartida, remediándose una de las grandes fallas del siglo anterior, como era la concentración del ejercicio y trámite del poder supremo en unas solas manos.

Las Audiencias se multiplicaron por toda España, y aparte de su función judicial cobraron atribuciones de gobierno. Otro organismo ulterior, las Intendencias, de tipo administrativo, pero también con ciertas atribuciones políticas, completaría la parcelación del territorio en unidades territoriales idénticas. A fines del siglo XVIII sería ya frecuente llamar a las intendencias «provincias». Una nueva figura —descuidada también por los Austria— vendría a completar así la ordenación de la nueva España.

La obra de las reformas borbónicas no fue completa. Se proyectaron muchos planes que nunca llegaron a convertirse en realidad. Las nuevas instituciones convivieron con las antiguas (que casi nunca fueron suprimidas), con la confusión que en muchos casos es de suponer. Pero hubo, qué duda cabe, una considerable clarificación de funciones, y la administración de España en el siglo XVIII fue —como quizá pocas veces en su historia— ágil, expedita y eficaz.

2. EL PERÍODO DE POLÍTICA ITALIANA (1716-1725)

Hacia 1716 cambia la orientación de la política española. Terminada la guerra de Sucesión y realizadas las reformas interiores más urgentes, Felipe V se desentiende un poco de Francia, y pone su interés principal en Italia. Su segundo matrimonio con la parmesana Isabel de Farnesio es un índice de este giro: no precisamente la causa, como siempre se ha pretendido, puesto que es la previa atención a Italia la que lleva a este matrimonio, no el matrimonio el que hace a Felipe V fijarse en Italia. El motivo principal hay que buscarlo en el descontento de los italianos ante el tratado de Utrecht, descontento tan grande sin duda como el de los propios españoles. España nunca sojuzgó a los países dependientes de la Monarquía Católica; por el contrario, los austríacos empezaron a explotar Italia como un territorio conquistado. En Nápoles o en Milán se empezó a pensar en los buenos tiempos de la presencia española.

La política de Felipe V se basa en la idea central del *revisionismo* de los acuerdos de Utrecht. Chocará con una generación pacifista y amiga de mantener incólume el sagrado «equilibrio». Por eso los frutos de la iniciativa del monarca español y sus consejeros van a ser menos brillantes que lo esperado. Pero tal vez esta política italiana —denigrada sistemáticamente por la historiografía— no sea tan inútil como se ha pretendido, y desbordará, qué duda cabe, las simples pretensiones de un interés dinástico.

La política de Alberoni

Curiosa carrera la de Julio Alberoni, aventurero italiano que llegó de monaguillo a cardenal, pasando por ministro de España. Su figura ha sido recientemente reivindicada, aunque no es posible negar su carácter quimerista. Él fue de los que convencieron a Felipe V de la conveniencia de un matrimonio italiano y, por supuesto, de una política italiana. Donde Alberoni se equivocó fue en la suposición de que las potencias no intervendrían en una guerra general y de que los italianos se levantarían en masa contra la opresión en cuanto los españoles se plantasen frente a Italia.

Felipe V, convencido por la habilidad del abate Alberoni, le confió el poder y la dirección de la empresa. Se firmó un tratado con Holanda e Inglaterra y se concedieron a ésta algunas ventajas comerciales en América. Al Papa se le halagaba con la idea de una cruzada antiturca. Pero el ejército que preparaba el intendente Patiño y la escuadra que se construía a toda prisa en Barcelona iban a tener una finalidad muy diversa. En 1717 zarpó la flota y, ante la sorpresa general, desembarcó en Cerdeña, donde el marqués de Lede se apoderó de la isla en menos de dos meses. Los sardos recibieron con gusto a los españoles.

El golpe estaba iniciado, y había que llevarlo hasta el final antes de que las potencias europeas reaccionasen. En 1718 partió la segunda escuadra, espléndidamente organizada por Patiño: 30 barcos de guerra, 340 transportes y 10.000 hombres. Esta vez el objetivo era Sicilia, que fue conquistada en una brillante operación dirigida también por el marqués de Lede. España estaba mostrando una capacidad y un poder que nadie podía suponerle, después de su decadencia en el XVII y de la agotadora guerra de Sucesión.

Entonces sí que reaccionaron las potencias. La flota inglesa alcanzó a la española sin previa declaración de guerra, y la destrozó frente al cabo Pessaro. Se formalizó la Cuádruple Alianza (Austria, Francia, Inglaterra y Saboya), en tanto que franceses e ingleses se disponían a la invasión de España.

Alberoni, con sus sueños ilusorios, quiso formar otra coalición con Rusia y Suecia y fomentar rebeliones en Francia e Inglaterra; pero Felipe V comprendió que era preferible desprenderse del peligroso ministro, y despachó a Alberoni. Las tropas españolas abandonaron Sicilia y Cerdeña, bajo la promesa francobritánica de que los ducados de Parma y Toscana serían para el príncipe español don Carlos. Tal fue el sentido del tratado de Cambray, firmado en 1720.

Las gestiones diplomáticas

Fracasado el método de los hechos consumados, Felipe V sustituye la guerra por la diplomacia. No era fácil conseguir territorios italianos para los hijos habidos en su segundo matrimonio. Las promesas de Cambray habían sido demasiado vagas, y durante más de tres años (1720-1723) los políticos españoles trabajaron para verlas cumplidas. Felipe V, hombre activo y nervioso, aborrecía los tratos diplomáticos, pero la reina Isabel de Farnesio, ayudada por expertos políticos, se encargó de llevarlos adelante. España manejó hábilmente el mal entendimiento de la Cuádruple Alianza, pues tanto franceses como británicos tenían roces con el Imperio; así, buscando la amistad de las potencias occidentales, se consiguió la claudicación austríaca. En 1723 el Imperio reconocía al infante español don Carlos como heredero de los ducados de Parma. España entraba en la alianza general.

El reinado de Luis I

En 1724, una vez clausurado definitivamente el congreso de Cambray, abdicó Felipe V del modo más inesperado. No es fácil explicar esta decisión en un monarca de cuarenta años, en la plenitud de sus facultades, casado con una reina de treinta y dos, y ambiciosa por añadidura. Se han conjeturado diversas explicaciones, aunque tal vez no se ha dado aún con la definitiva.

El nuevo rey, Luis I, era un muchacho de diecisiete años, inexperto y muy infantil de carácter. Cierto que sus padres, retirados en el palacio de La Granja, procuraban no perder del todo los hilos de la política. Con todo, parece que en torno al nuevo monarca se iba dibujando un partido tendente a aislarle de la férula paterna e imprimir a la política directrices nuevas, menos tendentes a Italia que al Atlántico y América: se iba dibujando así una nueva dimensión de las tendencias históricas de España en el siglo XVIII, que cuajaría poco más tarde.

Pero la política de Luis I quedó totalmente inédita. Murió a los siete meses de subir al trono. Felipe V —contra las leyes, pero de acuerdo con el sentido común— asumió de nuevo las riendas del poder.

3. EL PERÍODO DE POLÍTICA ESPAÑOLA (1725-1748)

El segundo reinado de Felipe V no representa la reanudación de la política anterior a su abdicación, sino más bien la tendencia insinuada durante el brevísimo reinado de Luis I. Las miras son ahora más españolas que italianizantes, y los ministros —salvo casos aislados, como el flamenco Ripperdá— son españoles también. Entre ellos debemos destacar a José Patiño, político, diplomático, administrador, economista y, sobre todo, hombre práctico; José del Campillo, hacendista y funcionario de alto sentido común, y don Zenón de Somodevilla, luego marqués de la Ensenada, político de grandes ambiciones exteriores, organizador del ejército y la escuadra, pero también un magnífico planificador de la economía, y en particular del comercio a estilo mercantilista.

España se reconstruye interiormente, mejora sus fuentes de riqueza y su administración, y vuelve a contar para todo entre las potencias mundiales. Su política internacional bascula, en una especie de estudiado balancín, entre las preocupaciones atlánticas (América, la marina, el comercio, rivalidad con Inglaterra) y el revisionismo italiano, procurando sacar partido de la enemistad entre Francia y el Imperio, para granjearse zonas de influencia en la península mediterránea.

Los inicios de la tendencia atlántica

Es válida la afirmación de que hacia 1725 tiene lugar un segundo descubrimiento de América. Desde mediados del siglo XVII, el continente descubierto por Colón e hispanizado en la época de los Austrias vivía casi aparte de la madre patria, en el sentido al menos del tráfico marítimo y el intercambio comercial. El agotamiento de las minas de plata y la relativa autarquía de la producción indiana habían llevado a aquellos resultados. Fueron los ministros españoles de Felipe V, y en especial Patiño, los que comprendieron las posibilidades fabulosas del comercio con el Nuevo Mundo. Aquellos inmensos territorios podían producir en cantidad enorme los artículos «ultramarinos» que no se daban fácilmente en Europa: el café, el cacao, el tabaco, el azúcar; más tarde el algodón. Su venta produciría beneficios a los indianos, que al elevar su nivel adquisitivo procurarían comprar en cantidades crecientes los refinados productos de la industria y la artesanía europea. España, manteniendo el viejo monopolio, pero con unas líneas de canalización más flexibles, podría servir de intermediario de todo aquel tráfico entre dos mundos. «Las Indias y el comercio» era el lema que empleaba una y otra vez Patiño en sus bien pensados memoriales.

El mismo año de 1725 se fundó la *Real Compañía Guipuzcoana de Caracas,* de la cual Felipe V, para dar ejemplo, quiso suscribir las primeras acciones. Pronto siguieron otras compañías, como la de Filipinas o la de Barcelona. América volvía a ser un negocio, ya no como consecuencia de las minas de metal precioso, sino de una fuente más inagotable: la producción y el comercio. En 1726, para mantener la seguridad de las rutas, se erigieron las tres grandes bases navales de Ferrol, Cádiz y Cartagena, destinadas a la construcción y mantenimiento de una poderosa flota de guerra.

La atención al Atlántico y a América provocó automáticamente recelos de Inglaterra, roces frecuentes y hasta una pequeña guerra —1726-1727— sin grandes repercusiones. La flota británica, atacada por la carcoma, no pudo operar en condiciones, y los españoles mantuvieron sin entorpecimiento las rutas vitales. Patiño aprestó una excelente expedición contra Gibraltar, que parecía a punto de caer cuando las potencias empezaron a tratar en el *Congreso de Soissons* (1728), al que España hubo de acudir, so pena de quedarse sola. De resultas de aquella conferencia cambiarían las directrices políticas para unos años.

El Mediterráneo. Guerra de Sucesión de Polonia

La reconciliación con Inglaterra —con Francia de mediadora— y el enfriamiento de relaciones con el Imperio, que ni había apoyado a España en Soissons, ni parecía dispuesto a cumplir sus promesas anteriores sobre Italia, abonaron un espectacular cambio de política. El rey Borbón, contrariamente a la solemne rigidez de sus antecesores los Austrias, estaba mostrando un oportunismo no exento, por otra parte, de sentido práctico. A principios de 1729 se concertó el matrimonio del príncipe heredero Fernando —futuro Fernando VI— con la portuguesa Bárbara de Braganza. Las dos naciones se reconciliaban después de noventa años de guerras y enemistades. Poco después, en Sevilla, se firmaba el pacto tripartito entre España, Francia e Inglaterra, unidas en una común actitud anti-austríaca. Un ejército español, con apoyo británico, desembarcó en Liorna para asegurar los derechos del infante don Carlos a los ducados italianos. Y Patiño, que no desperdiciaba las ocasiones, aprovechó el viraje hacia el Mediterráneo para organizar una expedición antipirática que se apoderó de las plazas de Orán y Mazalquivir. Estaba en marcha una nueva política de expansión por el norte de África, al estilo de la de Fernando el Católico, y que, como aquélla, iba a quedar cortada por las preocupaciones italianas.

Efectivamente, en 1733 empezó la guerra de Sucesión de Polonia. España, por supuesto, no tenía el menor interés en entronizar en Varsovia a Estanislao Leczinski, cuñado de Luis XV de Francia; pero ayudando a los franceses podría participar en la guerra contra Austria, que defendía la candidatura del duque de Sajonia. Así se firmó en 1734 el primer *Pacto de Familia.* Un ejército de 40.000 hombres ocupó el reino de Nápoles en una inteligente operación, y poco después, con el mismo éxito, se produjo el desembarco en Sicilia. En cambio, Polonia había sido invadida por los austríacos, y Francia comprendió muy pronto que proseguir la guerra era simplemente hacerle el juego a España. Así buscó un arreglo (paz de Viena, en 1735), al que España, aunque de mala gana, hubo de adherirse. Nápoles y Sicilia pasaban al príncipe español don Carlos; pero se le negaban, en cambio, los ducados de Parma. El fruto, aunque positivo, había sido menor del esperado, y España quedaba molesta con Francia. Se veía venir un nuevo cambio de política.

Nuevas directrices atlánticas

De momento, los políticos españoles parecieron desentenderse de las querellas europeas y de las enojosas preocupaciones italianas, para fijar la vista de nuevo en América, donde ya todos los teóricos ponían la clave del futuro y de la prosperidad de España. En 1738 se creó el nuevo virreinato de Nueva Granada —con capital en Bogotá—, que venía a romper la secular dualidad virreinal de México y Perú, y con la cual se venía a reconocer la revalorización económica y estratégica de la zona del Caribe. Se generalizó el sistema de navíos sueltos, con la consiguiente agilización del tráfico, y se fomentó el comercio de los productos ultramarinos.

Claro está que preocuparse del Atlántico era enfrentarse con Inglaterra, y, en efecto, la ruptura tampoco tardó en surgir en esta ocasión. Fue la que los españoles llamaron *guerra del Asiento,* y los ingleses, *guerra de la Oreja de Jenkis,* por el fútil incidente con que pretendieron justificar las hostilidades. Los navíos españoles, con su tráfico individualizado, lograron casi siempre burlar la vigilancia británica, en tanto que los ingleses tenían, por lo general, menos fortuna. El almirante Vernon saqueó Portobelo, pero sufrió un desastre en Cartagena de Indias. La guerra se prolongó varios años más, en ritmo languideciente y combinada ya al conflicto de sucesión de Austria; pero con los medios de que entonces se disponía era difícil controlar los inmensos escenarios oceánicos o conquistar continentes enteros como los que españoles e ingleses tenían en el Nuevo Mundo; las grandes decisiones no llegarían hasta la segunda mitad del siglo. Lo importante para España fue que las rutas de América pudieron ser conservadas, y tras la guerra, el tráfico se incrementó.

La última mirada al Mediterráneo: guerra de Sucesión de Austria

La tentación mediterránea, más concretamente italiana, acudió por última vez a Felipe V —más aún a su esposa Isabel de Farnesio, deseosa de ganar para sus hijos los ducados parmesanos— con motivo de la guerra de Sucesión de Austria, que empezó en 1741. Aquel conflicto podría permitir una mayor extensión de los intereses españoles en la península italiana, y de aquí la nueva alianza con Francia —segundo Pacto de Familia—, con el propósito no sólo de conquistar Parma, sino el Milanesado. El mal entendimiento entre españoles y franceses —que perseguían, en realidad, objetivos muy distintos— retrasó las operaciones; pero aun así, en 1745 los soldados españoles entraron en Milán, sede de tantos recuerdos de los buenos tiempos: los Borbones españoles parecían así reconstruir todo el patrimonio italiano de tiempos de los Austrias.

Pero una vez que la emperatriz María Teresa se vio afianzada en el trono de Viena, y firmó la paz con Prusia, los ejércitos imperiales pudieron descargar toda su potencia sobre Italia. Los franceses no mostraron el menor interés en proteger las conquistas españolas, y Milán hubo de ser abandonada casi en el momento en que moría Felipe V. El nuevo rey de España, Fernando VI (hijastro de Isabel de Farnesio), no sentía afición a las aventuras italianas, y proyectó abandonar la guerra, eso sí, a cambio de alguna compensación por parte de Inglaterra: concretamente Gibraltar. Pero los británicos prefirieron conservar la plaza a lograr la amistad española, y Fernando VI ordenó continuar las hostilidades hasta una buena coyuntura. Se recuperó Génova, y las cosas en Italia cobraban buen cariz, cuando los franceses, que ya nada tenían que ganar, aceleraron la conferencia de paz.

Aquella paz (Aquisgrán, 1748) es un hito fundamental a mediados de siglo. El príncipe español Felipe obtiene los ducados de Parma Piacenza y Guastalla. Pero lo importante es que desde aquel momento Italia queda neutralizada y deja de ser escenario de tensiones hasta la época napoleónica. Las potencias descubren que lo importante no es este o aquel jirón del Viejo Mundo, sino los inmensos y potencialmente riquísimos territorios de ultramar. Una nueva dinámica geopolítica se abría paso en la mitad del siglo XVIII. Hasta entonces la base de las relaciones internacionales había sido el dogma del «equilibrio europeo». Desde aquel momento empezaría a hablarse del equilibrio mundial.

4. EN EL JUEGO DEL EQUILIBRIO MUNDIAL

La segunda mitad del siglo XVIII presencia la consagración de las directrices señaladas por la dinastía borbónica desde su llegada, y, en muchos casos, su clarificación. Continúa la política de reformas, en busca de una correcta ordenación interior y de una administración eficaz del país; la preocupación económica se mantiene, si cabe acrecentada, y al sustituir el proteccionismo estatal por el fomento del libre despliegue de la iniciativa privada, presenciará un desarrollo tal vez sin precedentes. Y en cuanto a la política exterior, a la táctica un poco bamboleante de Felipe V, que oscilaba continuamente entre el Mediterráneo y el Atlántico, sucede, durante los reinados de Fernando VI y Carlos III, una orientación definida hacia ultramar, que constituye la etapa más lógica y sin duda más fructífera de toda la política de los Borbones. Cuando a partir de la paz de Aquisgrán se pasa del concepto de equilibrio europeo al de equilibrio mundial, el papel de España en el juego de las potencias se revaloriza de un modo extraordinario, por la sencilla razón de que posee unos inmensos territorios ultramarinos.

La política de Ensenada y Carvajal

Fernando VI no era un hombre de gran talento, ni tampoco de grandes iniciativas personales. Pero tenía las cualidades justamente necesarias para ser un buen monarca: una intachable rectitud de carácter, un alto sentido de la dignidad real —con el que disimulaba sus inhibiciones— y una mano inteligente para escoger sus colaboradores. Su política fue la de sus ministros, pero tuvo la fortuna de encontrar unos ministros excelentes.

El partido europeísta, italianista, que dirigía el marqués de Villadarias, y que tanta importancia había tenido en tiempos de Felipe V, quedó casi arrinconado por su contrario, cuyo jefe indiscutible era el marqués de la Ensenada, partidario de una abierta política atlántica y de una atención primordial a América, aunque ello llevase al enfrentamiento con Inglaterra. Ensenada, ministro a la vez de la Guerra, de Marina e Indias y de Hacienda, pronto vio elevado al Ministerio de Estado a un eficaz colaborador, José de Carvajal, hombre de escasa apariencia, durante mucho tiempo enterrado en un empleo secundario, pero que ocultaba un gran talento y un extraordinario sentido común: la virtud más propia de los ministros del siglo XVIII. Cierto que Carvajal, aunque nunca enfrentado abiertamente con Ensenada —como se ha pretendido a veces—, tenía, como diplomático, ideas distintas. Si Ensenada era partidario de una «paz armada», Carvajal prefería una «paz astuta», basada en la diplomacia, pero tendentes ambas al mismo fin, la conservación de las Indias, por el mismo procedimiento: el equilibrio.

Carvajal preconizaba la amistad con Inglaterra, no exactamente por ser anglófilo, sino por estimar el procedimiento más práctico y barato que el rearme naval. Ensenada fiaba menos de la lealtad británica y prefería una política de altos vuelos que, con la ayuda francesa, permitiera hacer frente a Inglaterra. Fue él quien, como ministro de la Guerra, reorganizó el Ejército y cuidó la instrucción de las tropas, de acuerdo con las más modernas técnicas militares. Como ministro de Marina, aceleró el rearme naval, hasta hacer de la Marina española la segunda del mundo. Pero Ensenada fue también un extraordinario hacendista y el primero que intentó un catastro general para todo el país. Los ingresos del

Estado, que en 1748 habían sido de 53 millones de ducados, llegaron en 1754 a 90 millones.

El prudente y lógico Carvajal y el activo Ensenada simbolizan a la perfección aquella España próspera, tranquila y sin problemas de mediados de siglo. La misma serenidad de Fernando VI, quizá el rey de España que ha merecido menos reproches de los historiadores de todas las tendencias, encaja perfectamente en aquel momento histórico de síntesis armónica entre lo viejo y lo nuevo: de renovación sin revolución. Como el que simboliza por su parte, en lo ideológico, fray Benito Jerónimo Feijoo.

La política neutralista

En 1754 murió Carvajal. Casi al mismo tiempo, Ensenada creyó haber llegado el momento de formalizar la alianza con Francia que siempre había deseado, y escribió en tal sentido al embajador en París, paso que le costó la destitución, por hacer política exterior desde el Ministerio de la Guerra. Así, de modo casi simultáneo, desaparecieron los dos más importantes estadistas del reinado de Fernando VI. El principal ministro de los años que siguen es Ricardo Wall, un diplomático de origen irlandés y más anglófilo, indudablemente, que Carvajal. Las directrices de la política exterior quedaron así un poco descompensadas en favor de Inglaterra.

Pero ello no fue óbice para que se mantuviera el prurito neutralista, de suerte que cuando estalló la guerra de los Siete Años, una de las más importantes del siglo, en la que se enfrentaron Francia e Inglaterra, España declaró su total abstención. Wall fue sólo en cierto modo heredero de la política de Carvajal. Éste preconizaba una neutralidad positiva que permitiese, como él decía, aplicar sólo un dedo al fiel de la balanza del equilibrio mundial para decidirlo en un sentido o en otro; el neutralismo de Wall es, en cambio, inhibicionismo, abstención absoluta, actitud que restaba valor al papel de España en el concierto internacional. Los franceses conquistaron Menorca a los ingleses —que poseían aquella isla desde el tratado de Utrecht—, y la ofrecieron a España a cambio de su apoyo militar; los españoles no aceptaron. Tampoco tuvieron éxito las gestiones británicas, que ofrecían como prenda Gibraltar. España se desentendía militar y diplomáticamente de la guerra. Y lo peor era que las posesiones americanas, que podían verse envueltas en cualquier momento en un ramalazo del conflicto, se encontraban totalmente desprovistas de medios defensivos. Durante mucho tiempo se vino considerando como una rara virtud el pacifismo de Fernando VI; la moderna crítica histórica considera en cambio que aquella inhibición absoluta, tanto en lo militar como en lo diplomático, representaba un grave peligro, como pronto demostrarían los hechos.

Los últimos años del reinado empañan un poco el balance de conjunto. Fernando VI, que nunca había destacado por su actividad e iniciativa, degeneró en abulia indisimulable. Los negocios eran conducidos más que por el rey por la reina, doña Bárbara de Braganza (lo cual explica en parte la inclinación hacia Inglaterra). Muerta doña Bárbara, el monarca se hizo más indiferente a todo que nunca, hasta dar síntomas de auténtica anormalidad. A la débil política exterior de Wall se une la incapaz administración en el interior del marqués de Valparaíso, que no pudo evitar un aumento de la deuda del Estado. Cuando murió Fernando VI, en agosto de 1759, España vivía en paz dentro y fuera de sus fronteras, pero la situación no era tan boyante y prometedora como pocos años antes.

El nuevo reinado

El monarca no dejaba hijos. Con lo que vino a heredar el reino su hermanastro don Carlos, que ya era rey de Nápoles. La venida de Carlos III a España representa un nuevo capítulo en nuestra historia, por las repercusiones ideológicas y sociales que su política habría de representar; pero de momento sólo cabe destacar lo que vieron los españoles de entonces y llena los primeros años del nuevo reinado. Carlos III, hombre más activo y audaz que Fernando VI, aborrecía a los ingleses y era de antiguo amigo del marqués de la Ensenada. Su llegada a España significó no sólo la rehabilitación de Ensenada, sino la de su partido y la adopción de una nueva actitud respecto de la política exterior.

No es exacto decir que Carlos III o Ensenada fuesen belicistas, ni tampoco que fuesen enemigos jurados de Inglaterra; su política deriva más bien de los hechos, y si al fin España entró en la guerra a favor de Francia, las circunstancias empujaron a ello. En un principio, los nuevos gobernantes intentaron mantener la neutralidad; eso sí, una neutralidad activa, haciendo intervenir a España en el juego de las potencias, mediante frecuentes tratos diplomáticos en los que nuestro país quiso hacer de mediador. Fueron los ingleses quienes con más recelo acogieron este nuevo papel de España. Por otra parte, las hostilidades perjudicaban notablemente a los intereses españoles en América y causaban daños, especialmente a la navegación. Francia atendió todas las reclamaciones españolas en este sentido; no así Inglaterra, que, además de entorpecer el tráfico y apresar navíos, había establecido fortificaciones en el territorio de Campeche, pese a todas las protestas del virrey de México.

Carlos III y sus ministros, que ya no simpatizaban con Inglaterra, comprendieron cada vez mejor que el eventual enemigo de aquella guerra estaba en la Gran Bretaña. Máxime que los ingleses llevaban las de ganar y la ruptura del equilibrio francobritánico en América no sólo hacía perder a España su ventajoso papel mediador, sino que ponía en grave peligro a nuestras posesiones ultramarinas. Después de haber acabado con las colonias francesas, ¿quién podría garantizar que Inglaterra no se lanzaría a hacer lo mismo con las españolas?

Cuando los británicos tomaron Quebec, España esgrimió diplomáticamente la palabra sagrada del siglo: el equilibrio; y, al mismo tiempo que felicitaba al embajador británico, Carlos III le encargó que transmitiera al Gobierno de Londres su preocupación por «la pérdida del equilibrio en América». La respuesta inglesa fue destemplada, y desde aquel momento se vio inevitable la ruptura de la política de neutralidad. Tal fue el origen, más laborioso de lo que vulgarmente se cree, del Tercer Pacto de Familia.

La intervención en la guerra

El Tercer Pacto de Familia no suponía la inmediata entrada de España en la guerra, sino una alianza con Francia que sólo obligaba a los españoles bajo determinadas condiciones. Claro está que los ingleses, al conocer la firma del Tratado, declararon la guerra a España.

La contienda llegó demasiado pronto, precisamente porque en Londres sabían que Carlos III hubiese preferido esperar. España, durante los últimos años de Fernando VI, había descuidado su política militar y naval, de suerte que necesitaba todavía algún tiempo de preparativos. Los ingleses atacaron de golpe en las Antillas y se apoderaron con increíble rapidez de la isla de Cuba; también tuvieron éxito en las Filipinas, aunque aquí la resistencia fue mayor. Pero, tras los malos momentos iniciales, la potencia española empezó a entrar en juego. La guerra estaba decidida —los franceses habían perdido todas sus posesiones en América—, pero los últimos ataques contra España fracasaron, en tanto que los hispanos daban señales de recuperación.

Tal fue el signo que tuvo la paz de París (1763): victoria de Inglaterra, desastre de Francia, simple contratiempo de España. Nuestros aliados del otro lado de los Pirineos se quedaban prácticamente sin territorios en América y en la India. España perdía la península de Florida y la costa norteamericana hasta el Misisipí, pero recibía de Francia la Luisiana, que era un buen antemural de México por el norte; los ingleses evacuaban lo ocupado en Cuba y Filipinas y se comprometían a destruir los fuertes de Honduras, aunque obtenían permiso para seguir cortando el famoso «palo de Campeche».

El Pacto de Familia, quizá precisamente a causa de la derrota y del afán de revancha, fue esta vez más duradero. La amistad con Francia se mantuvo, y pocas veces como por aquellos años estuvieron tan abiertas las puertas de los Pirineos. Las consecuencias ideológicas de aquella apertura iban a ser inmensas.

5. LA REVOLUCIÓN BURGUESA

Todo el siglo XVIII señala un notable incremento demográfico y una visible transformación social. Sin embargo, el estudio de estos fenómenos suele reservarse para el reinado de Carlos III, quizá porque es entonces cuando se hacen más visibles, pero, sobre todo, porque por aquellos años los españoles toman conciencia clara del fenómeno, y el Estado es el primero en fomentar la transformación. Los grandes cambios estructurales del siglo XVIII se hubieran operado de todas formas, pero al aceptarlos Carlos III y sus ministros como parte de su propio programa les confieren un sentido político que revolucionará por completo su significado ante la historia.

Paralelamente a esta transformación social hay también una transformación ideológica en todo consecuente con la anterior. Revolución burguesa y revolución ilustrada son, en su raíz, dos hechos distintos e independientes; en sus manifestaciones históricas van con frecuencia tan íntimamente unidos que no puede llegarse a la comprensión de un tema sin tener en cuenta el otro.

El sentido de la evolución social

En el siglo XVIII se endereza definitivamente la curva de la población de España. Se supera el terrible bache de la centuria anterior, y a partir de aquel momento el número de españoles no hará más que aumentar. A comienzos de siglo el país no debía pasar de los siete millones de habitantes, para alcanzar, a finales, cerca de los 12. Pero este crecimiento no es regular ni uniforme: aumentan mucho más deprisa las ciudades que el campo, la periferia que el centro. Regiones como Galicia, el Cantábrico, Cataluña, Valencia, Murcia o la baja Andalucía llegaron a duplicar y aun más su población, mientras las dos Castillas o Extremadura no crecieron más allá de un 10 o un 20 por 100. Madrid, capital del reino y ciudad mimada por Carlos III, vio aumentar su población en un 70 por 100; pero Barcelona, gran emporio industrial y comercial, subió nada menos que un 250 por 100.

Los primeros censos totales propiamente dichos que se hicieron en España tuvieron lugar durante el reinado de los dos últimos monarcas del XVIII, y aunque sus resultados no pueden tomarse al pie de la letra, nos proporcionan unos cuantos datos significativos.

Año	Población	Nobles	Eclesiásticos	Artesanos	Campesinos
1768	9.307.804	722.794	226.187	—	—
1787	10.269.150	480.589	191.101	310.739	1.871.768
1797	10.541.221	402.059	172.231	533.769	1.677.172

En general parece que estos censos se quedaron ligeramente cortos, especialmente el primero y el último, siendo el de 1787 admirablemente realizado para los medios de la época. En forma global se puede evaluar la población de España de esta manera, en millones de habitantes: en 1700, 7,1; 1725, 7,4; 1750, 8,5; 1775, 9,9; 1800, 11,5.

Pero más interés que la curva de ascenso general encierran las cifras particulares. Observemos cómo la nobleza, a pesar del incremento de la población, decae bruscamente en la segunda mitad del siglo (en la primera mitad parece que no fue así, pues Ruiz Almanza calcula, para fines del XVII, unos 700.000 nobles). Y lo mismo puede decirse de los eclesiásticos. Respecto de las clases trabajadoras vemos un aumento rapidísimo de las urbanas y una disminución progresiva de las campesinas.

La baja de la nobleza obedece a dos causas principales. Por un lado operan motivos fiscales, porque los funcionarios de Hacienda exigen pruebas de nobleza a todos los que quieran eximirse del pago de impuestos. Un control más riguroso hizo ver que muchos de los supuestos hidalgos no eran capaces de demostrar su condición. En otras ocasiones son los propios interesados quienes renuncian al estamento nobiliario, por parecerles una categoría inútil o pasada de moda; tenemos noticias de pueblos enteros que renunciaron a la hidalguía o se olvidaron de ella. Todo lo cual, delata una formidable evolución de las mentalidades. En el caso de los eclesiásticos, el motivo de su disminución no puede ser más que uno: la baja de las vocaciones, hecho que en el fondo está íntimamente relacionado con la evolución mental a que acabamos de aludir.

La pregunta que ahora se nos ocurre es: ¿a dónde fueron a parar los elementos que desertan de estas clases privilegiadas? En las listas que insertamos más arriba aparece un aumento desmedido de los artesanos, pero resulta muy difícil imaginar que un noble pase a ser carpintero o tejedor: el incremento de artesanos hay que relacionarlo más bien con la baja de los campesinos (obsérvese que la oscilación de unos y otros resulta ser de unos 200.000). Los antiguos nobles —hidalgos por lo general— continúan siendo medianos o pequeños propietarios, o bien pasan a ocupar puestos en la administración o en las profesiones liberales. No poseemos una lista pormenorizada de estas profesiones más que para el último censo, y a través de ella vemos que los miembros de lo que pudiéramos llamar clases medias eran relativamente escasos: encontramos unos 26.000 comerciantes, 30.000 empleados, 5.000 abogados, 6.000 médicos... Pero no cabe duda de que este número se encontraba en claro aumento, y que la burguesía, en particular, o la clase media, en general, va imponiendo el tono a la sociedad del siglo XVIII. Lo que pierde la nobleza lo ganan las clases medias; y esto es más cierto aún respecto de las mentalidades que de las estructuras sociales en sí.

El Estado estimula la revolución burguesa

Desde el primer momento la política de los Borbones tuvo un cierto matiz social. Y esto por una razón sencilla: los nuevos monarcas se encontraron con un país arruinado y quisieron reorganizarlo y revitalizarlo. La nobleza, con sus privilegios y su inmovilismo, era una rémora; la burguesía, por el contrario, movilizadora de la riqueza, era la clase ideal para emprender el desarrollo. Los Borbones no son de suyo burguesófilos, ni tampoco antinobiliarios; pero procuran barrer estorbos y apoyar a aquellos que están dispuestos a trabajar y a aportar iniciativas. Orry quiso implantar un sistema único de contribuciones que obligase a los nobles tanto como a los plebeyos, aunque fracasó en el empeño. Una serie de hombres de origen más o menos modesto, como Patiño, Campillo o Carvajal se fueron elevando a los más altos puestos del Estado. El mérito y la capacidad personal empezaron a estimarse más que la alcurnia y la nobleza de sangre.

Carlos III no inventó en absoluto aquel ideario ni aquella política. Lo que hizo fue darle un carácter más oficial con sus ordenanzas, la *Instrucción Reservada* o la creación de la Orden de Carlos III, y, además, aceleró el movimiento hasta convertirlo en una verdadera revolución, la que Rodríguez Casado llama «revolución burguesa»: entiéndase, por supuesto, una revolución desde arriba, encauzada y programática, pero que entraña, como tal, una de las transformaciones más activas y trascendentes de nuestra historia moderna. El monarca, acompañado de sus colaboradores —Floridablanca, Campomanes, Jovellanos, Olavide, Cabarrús—, quería una España ordenada y racional y una sociedad sin privilegios de sangre, donde la distinción premiase únicamente la capacidad y el mérito. Es discutible aún si Carlos III perseguía, como quiere García Pelayo, una estructura monoclasista, o aceptaba una cierta aristocracia a su alrededor, aunque estuviese formada en gran parte por burgueses ennoblecidos; pero lo indudable es que procuró rebajar los privilegios y exenciones de las clases nobiliarias y realzar a los grupos intelectuales, industriales y mercantiles.

Muchas de las medidas adoptadas por el Gobierno de Carlos III en esta línea tienen un matiz económico: así los decretos de libertad de comercio y precios, la apertura de puertos, creación del Banco de San Carlos, primer establecimiento oficial de este tipo en España, etc., pero encaminadas todas ellas al favorecimiento de la «riqueza en movimiento», en manos de la burguesía, más que de la «riqueza en estado» —propiedades—, en manos de la nobleza. Es más: cuando los hombres del Despotismo Ilustrado se ocupan de la tierra, que es también con mucha frecuencia, lo hacen para «movilizarla», es decir, para hacerle perder su condición de estancada. Ya nos referiremos más tarde al tema de la desamortización. Pero todas estas medidas, aunque económicas en la forma, tienen un indisimulable matiz social.

La conjuración contra Esquilache

Rodríguez Casado prefiere denominarla así, sustituyendo la vieja e inadecuada expresión de «motín de Esquilache». Era Esquilache uno de los ministros traídos de Nápoles por Carlos III. Hombre impetuoso y muy reformista, creyó poder transformar a España por la vía rápida; quería un país más culto, más limpio, más racional, pero chocando en muchos casos con costumbres y tradiciones muy arraigadas entre los españoles. Algunas de sus medidas, sobre todo las económicas, fueron en alto grado impopulares, tales como la rebaja de los sueldos a los empleados y (de acuerdo con su teoría de libertad económica), la supresión de la tasa del trigo, que, en unos años de prolongada sequía, hizo que el precio del pan se pusiera de pronto por las nubes.

La medida que colmó el vaso del descontento fue, como es sabido, la orden de cambiar la indumentaria: en lugar de la capa larga y el sombrero de ala ancha, capa corta y sombrero de tres picos. No se trata de un capricho de Esquilache, sino de un medio de evitar los embozamientos, que facilitaban, sobre todo de noche, toda clase de delitos. Pero aquella orden provocó un incidente en Madrid (luego también en otras ciudades) que degeneró en un verdadero hecho de masas. Carlos III juzgo conveniente retirarse a Aranjuez, y desde allí, atendiendo a las exigencias de los amotinados, tuvo que resignarse a destituir a Esquilache. El rey regresó a la Corte y las aguas volvieron a su cauce.

Con todo, el «motín de Esquilache» parece que significa bastante más de lo que aparenta. Está claro que el descontento no iba sólo contra el decreto sobre capas y sombreros; el ministro era aborrecido por su condición de extranjero y su carácter violento. Las medidas económicas, tomadas en un momento de malas cosechas, fueron contraproducentes y contribuyeron a levantar un clima de protesta. Pero es que, además, parece que hay otros motivos más hondos. La víspera de los sucesos en Madrid se envió a gentes de la nobleza o del alto clero dar consignas y repartir dinero por los barrios bajos. Todo hace suponer que el motín fue preparado y que los elementos instigadores fueron miembros de las clases altas, para conseguir la caída del ministro reformista y frenar así lo que hoy conocemos como «revolución burguesa».

Consiguieron sólo una parte del objetivo: echaron a los políticos, pero no acabaron con la política. Carlos III, hombre tenaz siempre en sus decisiones, mantendría el mismo camino con distintos colaboradores. Un nuevo equipo gobernante, formado esta vez por ministros exclusivamente españoles —Campomanes, Floridablanca, el conde de Aranda, etc.—, iba a realizar la tarea de las grandes reformas sociales y económicas, quizá de un modo menos espectacular que en la primera etapa, pero continuado y profundo.

La expulsión de la Compañía de Jesús

La conspiración contra Esquilache en abril de 1766, y la expulsión de los jesuitas en noviembre de 1767, son dos hechos que aparecen siempre relacionados, ya sea el primero la causa o simplemente el pretexto del segundo. Es muy probable que entre los instigadores del motín figurasen algunos jesuitas de Madrid, aunque no es segura su intervención, ni mucho menos la de la Compañía de Jesús en pleno. La mera explicación de que los jesuitas fueron expulsados por aquel incidente parece insuficiente a todas luces. Es preciso tener en cuenta que aquella compañía religiosa, con su cuarto voto de obediencia al Pontífice, era símbolo de la fidelidad a Roma, actitud que chocaba en un estado fuertemente regalista, como era el del siglo XVIII. La tesis del regalismo ha sido esgrimida siempre por los historiadores de la Compañía para explicar la expulsión. A mayor abundamiento, los jesuitas habían sido ya expulsados, por aquel motivo, de Portugal en 1759 y de Francia en 1762: la decisión de Carlos III en 1767 tiene, así, ya muy poco de original.

Sin embargo, Rodríguez Casado encuentra que los jesuitas españoles eran por entonces tan regalistas como los que más, y destaca, por otra parte, el hecho de que la mayor parte de los prelados aprobaron la expulsión. La tesis del regalismo-antirregalismo no es despreciable, pero aconseja alinear a su lado otras posibles causas, quizá más fuertes, entre ellas el factor social. Efectivamente, de los 112 colegios que mantenía en España la Compañía de Jesús, unos 100 eran para jóvenes de la aristocracia. Como es lógico, la mayoría de las vocaciones jesuíticas se reclutaban en estos colegios, y la Compañía misma estaba formada por hombres salidos de las clases privilegiadas. Las rivalidades estudiantiles de la época —«colegiales», es decir, alumnos de los colegios nobles, contra «golillas», o «manteístas», universitarios a secas— encierran un indudable trasfondo social e incluso ideológico, y trasciende, una vez terminada la carrera, al mundo profesional y aun al político.

El motín de Esquilache fue, seguramente, la primera manifestación abierta de aquella lucha, hasta entonces sorda. Lo de menos es que los jesuitas participaran directamente o no en la organización del motín. El hecho es que el Gobierno de Carlos III aceptó la declaración de guerra de las clases altas, y entre las medidas adoptadas figura la supresión de su principal fuerza valedora. El decreto de expulsión obligó a exiliarse a unos 1.660 sacerdotes de la Península y 1.396 de América; sumando legos y escolares, el total pasaba de 5.000. Entre ellos figuraban los historiadores padres Burriel y Masdéu, el filósofo Eximeno, el músico Arteaga, el escritor padre Isla, etc. España perdía un puñado de sus hombres más ilustres y América la legión más activa de sus misioneros.

6. EL ABSOLUTISMO ILUSTRADO EN ESPAÑA

El lema con que tantas veces se ha definido el Despotismo Ilustrado —o, como ahora prefiere escribir la historiografía, el «Absolutismo Ilustrado»—, *todo por el pueblo, pero sin el pueblo,* sigue conservando todo su valor. Encierra una idea paternalista y filantrópica *—todo por el pueblo—* al lado de otra dirigista y excluyente *—pero sin el pueblo—*. Y responde a un concepto del papel del Estado como encauzador del progreso humano, propio de la mentalidad del siglo XVIII.

Su razón de ser la comprenderemos bien si analizamos la mentalidad y el carácter de los «filósofos» del siglo, miembros de una escuela intelectual que propugna un mundo más «razonable» y mejor organizado. Por doquier proliferan los teóricos y los proyectistas; pero aquellos planes gigantescos de mejora de la humanidad y de sus medios de vida no pueden realizarse sin un poder tutelar que los haga suyos y los convierta en realidades; y este poder no puede ser otro que el del Estado. El Estado debe ser fuerte, precisamente para poder realizar con mayor amplitud la obra benefactora. Pero es un Estado que sólo se justifica mediante esa finalidad, y cuando los ideólogos le abandonen se va a encontrar sin medios dialécticos para defenderse. Que será lo que ocurra a fines de siglo, al estallar la revolución.

El régimen de Carlos III

Las reformas administrativas de España habían tenido lugar, sobre todo, durante el reinado de Felipe V. Bajo Carlos III se consagra definitivamente, en un complejo enrejado de organismos e instituciones, bien contrapesadas, que parecen destinadas a perdurar por muchos años. Aunque en el régimen de los Borbones no todo es orden y lógica, el sistema parece equilibrado y resulta francamente eficaz.

Tenemos, en primer lugar, los cinco ministros de Estado o Asuntos Exteriores, Gracia y Justicia, Hacienda, Guerra y Marina e Indias. Los ministros, hombres siempre de los más elevados en el escalafón de la política, son ya los principales responsables, junto con el rey, en la obra de gobierno. Tenemos luego a los Consejos: de Estado, Castilla, Guerra, Hacienda, Indias, Inquisición. Sólo los dos primeros conservan su alta preeminencia. El Consejo de Castilla —cuyas atribuciones se extienden ya a toda la Península— tiene funciones judiciales, equivalente a las de un tribunal supremo, y administrativas: todos los nombramientos de funcionarios habían de pasar por el Consejo. El de Estado no sólo se refiere a los asuntos exteriores, sino que engloba toda la gobernación del reino; por regla general, los ministros pertenecen a él o a un organismo derivado, la Junta de Estado, que tiene la mayor importancia en tiempos de Carlos III.

La administración territorial aparece racionalizada con las 12 capitanías generales, o Reinos (Castilla la Nueva, Castilla la Vieja, Galicia, Navarra, Aragón, Cataluña, Valencia, Baleares, Granada, Sevilla, Extremadura y Canarias), donde el capitán general ejerce funciones de gobierno, y las 32 intendencias —que a fines de siglo ya suelen llamarse *provincias—*, donde el intendente es más que nada un administrador. Los reinos (circunscripciones de gobierno) obedecen, por lo general, a una división de acuerdo con la tradición histórica, en tanto que las provincias o intendencias (circunscripciones administrativas) son de trazado más arbitrario y obedecen más bien a una finalidad práctica.

El rey era el supremo director de la marcha del Estado. Teóricamente, todos los poderes estaban concentrados en él. Pero imaginar que todo estaba sujeto a su voluntad y arbitrio es una grosera desfiguración histórica. Coartado por ministerios, consejos, juntas y organismos territoriales y locales, Carlos III, como ha hecho ver Rodríguez Casado, tenía menos libertad de decisión que el presidente de una república democrática.

Dos partidos principales se disputan durante el reinado la dirección de los negocios. Uno es el llamado partido *golilla,* que dirige el conde de Floridablanca, y que pretende acumular el poder en los Ministerios en detrimento de los Consejos, para lograr así una política más ágil y una administración regular y centralizada. El otro es el partido *aragonés,* llamado así por serlo sus principales miembros, entre ellos su director, el conde de Aranda, partidario de restituir a la nobleza su perdido papel director, pero con ínfulas progresistas, amigo de la preeminencia de los Consejos como contrapeso del poder del monarca y ministros y tendente a la descentralización. Carlos III, hombre inteligente y discreto, supo apoyarse en los dos partidos y hacerlos turnarse en el poder si era preciso.

Las doctrinas econonómicas

El proyectismo del siglo XVIII se centra fundamentalmente en lo económico. Hay que encontrar las recetas adecuadas para lograr que el país sea rico, porque entonces podrá ser también todo lo demás. Las mismas reformas político-administrativas, sociales, educativas, etc., se hacen, en el fondo, pensando en una finalidad económica. Si en el siglo XVII había existido una cierta «deshonra legal del trabajo», ahora los términos se invierten por completo, y hasta el fabulista critica a la cigarra, porque no hace más que cantar, en tanto alaba a las laboriosas hormigas. Lo útil y lo que rinde: eso es lo bueno y lo virtuoso en el siglo XVIII.

Dentro de todo este afán economista y productivo es fácil

distinguir dos etapas. En la primera mitad del siglo había predominado la corriente proteccionista. El Estado intervenía directamente en el establecimiento de nuevas fuentes de riqueza, fundando las grandes «fábricas nacionales» de paños en Guadalajara, cristalerías en La Granja, tabacos en Sevilla, mantelerías en La Coruña, etc. Una severa política fiscal regulaba todo el comercio exterior, a fin de evitar las importaciones que pudieran entorpecer la industria propia, y favoreciendo en lo posible la exportación de artículos manufacturados.

El proteccionismo, táctica propia de una fase de desarrollo incipiente, deja paso en la segunda mitad del siglo a una corriente de liberalización. Ahora se piensa que la economía debe depender del interés privado, porque «nadie mejor que uno mismo atiende a sus propios intereses». Y entonces lo que se propugna es una economía individualista, con libertad de trabajo, contratación y precios. El papel del Estado debe limitarse a «remover los obstáculos» que se oponen a esta próspera libertad, y la mejor ley que se puede dar en este sentido es la supresión de las leyes antiguas, es decir, de las reglamentaciones económicas.

En España el individualismo economista tropezaba con dos barreras importantes. En el campo agrícola, la amortización de la tierra, que mantenía más del 70 por 100 de las propiedades del país bajo un régimen «vinculado»; eran tierras de un convento, de un cabildo, de un título nobiliario, no de la persona concreta de su poseedor, y este concepto jurídico de la «vinculación» impedía que aquellas tierras pudiesen comprarse o venderse, aunque fuesen innecesarias a su poseedor y no se trabajasen. En el campo industrial, la barrera la constituían los gremios. Estas instituciones de artesanos, destinadas a la protección de cada grupo profesional, regulaban las formas de trabajo, las técnicas, los tipos de producción, los precios. Dentro de este sistema corporativo era imposible la competencia. Y el sistema individualista, basado en la propia iniciativa, en el margen indefinido de beneficios o en la conquista de mercados —para lo que es preciso producir más y mejor, o más barato que el vecino—, había de pasar por encima del cadáver de los gremios si quería imponerse.

Contra las grandes propiedades amortizadas y contra el sistema gremial arrementen todos los teóricos de la época, entre los que destacan Rodríguez Campomanes, con su *Tratado de la Regalía de Amortización* o su *Discurso sobre la artesanía popular,* y Gaspar Melchor de Jovellanos, autor del famoso *Informe sobre el Expediente de Ley Agraria,* cuyas normas se tratarían de seguir todavía en el siglo XIX. Jovellanos está convencido de que España es un país riquísimo en potencia y de que la clave de su prosperidad está en un mejor reparto de la tierra, que haga que las parcelas no sean demasiado grandes (porque el propietario no tendría interés en trabajarlas todas) ni demasiado pequeñas (porque carecería de medios para sacarles el máximo provecho). Jovellanos, inconscientemente, propugna, con una propiedad de tipo medio, una propiedad *en manos de la clase media,* de acuerdo con el sentido de la revolución burguesa.

Las realizaciones

Un análisis detallado de las realizaciones económicas del siglo XVIII nos muestra que éstas se quedaron muy cortas respecto de los proyectos, quizá porque se había proyectado demasiado. Pero esta desproporción no ha de conducirnos a infravalorar los logros, que fueron en determinados aspectos muy apreciables.

El Estado no pudo canalizar, como soñaba, la radical transformación de las estructuras del país, pero se esmeró en aquellos campos en que podía actuar de forma más directa, como las obras públicas. Muchas de aquellas obras —carreteras, puentes, canales— siguen siendo hoy de utilidad. Y la mayoría de las ciudades españolas conservan huellas abundantes de los buenos tiempos del siglo XVIII, lo mismo en los monumentos públicos que en las edificaciones privadas.

Falló en gran parte la reforma agrícola porque las trabas

eran demasiado grandes y los intereses creados demasiado fuertes; a lo más que se llegó fue a la prohibición de establecer nuevas vinculaciones. Un camino distinto, que pudo deparar amplios resultados, consistió en la repoblación con nuevos colonos de terrenos incultos. Varios ensayos de este tipo se llevaron a cabo en la España de Carlos III, de los cuales fue el más famoso la repoblación de Sierra Morena por alemanes católicos, a los que se concedían tierras y medios para desenvolverse con su trabajo personal. Pablo de Olavide, un hombre típico de la Ilustración, dirigía la empresa, con la que soñaba establecer unas comunidades ejemplares, muy de acuerdo con las ideas del siglo. La caída en desgracia de Olavide, por motivos ajenos a la repoblación en sí, dejaron la obra sólo empezada.

En el aspecto industrial y comercial, el papel del Estado durante el reinado de Carlos III fue, como ya hemos dicho, de «tutela a la libertad». Se dieron toda clase de facilidades, se quitaron impedimentos, se construyeron caminos y se suprimieron tasas que podían obstaculizar más directamente el desarrollo. Por otra parte, la coyuntura favorecía el negocio particular. El aumento de la población hizo crecer el consumo y provocó, por tanto, un alza de precios. Los productos agrícolas se revalorizaron, con lo que aumentaron los cultivos. Es cierto, como ya hemos visto, que apenas fueron removidas las estructuras agrarias, pero los mismos terratenientes, partícipes de la mentalidad de la época, procuraron obtener un mayor rendimiento de la tierra, y la producción, en general, aumentó. Un incremento más sensible aún se aprecia en la producción industrial o artesana; aquí hay que tener en cuenta el aumento de la demanda no sólo en la Península, sino también en América. El criollo que comercia con la metrópoli se enriquece mucho más que en el siglo anterior con su economía puramente doméstica; pero al tiempo que exporta cacao, café, tabaco, azúcar, algodón, cueros o materias tintóreas, importa los finos productos manufacturados de la Península, en especial tejidos.

La industria textil alcanzó a fines de siglo un desarrollo

muy considerable, alcanzando muy probablemente el segundo puesto mundial en producción, después de la Gran Bretaña. El algodón, traído de las Antillas —aunque se producía también en la Península—, era trabajado a la perfección en los talleres catalanes, en tanto que las sederías de Valencia llegaron a igualar a las célebres de Lyon.

Creció también la industria naval, clave del poderío marítimo —de guerra y mercante— de la España de entonces, así como la metalúrgica. Hacia 1780 se extraían unas 9.000 toneladas de hierro y 1.600 de plomo, cifras que hacia fines de siglo parecen haberse elevado casi al doble.

La gran medida comercial del siglo fue el decreto de 12 de octubre de 1778, que suprimía el monopolio del tráfico con las Indias, adscrito entonces a Cádiz. Se abrían diecisiete puertos en toda la Península y se establecía una amplia libertad de comercio, durante los primeros años, incluso, sin impuestos o con aranceles rebajados. Era una fabulosa puerta abierta a la iniciativa particular, que en la aventura de América se desbordó más que nunca a partir de aquel momento. Sin que puedan darse todavía cifras exactas, el volumen del comercio con América de entonces a fines de siglo se más que cuadruplicó, y hay quienes opinan que se multiplicó por ocho. El negocio fue grande y contribuyó, qué duda cabe, al desarrollo de las clases burguesas, tanto a esta orilla del Atlántico como a la otra.

Los grupos ideológicos

Le mentalidad de la época, con su culto a lo racional y a lo utilitario, es fruto de una ideología «ilustrada», cuyas raíces hemos visto ya y cuyas consecuencias tocaremos muy pronto. No hubo, en puridad, una «Ilustración» originariamente española. España cuenta con pensadores brillantes y con proyectistas fecundos, pero su pensamiento no se caracteriza precisamente por la originalidad. Las ideas y las fórmulas se importan del extranjero, por lo general de Francia.

Unas veces se plantan en España tal como vienen, otras se procura traducirlas al español, adaptarlas a nuestro carácter, a nuestras creencias y forma de ser. Hay, en la mayoría de nuestros ilustrados, una lucha sorda —a veces tremendas y dramáticas contradicciones— entre el *snobismo* extranjerizante e innovador y el respeto a las tradiciones y al sentido profundamente religioso del país.

De aquí que las ideas del radicalismo racionalista —que en la época de Carlos III ya cabe identificar con el *Enciclopedismo* en cuanto movimiento— encuentran en España las más variadas reacciones, según sea el peso del elemento tradicional y del elemento progresista en quien las recibe.

Rodríguez Casado ha establecido al respecto cuatro grupos ideológicos, bien diferenciados a partir de la mitad del siglo. Son: a) *los conservadores,* para los cuales toda innovación es peligrosa, porque viene a alterar un orden que es sagrado. Forman un grupo numeroso, pero de hombres de poco relieve; b) *los tradicionales,* que admiten la conveniencia y hasta la necesidad de reformas, pero sin alterar lo sustancial del ser de España, al que es preciso guardar fidelidad. Entre ellos están Forner, Cadalso o Piquer; c) *los cristianos ilustrados,* que pretenden una síntesis entre tradición e ilustración, o, lo que es lo mismo, aceptar las novedades integrándolas en un sentido cristiano y español. «Cristianos ilustrados» pueden ser Feijoo, Campomanes, Floridablanca y Jovellanos, y d) *los revolucionarios extranjerizantes,* que, en oposición simétrica al primer grupo, no ven más que defectos en lo antiguo y virtudes en lo nuevo; *snobistas* y radicales, son, sin embargo, poco influyentes todavía en la época de Carlos III.

En suma, se ha dibujado ya un amplio abanico de opiniones, tendido entre la conservación a ultranza y la innovación a ultranza. España ha rehecho su cuerpo físico, ha elevado en alto grado su nivel económico, ha transformado su paisaje con las obras públicas y ha alcanzado un alto puesto entre las potencias mundiales; pero el alma española se ha escindido por primera vez en lo que va de los tiempos modernos, y esta disociación de las conciencias reservaba al país trágicos destinos.

7. LA CULMINACIÓN DE LA POLÍTICA ATLÁNTICA

Los últimos años del reinado de Carlos III presencian una reactivación de la política atlántica, cuyas directrices, en realidad, no se habían abandonado nunca. El control y la defensa de las Indias, el rearme naval, la preocupación por el comercio trasatlántico y la hostilidad sorda con Inglaterra eran los puntos centrales de aquella política. Las reformas interiores habían distraído a los gobernantes un poco, pero una preocupación común a lo interno y lo externo —la económica— se encargó de recordarles la existencia de las Indias y la necesidad de defenderlas. Las dos tendencias manifestadas en el reinado de Fernando VI a través de los ministros Carvajal y Ensenada las heredan, en cierto modo, el ministro de Estado de Carlos III, Grimaldi, siempre prudente y calculador, y el de la Guerra, conde de Aranda, militarista e impulsivo. Pero a pesar de estas divergencias la política atlántica de Carlos III forma un todo coherente y logra, al final del reinado, tomarse el desquite de la guerra de los Siete Años con una victoria sobre Inglaterra y la disminución del poderío británico en el Nuevo Mundo.

La política marroquí

En un momento de auge de la política exterior, España no podía olvidar, como en tantos otros pasajes de su historia, la vecindad de Marruecos. La nueva mentalidad no era propicia a la creación de un gran imperio político-militar, ni a un movimiento de expansión religiosa, pero sí al prevalecimiento de los intereses económicos españoles en el norte de África. Los ministros de Carlos III mostraron una activa política exterior con Marruecos, que oscila continuamente entre la negociación y la guerra, para lograr los mercados de la zona tanto como para impedir su caída en poder de los ingleses. España pretendía la total apertura de los puertos marroquíes al comercio peninsular, en tanto que el sultán reclamaba como prenda de aquella concesión las plazas de Ceuta y Melilla.

En 1767 Marruecos se decidió a firmar un tratado comercial sumamente favorable a España sin recordar aquellas plazas, pero la paz no duró mucho, porque en 1773 los marroquíes atacaron por sorpresa Ceuta, Melilla y el Peñón de Vélez, siempre sin resultado. España declaró la guerra a Marruecos y, cuando se preparaba una fuerte expedición, el sultán pidió la paz. Tardó en llegarse a un nuevo acuerdo comercial —1780— que implicaba amplias concesiones. Poco después se estableció la Compañía de Dar Beida o Casablanca, con el capital facilitado por el Banco de San Carlos, que monopolizó el tráfico del trigo marroquí. España encontraba así en el norte de África un interesante complemento a su expansión económica.

La zona del Río de la Plata

Hasta 1763, el centro fundamental de la atención española en América se localizaba en el seno antillano. De aquella zona venían las principales producciones revalorizadas en el siglo XVIII —café, cacao, azúcar, tabaco, algodón, maderas especiales— y allí radicaba también la principal tensión político-militar, porque era aquella región donde los ingleses solían poner sus ojos y su contrabando.

Pero a partir de la paz de París, el centro de gravedad se fue desplazando (política y económicamente también) hacia el sur. Se revalorizaba la zona del Río de la Plata, rica en cereales, carne, cueros, productos todos ellos abundantes en Europa, pero aquí infinitamente más baratos, y a los que unos sistemas de navegación cada vez más rápidos conferían ya ciertas posibilidades de expansión. Buenos Aires triplicó su población durante el reinado de Carlos III y se convirtió en un importante emporio comercial.

En 1765 los ingleses ocuparon las islas Malvinas, frente a la costa de Patagonia y a un paso del estrecho de Magallanes. Los españoles, esa es la verdad, nunca se habían molestado en fortificar y ocupar aquel desolado archipiélago, de tanta importancia estratégica, sin embargo. Ahora reconocían su error, y el revuelo, tanto en Madrid como en Buenos Aires, fue inmenso. Cuando el Gobierno español protestó enérgicamente por el hecho, alegando, como siempre, el peligro en que se ponía el «equilibrio mundial», Londres contestó que no reconocía otro derecho que el de la ocupación. La tensión llegó a ser muy grande, mientras en Madrid discutían los pacifistas de Grimaldi y los intervencionistas de Aranda.

El gobernador de Buenos Aires, Bucarelli, reconquistó las islas en 1770, operación que fue desautorizada por Madrid, ante el peligro de un conflicto general. Pero pronto, mediante negociaciones, se llegó a la neutralización de las Malvinas y a la retirada de unos y otros. Eso sí: los políticos españoles comprendieron su error de antes y desde entonces fomentaron la colonización de Patagonia y la vigilancia de la zona del cabo de Hornos.

El papel del Río de la Plata como zona de fricción no terminó con el asunto de las Malvinas. En años sucesivos se plantea la cuestión de la Colonia del Sacramento, plaza estratégica en la entrada del estuario platense, que, en la paz de París, España había tenido que ceder a Portugal. Los colonos portugueses —los famosos «bandeirantes»— penetraban por el interior del Brasil hasta territorios de demarcación teóricamente española, con gran alarma de los virreyes de Perú. Hubo momentos de tensión con Portugal, y otros de gestiones diplomáticas, en las que Madrid trataba inútilmente de convencer a Lisboa sobre la conveniencia de una alianza hispano-portuguesa para la defensa común de sus posesiones ultramarinas frente al poderío británico. Los portugueses preferían entenderse directamente con Inglaterra.

En 1774, aprovechando la actitud favorable de Francia (que se esperaba contuviera a Inglaterra), Carlos III decidió lanzarse a la acción. Concedió el título de virrey al gobernador de Buenos Aires, Cevallos, cuyas tropas ocuparon Sacramento, Santa Catalina y todos los territorios reclamados por España. Así nació el virreinato del Río de la Plata, como reconocimiento a la gran importancia que había cobrado aquella parte del mundo.

La guerra de independencia de Estados Unidos

En 1776 las colonias británicas de Norteamérica declararon su independencia de la metrópoli. Fue la primera guerra anticolonial de la historia moderna, al tiempo que la primera revolución violenta de las nuevas ideas de tipo liberal-democrático contra un Estado del Antiguo Régimen.

Los Estados Unidos, en el momento de nacer, carecían de potencial capaz de hacer frente a una gran potencia como Inglaterra; no tenían organización, experiencia política ni una auténtica fuerza militar. Lo lógico era que los británicos aplastaran la rebelión después de una lucha más o menos larga. De aquí las vacilaciones de los políticos españoles, que si acechaban el momento oportuno para tomarse el desquite de la guerra anterior y disminuir el peligroso incremento del poderío colonial británico, tampoco querían dar un paso en falso. Por otra parte, la presencia de una república anglosajona independiente en América, y con visos de transformarse pronto en gran potencia, tampoco era un hecho deseable por la diplomacia hispana. El lema de Floridablanca era *prepararse para la guerra como si fuese inevitable, pero hacer todo lo posible por evitarla.* Así que se limitó a ayudar a los norteamericanos con dinero y armas, pero sin excederse en la misión.

La gran victoria de Washington en Saratoga (1777) hizo ver las posibilidades de los insurgentes. Francia comprendió que la ocasión era buena, y en 1778 reconoció la independencia de los Estados Unidos, lo que equivalía a entrar en guerra con la Gran Bretaña. España, aunque no deseaba una decisión tan tajante, se vio arrastrada a hacer lo mismo meses más tarde. Una vez en guerra, los españoles se mostraron más decididos que sus aliados, y planearon una operación naval conjunta sobre las islas Británicas, para facilitar un desembarco. Los franceses no se atrevieron a la acción, pero el proyecto fue suficiente para retener en aguas europeas a casi toda la flota inglesa, facilitando así el triunfo en América de los norteamericanos y de los españoles, que dirigidos por el gobernador Gálvez ocuparon toda la orilla septentrional del golfo de México, expulsando a los ingleses de Pensacola y Florida. También fueron desalojadas las bases británicas en Honduras.

Menos fruto rindió el asedio de Gibraltar, que fue, sin embargo, el hecho más popular de aquella guerra. En la empresa fueron empleados los medios más modernos de la época, como las baterías flotantes, las balas rojas —incendiarias— y las lanchas cañoneras. La plaza parecía a punto de capitular cuando un malentendido de los mandos españoles permitió la llegada de una flota de socorro. Continuaba el bloqueo cuando se llegó a la paz. En cambio, otra tierra española, Menorca, fue rescatada definitivamente, en una operación planeada por el Duque de Crillon.

La paz de Versalles, en 1783, señala el máximo poderío español en América. Los ingleses sólo conservaban el Canadá, y reconocían la independencia de las 13 colonias norteamericanas. España adquiría toda la costa del seno mexicano, incluyendo la Florida, y se reservaba los derechos de navegación por el Misisipí. Con ello, al tiempo que expansionaba sus dominios, ponía una barrera por el sur y el oeste a la naciente república norteamericana, cuyo engrandecimiento ya se veía venir. Al mismo tiempo, España fomentó desde entonces la colonización de Arizona, Colorado y California.

Por aquellos años, aquel gran pionero que fue fray Junípero Serra fundaba San Francisco. Los dominios españoles de ultramar alcanzaron la mayor extensión de toda su historia. Aquellos años, en que se adopta la bandera roja y gualda y la Marcha Real —futuro himno nacional—, revelan, hasta en los romances populares, un cierto orgullo de los españoles por su poder renacido. No habría de durar demasiado tiempo.

8. ANTE LA REVOLUCIÓN FRANCESA

En diciembre de 1788 comenzó a reinar Carlos IV. En julio de 1789 estalló la Revolución francesa. Desde entonces España abandona su fructífera política atlántica, y no parece vivir más que para lo que ocurre al otro lado de los Pirineos. El giro parece extraño, y hasta una visión superficial podría atribuirlo a torpeza del nuevo monarca. Sin embargo, se echa de ver que quienes vuelven de pronto su vista a Francia son los mismos políticos de Carlos III, Aranda o Floridablanca, que siguen gobernando durante los primeros años de su sucesor.

Para comprender este giro —que habría de ser nefasto en la historia de España— hay que reconocer, ante todo, dos hechos, ante los que no cabía permanecer indiferentes. Uno era la alianza de Francia, que acababa de hacer posible la victoria sobre Inglaterra, y que era pilar esencial de la política exterior española desde el advenimiento de la dinastía de Borbón. Había que evitar a toda costa que Francia se perdiera para la dinastía y para la amistad española. La Revolución venía a plantear en este campo los más inesperados y amargos problemas. El otro hecho era todavía más grave. Todos los historiadores están de acuerdo en que la Revolución de 1789 es un acontecimiento de la historia universal más que de la historia de Francia; abre una nueva época en el panorama del mundo y pretende, de acuerdo con una ideología ya previamente extendida por Europa y América, la renovación de la humanidad. Frente a la Revolución francesa cabía cualquier actitud menos la indiferencia. Y España, por razones de vecindad y de unos contactos ideológicos más fuertes entonces que nunca, no podía permanecer ajena a lo ocurrido. No es el Gobierno español, es España entera la que no piensa más —para alabarlo, para denigrarlo, para tratar de matizar sus resultados— que en lo que ocurre al otro lado del Pirineo. El hecho histórico de la Revolución francesa obligó a los españoles a definirse, a tomar partido, y la disociación ideológica ya existente pasó así a ser un fenómeno de actitudes. Este fenómeno de actitudes define en gran manera todo lo que resta de historia de España.

La política de Floridablanca y Aranda

Carlos IV y su ministro Floridablanca se dispusieron —y así lo hicieron durante los primeros meses de 1789— a continuar la política del reinado anterior. Las noticias de la Revolución en Francia, del asalto a la Bastilla y las humillaciones de Luis XVI llenaron a todos de confusión. No se sabía de momento hasta dónde iban a alcanzar los hechos, pero estaba claro el peligro de que la revolución prendiese también en España —concretamente en algunas minorías de la clase ilustrada—, y era preciso conjurarlo. Floridablanca, que había favorecido hasta aquel entonces la «revolución burguesa», como revolución desde arriba, se asustó inmediatamente de la revolución desde abajo y se dispuso a dar marcha atrás.

La táctica del primer ministro fue, desde luego, un poco quimerista. Con el pretexto de una epidemia organizó en la frontera francesa un «cordón sanitario» que impedía la llegada de hombres, ideas o cosas, de todo aquello que pudiera traer siquiera noticias de lo ocurrido en Francia. Incluso, para restar importancia al asunto, se prohibieron las obras en defensa de la monarquía que pretendieron publicarse en España. No por eso, naturalmente, dejó de penetrar el fruto prohibido. En cuanto a la actitud exterior, Floridablanca se unió a las protestas de las distintas potencias europeas por la extorsión que sufría Luis XVI; cuando la prisión del monarca francés en Varennes, y cuando se le impuso la jura de la Constitución de 1791, el ministro envió a París sendas notas en que anunciaba a los revolucionarios el mismo trato que a los traidores y rebeldes. Era casi una declaración de guerra.

Mientras tanto, los revolucionarios franceses organizaron con habilidad su diplomacia. Era preciso desunir a las potencias del Antiguo Régimen, y uno de los primeros objetivos que se propusieron fue convencer al débil Carlos IV. Para ello fue enviado a España el astuto negociador Bourgoing. A Bourgoing le costó muy poco persuadir a Carlos IV de que la política dura de Floridablanca estaba resultando contraproducente y de que las amenazas suponían más que nada un peligro para Luis XVI. Lo mejor era reanudar la amistad franco-española como si allí no hubiera pasado nada. El rey, que simpatizaba poco con el autoritario Floridablanca, no esperó más para relevarle del Ministerio, colocando en su lugar al progresista conde de Aranda, amigo personal de muchos de los autores de la revolución, y el hombre ideal, por tanto, para entenderse con el nuevo régimen francés.

Aranda, de todas formas, y pese a las veleidades ideológicas, distaba mucho de ser un revolucionario. Su política con Francia iba a ser de una cautelosa cordialidad. Se restablecieron las relaciones normales y se abrió de nuevo la frontera, aun sin abandonar la vigilancia. Los políticos franceses trataban de atraerse a Aranda cuanto les era posible. Aquella situación hubiera podido perdurar, tal vez, de mantenerse la situación entonces vigente en Francia, es decir, una monarquía constitucional, en la que, al menos simbólicamente, se respetaba a Luis XVI.

Pero los acontecimientos se precipitaron en forma vertiginosa. En el verano de 1792 estalló la segunda revolución, o revolución de los exaltados. Vino el asalto a las Tullerías, la destitución de Luis XVI, la proclamación de la República... Toda la política apaciguadora de Aranda quedaba en entredicho. El propio Aranda parecía sumido en un mar de confusiones, luchando entre su simpatía hacia muchos principios revolucionarios y su horror a la revolución. A fines de 1792 era destituido. La Revolución francesa había acabado en tres años con los dos principales políticos de la época de Carlos III.

La política de Godoy

El sustituto de Floridablanca y Aranda era un joven casi desconocido en la política, don Manuel Godoy, extremeño de familia ilustre, aunque venida a menos. Su carrera meteórica tuvo que causar sorpresa, porque pasó en muy pocos años de guardia de corps a las supremas dignidades del Estado, y fue nombrado primer ministro cuando apenas había cumplido veinticuatro. Se han aducido muchas cosas para explicar su rápido encumbramiento, entre las que se suele incluir como factor principal el favoritismo de la reina. Hoy se da importancia a Godoy como promotor de un «tercer partido», en contra de los de Aranda y Floridablanca, con los que Carlos IV simpatizaba muy poco; probablemente es este papel de tercero en discordia el que más contribuyó a abrirle las puertas del poder.

Godoy, en realidad, era un *ilustrado* muy de su época y gran admirador del ideario de Jovellanos. Aunque hombre ambicioso e intrigante, no carecía de inteligencia y de buenas dotes para el gobierno. Su obra de proyectista se manifiesta en la creación de nuevos centros de enseñanza, especialmente los de ciencias aplicadas, protección a las Sociedades Económicas de Amigos del País, que llegaron casi al centenar, erección del Montepío de Labradores, etc. Pero su ilustración no llegaba al enciclopedismo, y le mantuvo dentro de ciertos rasgos tradicionales. Es significativo que permitiera el regreso a España de los jesuitas exiliados.

Pero las circunstancias arrastraron dramáticamente su atención hacia la política exterior. Hizo todo lo posible —hasta llegar al soborno— para salvar la vida a Luis XVI. Al no conseguirlo, España se unió a otras potencias del Antiguo Régimen y declaró la guerra a Francia.

Aquella guerra (guerra de la Convención, 1793-1795) encierra aún hoy aspectos desconcertantes, que es preciso seguir estudiando. Fue, por una parte, una empresa popular, casi una verdadera cruzada. Al concepto de guerra ideológica de los franceses respondieron los españoles con un concepto de la misma naturaleza, pero contrapuesto. Luchaban por la religión, la monarquía, los supuestos tradicionales, sabiendo que la Revolución venía a trastocar todo aquello. Los voluntarios fueron tantos, que no hubo posibilidad de armarlos y uniformarlos a todos.

Y, sin embargo, después de los éxitos de la primera campaña, en 1793 (conquista del Rosellón por Ricardos, penetración en el SO de Francia por Caro), empiezan a ocurrir derrotas increíbles: los franceses entran en España, y determinadas plazas, como San Sebastián o Figueras, se rinden sin resistencia. No hay más remedio que pensar que si aquella guerra fue popular, no lo fue entre todos los españoles. Si los soldados combatían con el mayor entusiasmo, no siempre la oficialidad o los órganos rectores del país correspondían a aquella corriente. Se sabe que hubo, incluso, quien invitó a los franceses a seguir adelante.

La invasión quedó detenida en Miranda de Ebro, pero Godoy estaba ya decidido a hacer la paz con Francia; más aún, a cambiar de política. La alianza con Inglaterra, frente a los franceses, había sido un completo fracaso, y el hecho convenció aún más a Godoy de una idea vieja en él (heredada de su maestro el conde de Aranda): el verdadero enemigo de España no era Francia, sino Inglaterra. Poco importaba que los franceses se hubieran hecho revolucionarios; eran enemigos de los ingleses, y su amistad podía sernos tan útil entonces como antes de la revolución. Ya en 1795 el embajador británico en Madrid supo vaticinar que se iba a la paz con Francia, que a la paz seguiría la alianza y a la alianza la acción antibritánica. Efectivamente: en 1795 se firmó la paz de Basilea. En 1796, el tratado franco-español de San Ildefonso, especie de copia de los viejos Pactos de Familia. En 1797, Francia y España estaban en guerra con Inglaterra.

La ideología revolucionaria en España

Las ideas de la Ilustración sólo habían penetrado en ciertos sectores de la sociedad española, y de ellos, todavía un grupo más reducido se hizo eco de los principios revolucionarios. Otros muchos ilustrados veían los sucesos de Francia con verdadera alarma, y en cuanto a la mayoría del pueblo, seguía fiel a las ideas tradicionales. Tenemos, pues, que los presuntos revolucionarios eran en España muy escasos, y, por regla general, aceptaban más los resultados de la Revolución francesa —libertad política, constitucionalismo, declaración de derechos, parlamentarismo— que la violencia revolucionaria en sí. No parecían constituir un grave peligro. Pero eran gentes de cierta cultura e influencia, y había que contar, además, con la propaganda de los agentes franceses.

España fue uno de los blancos preferidos de esta propaganda. A pesar del «cordón sanitario» y luego de la guerra abierta, aquellos agentes —casi siempre girondinos— consiguieron sus propósitos, a veces por los procedimientos más ingeniosos: muebles con doble fondo, relojes con inscripciones bajo la tapa, libros encuadernados como obras de los Santos Padres, que contenían el texto de la Constitución francesa o los alegatos de Mably. A un supuesto refugiado se le encontraron en el forro del sombrero siete ejemplares de la Declaración de los Derechos del Hombre.

La difusión fue grande, y un elevado número de españoles, hasta de las clases modestas, llegó a conocer las teorías revolucionarias. Otra cosa es que las aceptara como buenas. Hubo, sí, algunos conatos, débiles, pero significativos. En Francia funcionaba un comité de exiliados españoles, entre los que se encontraba el afrancesado Marchena. Y dentro de la propia Península se organizó, en 1795, la *conspiración de Picornell,* dirigida por el abogado mallorquín de este nombre. Todos sus miembros eran intelectuales o profesionales de la buena clase media; Picornell fracasó, en cambio, en su intento de ganarse, con dádivas y limosnas, a los barrios bajos de Madrid: fue denunciado y preso. Se dijo que uno de sus planes suponía la proclamación de la *República Iberiana,* aunque hoy está demostrada documentalmente su vinculación con el grupo de Aranda, que pretendía utilizar a los revolucionarios como medio de derribar a Godoy.

El intento pasó como un simple episodio, y pronto fue olvidado. Pero la semilla estaba plantada, y los desaciertos de Carlos IV y Godoy, al fomentar el descontento, no harían más que favorecer la idea de una revolución en España.

9. ESPAÑA A REMOLQUE DE FRANCIA

Godoy, aunque era un político improvisado, no carecía de buen sentido, poseía recursos y habilidad. Pero tuvo que enfrentarse con uno de los momentos más difíciles de nuestra historia, y careció de la suficiente visión en sentido amplio para salir con bien del trance. El tratado de Basilea (paz con Francia) y el de San Ildefonso (alianza con Francia) tienen su explicación y hasta su justificación. En 1795 no podía ya soñarse en aplastar la Revolución francesa. Por su parte, el Gobierno de París estaba ya de vuelta de las demagogias y los terrorismos, y daba síntomas crecientes de moderación: más podía conseguirse por la diplomacia que por la guerra; hasta —quién sabe— la proclamación de alguno de los Borbones españoles en el trono de una Francia restaurada.

En estas condiciones, convenía la alianza francesa, máxime que eran los propios franceses los primeros en buscarla, para hacer frente a un enemigo común: Inglaterra. A ambos países les convenía entenderse.

Hasta aquí el razonamiento de Godoy, que, como vemos, no carecía de cierta lógica. Lo que Godoy no podía prever era la intrusión de Napoleón Bonaparte, bajo cuyas presiones la alianza se fue trocando en algo muy parecido a servidumbre. Francia volvía a convertirse, del modo más inesperado, en un peligro, ahora no como foco revolucionario, sino como gran potencia imperialista. La pequeña habilidad de Godoy no pudo resistir por mucho tiempo a una habilidad superior, respaldada, además, por la fuerza. Al final, preso en las redes que él mismo había ayudado a tender, dejó a España abocada a una de las crisis más tremendas de su historia.

Las guerras con Inglaterra

La política ultramarina de la Gran Bretaña seguía hostilizando las posesiones y el tráfico españoles. La alianza con Francia pareció más indicada que nunca en 1796, y la guerra estalló, como ya hemos dicho, en 1797. Comenzaba el angustioso juego de una guerra inevitable con la única potencia capaz de salvarnos del imperialismo francés, y de una alianza necesaria con un país que progresivamente trataba de dominarnos.

Francia esperaba que la flota española —que seguía gozando fama de ser la segunda del mundo— le sirviese de instrumento contra el poderío naval británico. Pero aquella escuadra había sido descuidada a partir de la muerte de Carlos III, se encontraba envejecida, desentrenada, y las tripulaciones eran de mala calidad. Como se vio en la batalla del cabo San Vicente, en que fue derrotada con facilidad por el almirante Jervis. Nelson fue posteriormente rechazado en Cádiz y Santa Cruz de Tenerife, pero en América se perdió la isla de Trinidad. La alianza resultaba inútil para Francia y desastrosa para España.

Godoy cayó momentáneamente, y fue sustituido por ministros como Saavedra y Urquijo (1798-1800), más partidarios de los ingleses. Por un momento pareció adivinarse una inversión de las alianzas, pero la indecisión de los gobernantes y los peligros de una invasión francesa no permitieron dar aquel paso.

Mientras tanto, el general Bonaparte se hacía con el poder en Francia. Él mismo influyó para que los reyes volvieran a admitir a Godoy, y no le costó trabajo conseguirlo, porque Carlos IV veía en el político extremeño un consejero imprescindible. El retorno de Godoy vino acompañado, como es lógico, por una vuelta a la alianza francesa... y a una nueva guerra con Inglaterra. Los británicos fracasaron en su intento de apoderarse de Ferrol, en tanto que Godoy se apuntaba un buen tanto militar y diplomático con la intervención en Portugal llamada *Guerra de las Naranjas*. Fue Napoleón quien indujo a la invasión del país lusitano, pensando en aprovecharse de la situación; pero Godoy fue esta vez más rápido, hizo invadir el vecino reino y llegó con él a la paz antes de que las tropas francesas llegaran a intervenir. España fue generosa, y se conformó con la plaza de Olivenza; pero Napoleón, burlado, trataría en adelante de atar más corto al valido español.

La época de Trafalgar

En 1804 el corso se hizo proclamar emperador. Revolución e imperialismo llegaban así a una extraña y peligrosa síntesis. Casi todas las potencias de Europa se aliaron contra el núcleo expansivo que se dibujaba en Francia. España, sin embargo, se mantuvo fiel a la amistad francesa. Todavía es posible justificar, al menos en parte, los motivos de Godoy. Inglaterra seguía siendo la mayor amenaza a las posesiones españolas, y continuamente daba pruebas de ello. Una guerra contra Francia, en cambio, dejaría a España (a diferencia de los otros países europeos, que podían apoyarse unos a otros) prácticamente sola frente al coloso vecino, y sin otra ayuda posible que la naval de Gran Bretaña..., la cual no estaba en absoluto garantizada.

Pero había más todavía. Napoleón halagaba los oídos de Carlos IV con las más tentadoras propuestas. Hablaba incluso de la configuración de dos imperios mundiales, uno continental —Francia—, otro ultramarino —España—, a base de destruir el poderío naval británico y arrebatarle sus posesiones. La aventura era tremendamente peligrosa, pero Godoy, lanzado ya sin posible vuelta atrás al vértigo de su política exterior, se decidió a correrla. La flota hispano-francesa —que reunida era teóricamente tan fuerte como la británica— engañaría a ésta con una falsa maniobra, y después de derrotarla apoyaría la invasión de las Islas Británicas por la *Grande Armée* de Napoleón. Luego, ya todo sería fácil.

Los planes, más teóricos que otra cosa, resultaron un completo fracaso. El almirante Nelson no se dejó engañar, y aprovechó el mal entendimiento entre españoles y franceses para destrozar a la escuadra en la decisiva batalla de Trafalgar (1805). Napoleón no podría cumplir su propósito de invadir Inglaterra, y España perdió en unas horas toda su escuadra, que era ya lo único que podía hacer valer su condición de gran potencia.

La historia española se adentraba en cauces angustiosos. La alianza francesa había resultado fatal, y lo peor era que no resultaba fácil desprenderse de ella, ni tampoco arrojarse de pronto en brazos de los enemigos de la víspera. El descontento contra Godoy se hizo total, y el valido, en peligro de caer en desgracia, hubo de luchar a la vez con los dos angustiosos peligros, el interior y el exterior. Pero no era de los hombres que fácilmente se retiran.

Una buena ocasión de dar el esquinazo a los franceses era la cuarta coalición que se estaba formalizando en toda Europa contra el expansionismo napoleónico (1806). España figuraría entre los vencedores, y el mismo Godoy podría vanagloriarse de salvador del país. El ministro español se puso en contacto con las cancillerías extranjeras, movilizó el ejército y lanzó una proclama invitando a los españoles a la defensa de la patria. La hora de la gran lucha había sonado. Casi al mismo tiempo se conoció la noticia de la batalla de Jena, en la que el corso había derrotado a las fuerzas de la coalición. El vencedor se volvió airado hacia Godoy: ¿contra quién se disponían a luchar los españoles? No había más que una respuesta: «contra los enemigos de Vuestra Majestad Imperial y Real». España, más que nunca, quedaba atada de pies y manos a los pies de Napoleón.

La crisis final

Parece que los planes de Napoleón sobre España pasaron por tres fases sucesivas: *intervención, desmembración, sustitución.* Primero utilizar a España, luego sacar alguna tajada de su territorio y, finalmente, vistas las favorables circunstancias, sustituir la soberanía de los Borbones por la de los Bonaparte. Mientras, Godoy, en el desesperado juego de la alianza, trataba por todos los medios de distraer de España al emperador. En 1807 no le quedaba otra cosa que ofrecer sino el reparto de Portugal, esta vez sin poder ya impedir la presencia de tropas francesa. El propio Godoy, comprendiendo su creciente impopularidad en España, se reservaba, como príncipe, una parte del territorio portugués. Tal fue el sentido del tratado de Fontainebleau (1807).

Las tropas francesas atravesaron los Pirineos para ayudar a las españolas en la invasión de Portugal, pero pronto se vio que no tenían la menor intención de abandonar las plazas que, de paso, iban ocupando en España. Pronto se conocieron los planes de Napoleón; estaba dispuesto a consentir que Carlos IV se proclamase soberano de todo el centro de Portugal, pero a cambio todo el territorio español comprendido entre los Pirineos y el Ebro pasaría a Francia. Carlos IV y Godoy estaban desolados. ¿Qué se podía hacer? Al valido no se le ocurría otra solución que la huida de la familia real y órganos de Gobierno a América.

Fue al saberse este plan de huida cuando estalló el *motín de Aranjuez* (17 de marzo de 1808), que provocó la caída de Godoy a la abdicación de Carlos IV. El príncipe heredero, Fernando VII, subía al trono. El motín de Aranjuez ha sido con frecuencia mal interpretado. Hoy se sabe que no fue popular, aunque respondiese, en el fondo, a un sentir popular. Con el nuevo rey subían a flote nuevos gobernantes. ¿Qué sentido iba a tener, en adelante, la política? ¿Qué actitud adoptarían Fernando VII y sus consejeros ante los problemas interiores y exteriores?

Todo quedó rigurosamente inédito. El nuevo rey entró en

Madrid al mismo tiempo que las tropas francesas de Murat. Napoleón hizo llamar a Bayona tanto a Carlos IV como a Fernando VII, para arbitrar el pleito sucesorio, y forzó la renuncia de ambos. En lugar de los Borbones reinaría en Madrid José Bonaparte. España entraba en una de las crisis más graves de su historia.

V. EL SIGLO DE LAS REVOLUCIONES

A partir de la crisis de 1808, España entra en la que muchos autores llaman *Edad Contemporánea,* y su historia cobra un ritmo desconcertante, tan molesto de estudiar como apasionante por su contenido, sin duda porque los problemas que en ella se plantean son ya prácticamente los mismos que los españoles, todavía en el tránsito del siglo XX al XXI seguimos planteándonos.

Ante todo advertimos que en la nueva centuria que abre la guerra de Independencia predomina de modo aplastante la política interior sobre la exterior, y las preocupaciones domésticas privan sobre toda ansia de trascendencia fuera de nuestras fronteras. La historia del siglo XIX está hecha de «infinitos pequeños sucesos», y estos sucesos consisten casi siempre en querellas políticas en que se enredan, a veces sin que vislumbremos una razón clara para tanto apasionamiento, los españoles. Con ello se crea una dinámica histórica que, presente o larvada, será una constante de nuestra historia contemporánea. El lector ingenuo, no versado, que lee una obra de tipo general, cuando pasa de la historia del siglo XVIII (y los anteriores) al XX, siente la impresión de haber saltado de pronto a un país distinto... o, si se quiere, de un país distinto a nuestro país, a esta España que los hombres de las últimas generaciones hemos llegado a conocer.

La primera nota que destaca como característica del siglo XIX es la inestabilidad. Con un poco de paciencia podríamos confirmar esta impresión en forma estadística: 130 Gobiernos, nueve Constituciones, tres destronamientos, cinco guerras civiles, decenas de regímenes provisionales y un número casi incalculable de revoluciones, que provisionalmente podemos fijar en 2.000, o, lo que es lo mismo, un intento de derribar el poder establecido cada diecisiete días, por término medio. Tal es el balance de lo que Federico Suárez llama «siglo XIX histórico», que empieza en 1833 y acaba en 1936, constituyendo el meollo más característico de la fenomenología de lo contemporáneo español.

Como en historia todo tiene su explicación —aunque no en todos los casos seamos capaces de encontrarla—, la sorprendente inestabilidad del siglo XIX ha de obedecer a ciertas causas. Pensemos, ante todo, que la Revolución liberal, que estalla en España con las Cortes de Cádiz, y que triunfa definitivamente en 1833, derriba unos presupuestos que durante siglos se habían considerado sagrados e incontrastables. Se rompe con ello la intangibilidad del poder, de suerte que derribar a un régimen dejó de ser, como se creía, un pecado horrendo, y, roto el respeto a aquella entidad sagrada, la fuerza moral de la autoridad quedó rota también. La Revolución hizo posible, en adelante, otras revoluciones.

Y, en segundo lugar, tenemos la debilidad constitutiva del régimen en general y de los Gobiernos en particular, que depara a las distintas situaciones una inestabilidad sorprendente. La clave de esta debilidad radica en un hecho muy sencillo: *los que gobiernan son una minoría que se basa en los supuestos propios del gobierno de las mayorías.* El liberalismo que se impone como sistema oficial en la España decimonónica se apoya en las ideas de libertad, de voluntad popular, de soberanía nacional; pero los que defienden estos principios son grupos bastante reducidos, por lo general intelectuales o personas acomodadas de la clase media. Una gran mayoría del pueblo español no acepta tales principios, por fidelidad a las ideas tradicionales, o, simplemente, porque no los comprende. Y entonces lo que resulta es la insinceridad de los elementos dirigentes, el falseamiento de los resortes electorales, la farsa de una representación que no existe, o de una «opinión» que no es más que la de los que gobiernan, o la de los que, torpedeando la obra de los anteriores, intentan gobernar.

Tenemos, pues, que si nos limitamos a la superficialidad de los hechos, nos encontramos con que toda la historia del siglo XIX español se reduce a interminables forcejeos políticos entre grupos contrapuestos, pero pertenecientes todos ellos a un mismo y relativamente reducido estrato social. De ello derivan los cambios bruscos, los frecuentes golpes de Estado, operados casi siempre por un número increíblemente reducido de autores, la inflación del parlamentarismo, la primacía de las declaraciones teóricas sobre las aplicaciones prácticas y un abandono casi constante de las auténticas tareas del buen gobierno y de la administración. En ocasiones se ha generalizado la crítica al siglo XIX español, como si fuesen cien años absolutamente inútiles y carentes por completo de realizaciones. No puede sostenerse esta tesis en su integridad, porque se trata de una grosera generalización histórica. Pero tampoco se puede, sin pasión, resucitar la tesis de una época rosada, cuajada de libertades teóricas y de grandilocuentes oradores, porque las deudas históricas que los españoles del pasado siglo han legado a nuestras últimas generaciones son muchas y difíciles de reparar.

Pero no podemos olvidar que los que así pensaban y obraban no eran todos los españoles, sino una minoría. La mayor parte del elemento popular, a principios de siglo, sigue fiel a las ideas tradicionales, a la monarquía, a la Iglesia, al patriarcalismo de los propietarios y las viejas costumbres. A fines de siglo, una buena parte de esos españoles —los trabajadores de la industria, los jornaleros del campo— se ha pasado a las ideas contrarias, representadas por el socialismo o el anarquismo. Pero sin que durante ese tránsito hayan coincidido en un solo momento con el régimen oficial, es decir, con el liberalismo constitucional y parlamentario.

La historia de este tránsito gigante, en que millones de españoles cambian de alma, está todavía por hacer, y constituye —parece que no puede caber duda— el hecho más importante de todo el siglo, infinitamente más que los 130 cambios de Gobierno y que los más brillantes programas del partido de turno. Es preciso tratar de estudiar, al lado de la escenografía política, con sus infinitos enredos, esta otra historia más profunda y, por lo mismo, invisible, aun cuando contemos de momento con muy pocos elementos para hacerla. Sólo así podremos llegar a comprender la verdadera historia de la España contemporánea.

1. LOS SIGNOS DE LOS NUEVOS TIEMPOS

Durante mucho tiempo, los hombres de nuestra cultura cristiano-occidental vivieron seguros de su verdad. No dudaban ni por un momento de la existencia de Dios, de que el sistema político más apropiado para el gobierno de los pueblos era la monarquía, de que la estructura más conveniente a la sociedad era aquella en que unos enseñan —el clero—, otros defienden —la nobleza— y otros trabajan —el estado llano—; de que los usos y costumbres transmitidos por nuestros padres constituyen un tesoro sagrado, o de que, en el mundo de los negocios, un margen de beneficios superior al 10 por 100 es pecado mortal. Esta tremenda seguridad es la característica más acusada del *Antiguo Régimen.*

La mentalidad racionalista a fines del siglo XVII, y, sobre todo, durante el XVIII, fue minando aquellas convicciones, especialmente entre las clases altas y medias de la sociedad, hasta dar lugar a una concepción del mundo mucho más dinámica y ágil, también mucho menos segura, que es lo que caracteriza al *Nuevo Régimen.* El Antiguo Régimen nos produce una sensación de sosiego y de conformidad; el Nuevo Régimen, de inquietud y búsqueda de horizontes nuevos. El Antiguo Régimen tiende más a lo esencial; el Nuevo, a lo existencial. El paso del uno al otro —con o sin violencia, según los casos— es lo que llamamos Revolución.

La disolución del orden estamental

El orden social a que hace un momento hemos aludido obedecía al concepto de *estamento.* El estamento, en principio, no representaba jerarquías, sino funciones. El clero era el encargado, por deber, de aleccionar a la sociedad, lo mismo en lo espiritual y moral que en la difusión —originariamente gratuita— de la cultura. La nobleza era el estamento protector: tenía la obligación de defender el país, y en todo caso a sus vasallos o encomendados, no sólo ante un peligro militar, sino ante la peste, el hambre o la persecución. Y el estado llano procuraba el sostenimiento de la sociedad mediante el trabajo y la multiplicación de la riqueza. El sistema elemental era como una traducción inconsciente de la *República* de Platón: una cabeza que piensa, un brazo que protege y unos órganos que nutren a todo el cuerpo.

Todo esto en teoría. El tiempo, las ruinas y los intereses creados habían desvirtuado este sentido funcional de la sociedad, el concepto de «servicio» había sido sustituido por el de «privilegio» y las clases minoritarias, esto es, la nobleza y el clero, tendían cada vez más a considerarse como clases privilegiadas. La prohibición jurídica de trabajar (teóricamente para poder dedicarse íntegramente a sus funciones) se había convertido en un privilegio más, y su medio usual de vida consistía en el disfrute de hermosas rentas. En la España de fines del siglo XVIII, según Cabarrús, de 55 millones de aranzadas de tierra, 17.600.000 pertenecían a campesinos libres, 28.300.000 eran propiedad de nobles y 9.100.000 de la Iglesia. Esta enorme desproporción queda en parte paliada si tenemos en cuenta que la mayoría de las posesiones de las dos clases privilegiadas estaban trabajadas por arrendatarios o colonos que en muchos casos eran casi propietarios de la tierra —podían legar su derecho de colonato a sus hijos, o bien comprarlo y venderlo—, pero, eso sí, habían de pagar al señor o al convento un censo o un canon que mermaba sus beneficios.

El siglo XVIII, como ya hemos visto al tratar la revolución burguesa, empieza a ver con malos ojos la estructura estamental. Pretende —y el Estado a la cabeza— suprimir toda clase de privilegios o distingos, distribuir mejor la propiedad y lograr una sociedad abierta, en que los premios sean para los mejores y no para los mejor nacidos. Pero los que más hablan y trabajan en el siglo XVIII contra la parcelación estamental no son los desheredados, sino precisamente los elementos mejor situados dentro del estado llano, los intelectuales, los economistas, los profesionales de prestigio. Ellos serán, cuando el Estado temeroso abandone su política de reformas desde arriba, los autores de la Revolución.

Las tensiones sociales

Ya hemos visto, al referirnos a la demografía dieciochesca, cómo se opera una distorsión muy grande en los cuadros estamentales. El número de nobles disminuye de forma sorprendente, y también baja, aunque a ritmo más moderado, el de eclesiásticos. Por otra parte, el desarrollo de la industria, el comercio, la navegación, la difusión de la cultura, la burocracia estatal, incrementan, dentro del estado llano, el censo de una clase, la clase media, que adquiere cada vez más personalidad y más seguridad en sí misma.

Este fenómeno social va unido indisolublemente al fenómeno económico, y a un fenómeno ideológico. La comprensión del hecho revolucionario ha de tener en cuenta, lo más simultáneamente posible, estos tres factores. Recordemos, una vez más, que el siglo XVIII es un siglo de expansión. Aumenta la población y, por consiguiente, el consumo. Como es lógico, los precios tienden a subir, especialmente los de los productos más necesarios para la vida. La tierra se revaloriza y aumenta la extensión de los cultivos. Este incremento de la tierra laborable tiene la virtud (por efecto de lo que los economistas llaman «ley de Riccardo») de aumentar el valor de las rentas. En este caso, tenemos que los propietarios —sobre todo los grandes propietarios— resultan afectados favorablemente por la coyuntura, puesto que venden más y a precios más altos. Los arrendatarios venden también más caro, pero han de pagar, en la mayoría de los casos, unas rentas más altas también: el descontento por este motivo y las continuas protestas o pleitos entre señores y arrendatarios son fenómeno corriente en la España de fines del XVIII. Los más perjudicados son, por supuesto, los jornaleros, ya que si el incremento de población fomenta la subida de precios, los salarios, al abundar la mano de obra, suben muy poco, o nada en absoluto.

En la ciudad podemos observar tensiones mayores todavía. La coyuntura alcista perjudica, por lo general, a todos los que no poseen tierras; menos quizá a los trabajadores por cuenta propia, que pueden elevar el precio de sus productos —aunque, por lo general, en proporción algo más modesta—, pero con evidente perjuicio para los asalariados y toda clase de empleados a sueldo. Los gremios, que dificultaban la libertad de precios y de producción, eran mirados como una rémora ya a fines de siglo, y los primeros en criticarlos eran los propios agremiados, que preferían una economía abierta, en la que pudieran obtener de su negocio el máximo rendimiento. Allí donde era posible escapar de la organización gremial, se desarrollaban factorías o plantas industriales con abundante personal —en algunas trabajaban hasta 700 obreros—, cuyo capital estaba en manos de unos pocos, en tanto la mayoría de los trabajadores actuaban como simples obreros a jornal: se empezaba a dibujar así la estructura capitalista del siglo XIX.

Donde los sueldos se quedaban invariablemente bajos era en el trabajo intelectual. Cadalso asegura que un cochero gana más que un catedrático de Salamanca, y es posible que no exagere, porque el sueldo de un catedrático de Filosofía —de 6.000 a 10.000 reales al año— viene a ser sólo un 30 por 100 mayor que el de un zapatero. Los empleados de la frondosa burocracia borbónica no lo pasaban mejor, cuando no se veían constreñidos, por las dificultades del Tesoro, a una rebaja de los sueldos, decisión tan frecuente en la época como, naturalmente, impopular.

No debemos, con todo, pensar que la Revolución es únicamente obra de los descontentos, ni que los descontentos son únicamente los perjudicados por los desajustes socioeconómicos. Otros muchos factores, especialmente los ideológicos, deben ser tenidos en cuenta. Pero lo importante es que estos desajustes van minando las bases del orden estamental, de suerte que cuando llega el siglo XIX este orden era prácticamente un cadáver. Un orden distinto tenía que alzarse en su lugar.

Las nuevas ideas

Los motivos ideológicos que impulsan la Revolución en España son los mismos que actúan en Francia o en otros países de Occidente. No existe una filosofía revolucionaria peculiar española. Pero es preciso que recordemos cuáles son esos principios para comprender lo que quieren los revolucionarios.

a) En lo político se tiende a disminuir —o a suprimir— el poder del monarca, para concentrarlo en otros órganos que se consideran representativos de los ciudadanos. Montesquieu preconiza la división del poder en tres órdenes: el legislativo, que ejerce una asamblea; el ejecutivo, que reside en el rey y sus ministros, y el judicial, reservado exclusivamente a los tribunales. Rousseau llegará mucho más lejos al defender la radical soberanía del pueblo y, por delegación de éste, la de una asamblea representativa; el Estado debe ir a remolque, en todo caso, de la soberanía popular. Condorcet atiende más bien a las garantías individuales, con su Tabla de los *Derechos del Hombre,* y Mably pide que todas estas conquistas políticas queden solemnemente consignadas en una *Constitución,* o ley fundamental inviolable. Puede decirse que la Revolución liberal no tuvo que implantar nada que no estuviera pensado ya de antemano por los teorizadores de la época del Antiguo Régimen.

b) En lo social se pide la igualdad ante la ley o, lo que es lo mismo, la abolición del orden estamental y supresión de los privilegios. Todos los ciudadanos deben servir a la cosa pública en pie de igualdad, y, del mismo modo, tienen idéntico derecho a ocupar cargos o a ampararse en las leyes e instituciones.

c) Y en lo económico se impone la idea de una libertad paralela a la libertad política. Si ya los fisiócratas habían defendido el lema de *laissez faire, laissez passer,* Adam Smith formula la tesis del liberalismo económico. La ley de la oferta y la demanda, que es una ley natural, es la única que debe regir las relaciones de la producción y la compraventa. Y no se tema que se produzcan desequilibrios, porque «la libertad corregirá a la propia libertad».

Política, sociedad y economía son tres aspectos de una misma Revolución mundial. Una clase social —la burguesía—, adueñándose de los resortes de una nueva estructura económica —el capitalismo—, implanta un nuevo sistema político —el liberalismo—, en consonancia con su mentalidad y con sus intereses.

2. LA CRISIS DEL ANTIGUO RÉGIMEN

Habíamos dejado el relato de la historia de España en uno de sus momentos más críticos, cuando, dueño el ejército de Napoleón de los puntos vitales del país, y presos los miembros de la familia real, parecía la independencia nacional gravemente comprometida. Sin embargo, la gesta casi legendaria del pueblo español, que supo expulsar a los invasores, permitiría superar aquellos angustiosos momentos y retornar, al menos en apariencia, a la normalidad pocos años más tarde. Por el contrario, un hecho a primera vista infinitamente menos importante, la reunión de apenas 200 personas, casi desconocidas hasta el momento, en un oratorio de Cádiz —ciudad sitiada por el enemigo— revolucionaría la marcha de la historia para toda la Edad Contemporánea. En medio de las convulsiones políticas, en que luchan los partidarios del Antiguo y los del Nuevo Régimen, se desarrolla el reinado de Fernando VII (1808-1833).

La guerra de Independencia

El gran error de Napoleón consistió en creer que los españoles eran tan fáciles de manejar como sus reyes Carlos IV y Fernando VII, y que aceptarían de buen grado las reformas políticas que iba a proponerles. Es cierto que un grupo de españoles se prestó a colaborar con el régimen de José I Bonaparte. Unos lo hicieron por convencimiento, estimando que el cambio de dinastía iba a favorecer los planes de una reforma racional en España, y otros aceptaron la nueva institución, simplemente, por miedo o por oportunismo. El equipo principal de José I está formado por unos hombres —los «afrancesados»— de corte ilustrado, intelectual, amigos de reformas de acuerdo con el espíritu de los nuevos tiempos, pero, por lo general, moderados y nada amigos de la violencia: partidarios de hacerlo todo desde arriba, como en los tiempos de Carlos III, aunque llegando en muchas cosas bastante más lejos.

Pero la mayoría de los españoles, a pesar de los desesperados esfuerzos de José I por ganárselos, consideraron el cambio dinástico como una usurpación, y la presencia de las tropas napoleónicas como una insoportable sumisión al yugo extranjero. La guerra de Independencia, por tanto, no merece ser calificada de guerra civil. Fue una contienda entre un ejército, el francés, y un pueblo, el español; supone, por su carácter, el primer caso concreto, en la historia moderna, de «guerra total», que alcanza sin exclusión a la población civil, en la que ésta participa como elemento militante, bajo una concepción según la cual es válido todo daño que pueda causarse al enemigo, desde abrir una zanja en el camino hasta envenenar un caballo. En un gesto de voluntad colectiva sin precedentes, el pueblo español, en un principio casi sin armas, sin un poder definido y organizado, sin medios económicos, sin mandos cualificados, se alzó contra los invasores, hasta conseguir expulsarlos de su territorio. Poco importa que los movimientos del 2 de mayo de 1808 y días siguientes hayan sido espontáneos —en la medida en que la espontaneidad es posible en actos de masas— u organizados por ciertos grupos: la participación masiva de los españoles en el desarrollo de la contienda basta para que haya que considerarla como una guerra popular.

Los alzamientos fueron aplastados en Madrid y otras partes, pero triunfaron, por lo general, en las zonas periféricas. Y cuando el general Dupont entraba en Andalucía pensando en una fácil conquista fue envuelto y derrotado por un improvisado ejército que mandaba el general Castaños: batalla de Bailén, 16 de julio de 1808. Napoleón tuvo que intervenir personalmente en la Península, al frente de su *Grande Armée,* para salvar la situación. Entró de nuevo en Madrid, e hizo conquistar las plazas estratégicas que estaban aún en poder de los españoles (entre ellas Zaragoza y Gerona, que se defendieron con increíble heroísmo). En 1809 casi todas las ciudades habían caído en poder de los franceses, pero en el campo seguían luchando los defensores utilizando una táctica muy vieja en la historia de España: la guerrilla. Grupos de paisanos, bien o mal armados, en número variable —de una docena a quinientos—, perfectos conocedores del terreno, hacían la vida imposible a los ocupantes, atacándoles por la espalda, organizando golpes de mano, interfiriendo las comunicaciones o luchando frente a frente cuando era posible. El número de combates conocidos en la guerra de Independencia es de 470, pero la cantidad real de encuentros fue infinitamente mayor. Las guerrillas se movieron lo mismo por Cataluña que por Galicia, por Navarra que por Andalucía, y englobaron a todas las clases sociales (un ejemplo muy expresivo: cuando el *Empecinado,* jornalero de oficio, cayó enfermo, le sucedió en el mando de su guerrilla el marqués de Sayas). Hombres, mujeres y niños participaron de una manera o de otra en aquella contienda desigual, que barrió todas las comarcas de España, no una, sino varias veces, causó destrucciones irreparables y costó la vida tal vez a un millón de seres humanos.

En 1811 los franceses dan ya señales de agotamiento y en 1812 empiezan a batirse en retirada. La creciente organización de los combatientes españoles (algunos guerrilleros, como Merino, Espoz y Mina, Cuesta o el *Empecinado,* mandan ya verdaderos cuerpos de ejército) y la presencia de tropas inglesas dirigidas por el metódico sir Arthur Wellesley, cambian por completo la marcha de las cosas. La guerrilla, sistema típicamente defensivo, deja paso a las grandes formaciones de ataque. Las victorias de Arapiles, Vitoria y San

Marcial consagran definitivamente, en 1813 y primeros meses de 1814, la reconquista de España. En marzo de 1814 regresaba Fernando VII, y semanas más tarde Napoleón, asediado por las potencias aliadas, abdica sin remedio. La guerra de Independencia había terminado.

Las Cortes de Cádiz

En medio de la lucha contra el invasor, un hecho, aparentemente, como decíamos, de secundaria importancia, iba a operar la más fundamental transformación en la constitución política, social y económica del país que pudiera soñarse. Nos referimos a las Cortes Generales y Extraordinarias reunidas en Cádiz entre 1810 y 1814, de las cuales sale hecho y derecho el Nuevo Régimen, o, lo que es igual, el liberalismo español.

La reunión de unas Cortes era un hecho previsible, e incluso ordenado en los últimos momentos por Fernando VII. Lo anómalo fue la forma de convocarse y reunirse aquellas Cortes. No hay más remedio que admitir, como reconoce uno de los más importantes organizadores de la reunión, el poeta Quintana, que los partidarios de las reformas comprendieron que la ocasión era única (ausente el rey, sumido el país en una guerra total), y no la desaprovecharon. Las Cortes de Cádiz pudieron así transformar casi sin resistencia el régimen español; las dificultades comenzarían cuando se restableciese la normalidad y fuese necesario llevar aquellas reformas de la teoría a la práctica.

La obra de las Cortes de Cádiz es tan perfectamente sistemática, que obliga a suponer que no fue improvisada sobre la marcha. Es cierto que no todos los reunidos en el oratorio de San Felipe tenían las mismas ideas y los mismos planes; pero los elementos que por aquellos días empezaron a llamarse *liberales* (palabra española que luego pasó a casi todos los idiomas del mundo) eran los que tenían un programa más completo, un cuerpo de doctrina más homogéneo y unos métodos dialécticos más elaborados, por lo que no les costó demasiado trabajo imponerse.

Los dos primeros años (1810-1811) se emplearon en la reforma política. Se proclamó la soberanía nacional, se promulgó la separación de poderes —legislativo, ejecutivo y judicial— conforme al esquema de Montesquieu, se concedieron algunas libertades, entre ellas la de imprenta, y se aprobó una Constitución, la de 1812, que es la piedra base del liberalismo español. La Constitución de 1812, aparte de confirmar los principios de la soberanía nacional y de la división de poderes, se preocupa, sobre todo, de dejar disminuido el poder del monarca y acrecentar al máximo las atribuciones de la asamblea. Las Cortes, teórica representación del país en la vida política, serán el eje fundamental del nuevo régimen servidas por una frondosa actividad parlamentaria.

Complementaria a la reforma política es la administrativa. Los liberales se preocuparon de centralizar y de racionalizar los organismos e instituciones del país. España se dividiría en provincias de corte idéntico, todas ellas con su «jefe político» o gobernador civil, y su diputación provincial, así como su audiencia, su delegación de hacienda, etc. Desaparecería la variedad de los reinos y comarcas de España.

La reforma social, acometida a continuación (1811-1813), rompe lo que restaba del orden estamental, suprime los señoríos (aunque no los títulos de nobleza ni las posesiones aristocráticas) y declara la igualdad de todos los españoles ante la ley. La Iglesia, como estamento privilegiado, sufrió también las consecuencias. Fue suprimido (aunque su papel se había reducido ya mucho en el XVIII) el tribunal de la Inquisición.

Y, por último, la reforma económica, llevada a cabo en 1813 y 1814, declara plena libertad de producción, de tráfico, de comercio, de precios, etc., en un afán —de acuerdo con las ideas de la época— de favorecer el desarrollo concediendo las máximas facilidades a los particulares. Los gremios quedaban suprimidos y abierta con ello la puerta al gran capitalismo y a la concurrencia individualista.

La obra de las Cortes de Cádiz, teóricamente, fue inmensa, y equivale, sin sangre ni terror, a la de la Revolución francesa. Al terminar la guerra de Independencia, los españoles se encontraron, algunos con gusto, la mayoría con sorpresa, que las bases legales de la convivencia en el país habían sido transformadas por completo, tal vez como en ningún otro momento de su historia.

Regreso de Fernando VII
Primer sexenio (1814-1820)

Cuando regresó el monarca, España acababa de ganar brillantemente la guerra a los franceses y de rescatar la independencia nacional. Pero las enormes esperanzas que se habían depositado en la vuelta a la normalidad, como si se iniciase una de las épocas más gloriosas de la historia de España, no estaban fundadas. Los españoles se encontraban divididos como nunca ante las máximas políticas que circulaban procedentes de dentro o de fuera del país. No es fácil hacer un recuento de las tendencias de entonces, pero puede aceptarse como esquema el triple haz de grupos ideológicos que establece Federico Suárez: conservadores, innovadores, renovadores. Conservadores son los partidarios del Antiguo Régimen, tal como éste se encontraba vigente a fines del siglo XVIII, y sin reforma alguna. Innovadores los que pretenden introducir en España, aunque por vía pacífica, los principios y las aplicaciones de la Revolución francesa; es decir, los liberales. Y renovadores son aquellos que, comprendiendo la necesidad de reformas, quieren establecerlas sin romper con la tradición y de acuerdo con el carácter español.

Fernando VII pareció conformarse al principio con el ideal renovador —que le expusieron un grupo de diputados en el llamado *Manifiesto de los Persas*—, y en su decreto de 4 de mayo de 1814 prometió la reunión de unas Cortes con todas las de la ley, para estudiar la situación y las reformas que conviniera establecer en el país. Sin embargo, los recelos de que estas Cortes se desmandaran, el carácter siempre desconfiado del monarca y los dictámenes del Consejo de Estado indujeron a aplazar la reunión de aquellas Cortes, que en realidad nunca fueron convocadas. Con ello el programa de Fernando VII fue de hecho conservador, y se limitó a seguir adelante con las instituciones del Antiguo Régimen, sin grandes iniciativas en ningún aspecto.

Por otra parte, aunque el monarca hubiera sido un superdotado, difícilmente hubiera podido tener éxito. La guerra de Independencia había dejado al país deshecho. Y la emancipación de las posesiones americanas, operada por aquellos mismos años, dejó a España sin los recursos ultramarinos justo cuando eran más necesarios. La desaparición de las remesas de metales preciosos supone una angustiosa falta de dinero: de ahí derivó el descenso de la demanda y, como consecuencia, la baja de precios, la falta de beneficios, la quiebra de las empresas industriales o comerciales, el paro. La quiebra brutal de las estructuras económicas españolas como consecuencia de aquel movimiento de emancipación es un hecho que no ha sido aún suficientemente valorado y que nos explica, en gran parte, el fracaso, tanto del Gobierno de Fernando VII como el de los liberales.

En vez de las mieles del triunfo y de la época áurea que se había creído adivinar, la España ulterior a la Independencia está llena de problemas, divisiones, descontento, una economía en depresión y una administración ineficaz. El sentimiento de desilusión fue en aumento, y se puede seguir con facilidad. A los liberales les fue muy sencillo achacar aquel fracaso al régimen político instaurado por el monarca. Y, aunque el descontento no llegó a cuajar en una actitud general contra el sistema, hubo elementos que se unieron a los conspiradores revolucionarios. Entre ellos debemos contar a gentes de la burguesía de negocios, que se embarcan en la conjura liberal más por intereses económicos que por convicciones políticas, y, sobre todo, a muchos militares de nuevo cuño, que se habían elevado de la nada a la fama durante la guerra de Independencia, y que no se resignaban a la vida vulgar —que ellos entendían como postergación— una vez devuelta la normalidad al país. Entre estos resentidos estaban los famosos guerrilleros Espoz y Mina, El Empecinado, Lacy o Porlier. Son ellos los que, aleccionados por los ideólogos del liberalismo, organizan una y otra vez intentonas —*los pronunciamientos*— que fracasan por falta de apoyo, hasta que uno de ellos, el de 1820, obliga a Fernando VII a claudicar y a jurar la Constitución.

El trienio constitucional (1820-1823)

Con la revolución de 1820 puede decirse que España ensayaba por primera vez el sistema liberal, porque durante las Cortes de Cádiz apenas había tenido vigencia práctica. Los decretos ideales de Cádiz se encontraron entonces con los problemas concretos de su aplicación. Por otra parte, los partidarios del Nuevo Régimen se dividieron desde el primer momento: de un lado estaban los ideólogos de las Cortes de Cádiz, y de otro, los hombres románticos y fogosos, más exaltados por lo general, que habían hecho la revolución de 1820. Así se constituyeron los dos primeros partidos del liberalismo histórico español: los moderados o «doceañistas» y los exaltados o «veinteañistas».

En un principio, los moderados, con más prestigio y más medios, se hicieron con el poder, excluyendo de él totalmente al otro grupo, que se refugió en las sociedades secretas o en los clubs revolucionarios, hasta hacer la vida imposible al grupo contrario. En julio de 1822 consiguieron al fin los exaltados la conquista del poder, invirtiéndose entonces los términos. La anarquía aumentaba y la administración, embebidos sus hombres en la lucha política, yacía en el abandono. La libertad comercial permitió algunas realizaciones de corte capitalista, que tropezaron con una temprana protesta social; pero, en general, el colapso económico se agravó más todavía, y la Deuda del Estado alcanzó proporciones catastróficas.

El creciente descontento fraguó en una serie de alzamientos de tipo realista, decididos a acabar con el régimen constitucional; en su mayoría resucitan el sistema de guerrillas propio de la guerra de Independencia, y es frecuente ver cómo los dirigentes son los mismos de entonces (el cura Merino, Eroles, Adamé, Zaldívar). En Seo de Urgel se constituyó una regencia «en nombre del rey cautivo». La mayoría de las proclamas que lanzan lo mismo la regencia de Urgel que los guerrilleros expresan un ideal «renovador», y la idea de que lo que debe prevalecer en España es un sistema ni liberal ni absolutista a la vieja usanza.

Sin embargo, aquella guerra civil, la primera de nuestra historia contemporánea, no se resolvió sino con la intervención de un ejército de cien mil franceses —los *Cien Mil Hijos de San Luis*—, que en nombre de las potencias signatarias de la Santa Alianza y del sistema Metternich entraron en España casi sin resistencia y restablecieron en su autoridad a Fernando VII. El monarca no necesitó apoyarse en los *renovadores* para ejercer su plena soberanía. Desde entonces perdió la simpatía de muchos elementos realistas, conservando la antipatía, por supuesto, del elemento liberal.

La década final (1823-1833)

El nombre con que la historia suele conocer estos últimos diez años del reinado de Fernando VII es el de «ominosa década». La pérdida de adhesiones al monarca por parte de uno y otro bando le deja, para esta época, con muy pocos defensores. Sin embargo, estos diez años son quizá los menos oscuros y desabridos del reinado. Se puede adivinar una cierta recuperación económica (a pesar de que la tendencia depresiva sigue), patente lo mismo en una mejor ordenación de la Hacienda que en una tendencia, tímida, pero evidente, a la inversión de capitales y a la realización del negocio industrial o comercial. El ramo textil mejora, especialmente en Cataluña, donde las factorías Bonaplasta establecen en 1830, por primera vez, la máquina de vapor. Málaga fomenta la industria de la forja y el cultivo de la caña de azúcar. La producción de las Antillas procura compensar en lo posible la pérdida del resto de América, y los envíos de azúcar aumentan a partir de 1825. La población tiende a aumentar visiblemente, y el censo de 1826 da ya más de 13 millones de habitantes. El país, sin salir de su postración, ni mucho menos, parece que mejoraba.

Los males políticos, sin embargo, seguían sin resolver. Fernando VII, hombre celoso de su autoridad y tímido al mismo tiempo (y, como consecuencia de estas dos cualidades, muy desconfiado) nunca se arriesgó, si es que los concibió alguna vez, a grandes planes de reforma. Pero sería inexacto pensar que carecía de sistema o que se limitaba a seguir la corriente. Durante la década 1823-1833, se le ve preocupado en dar un matiz a su política: reformismo moderado, siempre dirigido desde arriba y sin ceder en absoluto el poder; un sistema, en suma, heredero del despotismo ilustrado del siglo XVIII, para cuya obra el monarca no tiene inconveniente en recurrir ahora a antiguos afrancesados, e incluso a liberales moderados. Se admiten reformas liberales y hasta hombres liberales en el Gobierno, pero bajo un poder absoluto.

La solución, viable o no, pretendía ser un camino hacia el futuro. Pero no contentó a los liberales y fue vista con creciente desconfianza por muchos de los realistas, que ya lo fiaban todo del heredero de la corona, el infante don Carlos, hermano del rey. De pronto algo vino a alterar por completo las perspectivas, y fue el cuarto matrimonio de Fernando VII, con María Cristina de Nápoles. En aquel enlace, aparte sus motivaciones personales, se quiso ver, desde el primer momento, un fondo político. No es que María Cristina fuese liberal —error tan extendido como inadmisible—; pero el nuevo matrimonio podía dar un sucesor directo a Fernando VII, y desheredar automáticamente a don Carlos. Los liberales apoyaron inmediatamente la idea.

En 1830 Fernando VII promulgó la *Pragmática Sanción,* por la que se volvía a reconocer el derecho de las hembras a heredar el trono (derecho abolido por Felipe V). Y, efectivamente, la descendencia de Fernando VII fue femenina. El mismo año de 1830 nació su primera hija, la princesa Isabel. Ello planteó de inmediato el pleito dinástico, pues don Carlos consideró inválida la Pragmática Sanción. Es llamativo que en la disputa jurídica los liberales defiendan la legitimidad de una ley fundamental promulgada por un soberano absoluto sin consultar al país, y que los carlistas se aferren a un principio tan poco tradicional en Castilla como la ley sálica. Es preciso reconocer que el pleito sucesorio envuelve una disputa mucho más profunda, de tipo político e ideológico. Don Carlos e Isabel II hubieran significado muy poco despojados de los principios que personificaban. Por aquellos principios encontrados iba a entablarse la guerra civil.

Fernando VII, al promulgar la Pragmática Sanción y atribuir la herencia a su hija Isabel II dejaba señalado el camino del futuro régimen. Muchos liberales, excepto los más exaltados, aceptan aquel camino, que hace innecesaria la revolución, y se reconcilian progresivamente con el régimen. Desde el otoño de 1832, los cuadros del Gobierno y de la Administración se llenan de elementos favorables a un giro en sentido liberal. Cuando muere el rey, en 1833, la transición política está virtualmente operada; tanto es así, que los que tienen que alzarse para conquistar el poder no son los liberales, sino los carlistas. El Nuevo Régimen prevalecía definitivamente en España.

La emancipación de América

La pérdida de los dominios ultramarinos suele integrarse mucho menos en la historia de España que su descubrimiento y conquista trescientos años antes. Y, sin embargo, parece lógico que el hecho tiene, en cuanto a sus repercusiones históricas, idéntica importancia —siquiera sea en forma negativa— a su simétrico opuesto de principios del siglo XVI.

Una de las explicaciones más frecuentes, aunque no la

única, sobre la génesis de la emancipación es la de que aquel movimiento constituye la traducción americana del fenómeno genérico de la Revolución. Libertad, constitucionalismo, derechos individuales, se traducen allí, también, por independencia de la metrópoli. El movimiento liberal se produce así al mismo tiempo en las dos orillas del Atlántico, movido por las mismas ideas, y puesto en práctica por las mismas clases y grupos sociales, con idénticos procedimientos.

El primero de esos procedimientos fue justamente la formación de unas *juntas* similares a las que en la Península se organizaron para proclamar la independencia de España contra Napoleón. Sólo que en América aquel concepto de independencia pronto empezó a cobrar dimensiones más amplias. Una vez reintegrado al poder Fernando VII, comprendió la gravedad del problema, porque la mayor parte de aquellas juntas no tenían ya intención de renunciar a su autonomía. El momento no podía ser más desfavorable para la metrópoli, exhausta como estaba, en todos los sentidos, tras la agotadora lucha contra el invasor. Aun así, el Estado peninsular hizo un desesperado esfuerzo por mantener el control de las Indias. En 1815 partió una primera expedición militar, mandada por el general Morillo, que obtuvo considerables éxitos en la zona del Caribe y obligó a huir al caudillo independentista, Bolívar.

La situación parecía camino de resolverse en el virreinato de Nueva Granada, cuando a partir de 1818 cobró de pronto virulencia otro foco en la zona del Río de la Plata. Fernando VII se dispuso a enviar, con grandes esfuerzos, una segunda expedición, destinada a sofocar el movimiento del libertador San Martín. Este Ejército Expedicionario de Ultramar fue el que se sublevó el 1 de enero de 1820, en favor de la Constitución, prestando así un servicio inestimable a los argentinos.

Y no hubo más expediciones que merezcan tal nombre. Los liberales, durante el trienio, intentaron pasar a la táctica del apaciguamiento, haciendo ver que América no tenía por qué separarse de la metrópoli ahora que ésta estaba gobernada por idénticos principios constitucionales; el argumento era demasiado ingenuo, y no dio resultado. En los años finales, Fernando VII recurre al único expediente que le quedaba: solicitar la ayuda extranjera. El Congreso de Verona se desentendió del tema americano (a Inglaterra no le interesaba en absoluto que España pudiera recuperar su imperio), pero durante algún tiempo los gobernantes españoles siguieron soñando en la ayuda francesa como en una continuación de la obra de los Cien Mil Hijos de San Luis. Fernando VII ofreció a Francia una zona territorial en Perú y Chile, pero la oposición británica disuadió a los franceses de la aventura. América se perdía sin remedio.

Al morir Fernando VII, sólo Cuba, Puerto Rico y Filipinas seguían en la órbita española. Las bases de la economía hispánica, mimadas durante un siglo por los Borbones, y que se basaban en el comercio ultramarino, se veían de pronto desarticuladas. España perdía mercados, materias primas y hasta el metal precioso con que poder adquirirlas. Sin dinero, sin comercio, sin flota, sin posesiones, había pasado a ser una potencia de segundo orden.

3. LA CONSAGRACIÓN DEL RÉGIMEN LIBERAL

Tras la muerte de Fernando VII, el liberalismo prevalece definitivamente en España. Cierto que durante siete años ha de disputar aún el poder a los partidarios de don Carlos; pero los carlistas nunca dominaron territorialmente más que zonas muy limitadas. Desde 1840 nadie disputaría la corona, con probabilidades de éxito, a Isabel II.

El tránsito al liberalismo, que se opera en España por 1832-1833, es consecuente con una corriente general en el mismo sentido, que tiene lugar en todo el occidente de Europa a partir de 1830. Pero este liberalismo decimonónico que ahora triunfa ya no es la simple continuación del sistema implantado por la Revolución francesa. La nueva escuela romántica rechaza muchas de las fórmulas frías y abstractas del racionalismo. El régimen liberal de la España de Isabel II o de la Francia de Luis Felipe es, por excelencia, minoritario y selecto. Aborrece la democracia y el gobierno popular. Proclama una Constitución como ley fundamental, pero muchas veces se olvida de consignar en ella los derechos del pueblo. Sigue un sistema parlamentario en que lleva la voz cantante una asamblea que representa al país; pero esta asamblea la designan sólo unos pocos electores, y para ser diputado hay que reunir unos requisitos imprescindibles. La monarquía se mantiene, aunque «el rey reina, pero no gobierna». Tampoco gobierna el pueblo, sino una selecta minoría.

En España esta minoría gobernante está formada, fundamentalmente, por tres clases de personas: *a)* los intelectuales, que dan las ideas y configuran doctrinalmente el sistema; *b)* los hombres acaudalados —contra lo que cree el tópico, más gente de negocios que propietarios—, que aportan su fuerza económica y llegan a confundir la riqueza con el derecho al poder, y *c)* los militares, cuya ayuda resulta frecuentemente necesaria a los políticos, lo mismo para conquistar el poder que para sostenerlo. Estos militares cumplen la imprescindible misión, pero en pago también ellos se encaraman a los altos puestos de la política.

La guerra civil

La regente María Cristina, como hemos dicho, no comulgaba con las ideas liberales, pero se alió con el liberalismo para defender su puesto y el trono de su hija; tampoco los liberales simpatizaban con la reina napolitana, pero apoyaron su causa —y el testamento de Fernando VII— buscando un título de legitimidad. La alianza fue, pues, ocasional, pero dio resultado.

No pudo, sin embargo, evitar la guerra civil. Los partidarios de don Carlos se lanzaron en seguida a la calle, o más exactamente al campo, porque el grueso del carlismo se reclutaba entre las masas campesinas. El número de españoles dispuestos a defender la causa del pretendiente, o que simpatizaban con ella era entonces sin duda alguna superior al de sus contrarios; pero a los carlistas les faltaban medios, organización y mandos militares. La mayor parte del ejército se puso al lado del Gobierno de Madrid, y después de una serie de alzamientos en toda España, que las fuerzas gubernamentales pudieron dominar o localizar, los sublevados se encontraron con que sólo podían ofrecer un frente homogéneo en las provincias del norte.

Durante dos años (1833-1835), un general de indudable categoría, Zumalacárregui, deparó a los carlistas brillantes victorias en Navarra, Guipúzcoa y Vizcaya; pero muerto durante el sitio de Bilbao, el ejército liberal recupera la iniciativa, en tanto el bando de don Carlos se debate en disensiones internas. El propio don Carlos mostró, con una buena fe que ni sus enemigos le discutieron, escaso genio militar y político, y una cierta falta de arranques para dar a su programa un sentido original y eficaz. En 1837, la famosa «expedición real» desperdició una magnífica ocasión de conquistar Madrid, y desde entonces las cosas fueron de mal en peor. Muchos carlistas se sentían defraudados, y la defección del general Maroto, que se entendió directamente con el caudillo liberal Espartero (abrazo de Vergara, 1839), obligó a don Carlos a abandonar España. El carlismo, aunque reducido al silencio, subsistía como fuerza latente en España; pero la niña Isabel II quedaba asegurada como reina, bajo un régimen liberal.

La evolución del régimen

El sistema legado por Fernando VII a su muerte no podía llamarse aún propiamente liberal. Estaba formado por hombres moderados, muchos de ellos, como ya hemos visto, ex afrancesados, y partidarios de reformas en sentido liberalizante, pero sin llegar al pleno constitucionalismo. El jefe de aquel Gobierno, Cea Bermúdez, era contrario a la reunión de unas Cortes. Eso sí, se publicó una amnistía y se tomaron medidas de acuerdo con viejos criterios «doceañistas»; una de ellas fue la división de España en 49 provincias, que ha perdurado hasta hoy.

Pero la guerra civil, al favorecer las posiciones extremas, fomentó y aceleró la evolución del régimen hacia el pleno liberalismo, evolución que ya desde el primer momento se veía venir. Pronto Cea tuvo que dimitir y fue sustituido en el Gobierno por un liberal entonces ya muy moderado, Martínez de la Rosa. Intelectual, poeta, dramaturgo, había intervenido ya en las Cortes de Cádiz, y había sido ministro durante el trienio constitucional; ahora, en 1833, los años le habían desengañado de muchas exaltaciones juveniles, y propugnaba una especie de liberalismo con cuentagotas que cristalizó en el *Estatuto Real,* una carta otorgada (ley fundamental elaborada desde el poder), que se promulgó en 1834.

El Estatuto navegaba entre la idea tradicional de los tres estamentos y el unicameralismo de las Cortes de Cádiz, y así establecía un parlamento formado por dos cámaras: el «Estamento de Próceres», que reuniría a la vieja aristocracia de sangre y a la nueva aristocracia del dinero y el prestigio, y el «Estamento de Procuradores» Para ser elegido miembro de este último había que estar en posesión de una renta anual de 12.000 reales como mínimo). Sólo podían votar los mayores contribuyentes de cada distrito; es decir, que para tomar parte en las elecciones había que ser rico, y para poder ser elegido, mucho más.

El sistema agradó a los liberales de la nobleza y la alta burguesía, pero no a los de la clase media, que eran, aunque menos influyentes, mucho más numerosos. Las presiones contra Martínez de la Rosa fueron continuas y degeneraron a veces en la violencia. Una epidemia de cólera que se propagó por España en 1834 dio pretexto a alguien para difundir el rumor de que los religiosos habían envenenado las aguas, provocando por primera vez en nuestro país el triste episodio de las matanzas de frailes y quema de conventos. Las tímidas autoridades nada hicieron, ante el temor de ser tachadas de reaccionarias o «absolutistas». El Gobierno de Martínez de la Rosa naufragaba impotente en medio del desorden.

A mediados de 1835, la regente nombró primer ministro al conde de Toreno, liberal un poco menos moderado que Martínez de la Rosa. Toreno tomó la medida demagógica de expulsar a los jesuitas, y poco después suprimió los conventos que no tuviesen, por lo menos, 12 individuos profesos; pero la medida no bastó para contentar a los extremistas. Barcelona cayó por un tiempo en estado de anarquía. Los exaltados pedían la destitución de Toreno, y la regente acabó cediendo. En el otoño de 1835 subió al poder un liberal exaltado, Juan Álvarez Mendizábal. En dos años se había operado la transición del régimen al pleno liberalismo.

La desamortización

Mendizábal subía al poder con el prestigio de un liberal puro y de un genial economista. Los partidarios del nuevo régimen esperaban de él la solución de los problemas del país, y el propio Mendizábal aseguraba poseer la panacea capaz de remediar todos los males. Pronto se supo en qué consistía aquella panacea. Tres decretos, dictados entre 1835 y 1836, suprimían todas las Órdenes religiosas en España, excepto las que se dedicaban a la pública beneficencia, declaraban sus posesiones «bienes nacionales» y sacaban aquellos bienes a subasta. Tal es lo que se conoce en España como «desamortización», cuando en realidad debiera hablarse de incautación. Por otra parte, suele considerarse como única «desamortización» la medida respecto de la Iglesia, sin tener en cuenta la comunal y la nobiliaria, lo cual es también inexacto.

En rigor, desamortización es lo contrario de amortización, es decir, supresión de la vinculación inalienable de la propiedad a personas jurídicas. En España había tres instituciones que poseían propiedades amortizadas: la nobleza, la Iglesia y los municipios. Lo que hizo Mendizábal con las propiedades de la Iglesia ya lo hemos visto: incautarse de ellas y subastarlas. Quería con ello obtener dinero, ganarse amigos y repartir la propiedad. El negocio no fue tan saneado como Mendizábal esperaba, por la escasez de numerario en España y la necesidad de vender a plazos —de hasta dieciséis años— o en bonos del Estado que estaban muy depreciados. Ni se consiguió tampoco repartir la propiedad, porque la necesidad de vender rápido y al mejor postor daba ventaja a los compradores fuertes. Por lo general, los compradores resultaron ser ya antiguos propietarios —o, en todo caso, personas de la burguesía acomodada que querían convertirse en terratenientes—, por lo que la tierra más se concentró que distribuyó. Sí logró Mendizábal su objetivo político, al conseguir una clase de propietarios que no podía desear un cambio de régimen, so pena de perder las tierras adquiridas. Pero aun así la victoria no fue para los exaltados que Mendizábal dirigía, porque la mayoría de los nuevos terratenientes se hicieron pronto miembros del partido moderado.

Pero hubo, como decíamos, otras desamortizaciones que no afectaron a la Iglesia. Los bienes comunales —comunes y propios— fueron subastados o repartidos también por decretos de Mendizábal y otros posteriores. Su fin, en la mayoría de los casos, fue el mismo que el de la desamortización eclesiástica, pues aquellas tierras antes comunes acabaron revirtiendo, a la primera o a la segunda compra, en manos de grandes propietarios. Mendizábal no se atrevió, en cambio, a tocar las propiedades de la nobleza, y, por tanto, lo que hizo con ellas fue (en este caso sí que la palabra es justa) desamortizarlas, es decir, declarar que aquellas posesiones podían desvincularse y, por tanto, repartirse en herencia, comprarse, venderse, trocarse, etc. Los nobles no tuvieron por qué protestar de unas medidas que no les despojaban de sus propiedades, sino que las valoraban aún más, al permitirles disponer de ellas libremente.

Esta desamortización civil (término que debiera aplicarse tanto a la comunal como a la desvinculación de bienes nobiliarios) fue, en sus efectos económicos, mucho más importante que la eclesiástica, aunque la rutina histórica no lo haya entendido así casi nunca. Lo que ocurre es que la compra de las propiedades de la Iglesia (que, según Santaella, no eran más que el 8 por 100 de las tierras cultivadas de España) empezó ya en 1837, y se había realizado en más de su mitad hacia 1844, mientras que los movimientos de tierras procedentes de los otros procesos no se consagran sino a mediados de siglo y aun después. Pero aquellos movimientos fueron importantísimos: por una parte, operaron un reajuste de la propiedad territorial y consagraron una nueva y poderosa clase de terratenientes; por otra parte, permitieron la movilización de capitales hasta entonces estancados —hacia 1855, por ejemplo, era frecuente vender tierras para hacerse empresario o accionista de ferrocarriles— y generaron, aunque nunca en cuantía abrumadora, muchos de los movimientos inversionistas del capitalismo español.

Las consecuencias sociales del proceso desamortizador, en general, fueron negativas. La tierra, como ya hemos repetido, más tendió a concentrarse que a repartirse. Y lo peor fue que la supresión de las vinculaciones supuso también la desaparición de las viejas formas contractuales (arrendamiento a largo plazo, colonato, enfiteusis), que convertían al campesino en un semipropietario, o permitían, cuando menos, su beneficio del producto de la tierra; y su sustitución por otras fórmulas (arrendamiento a corto plazo, contrata eventual de jornaleros), que darían lugar muy pronto a la formación de un amplísimo proletariado campesino.

El doctrinarismo

La desamortización, aunque conformó las bases socioeconómicas del Nuevo Régimen, más afianzó, como antes decíamos, al liberalismo moderado que al exaltado o progresista. Por otra parte, los atentados de Mendizábal contra la Iglesia fueron mal vistos por amplios sectores, y señalaron el comienzo de un giro del régimen hacia el conservadurismo. Fue entonces, en el segundo lustro de los años 30, cuando se consagró la ideología y la fuerza política del partido moderado. Hasta entonces el grupo exaltado — que Olózaga bautizó por aquellos años como *progresista*— era el liberal por excelencia. A los moderados los caracterizaba simplemente un rasgo negativo: eran los «menos liberales», o bien aquellos que no eran ni exaltados ni carlistas. Pero pronto el grupo moderado, formado por hombres de mayor altura intelectual, de más elevada categoría social y de más fuertes posibilidades económicas, se situó en cabeza del dispositivo del régimen. En su ayuda vino una teoría política que ya proliferaba en la Francia de Luis Felipe.

Esa teoría, el *doctrinarismo,* pretende erigir un nuevo principio legitimador del poder: no es admisible la doctrina del derecho divino, propia del Antiguo Régimen, ni tampoco la de la estricta soberanía popular que defendía la Revolución. Lo que legitima el poder es la capacidad, o, lo que es lo mismo, los que en buen derecho deben gobernar son los más capaces. Dentro de estas teoría caben, por supuesto, distintas interpretaciones: para Donoso Cortés, el gobierno es ejercicio de la inteligencia, y, por tanto, deben mandar los más inteligentes; Joaquín Francisco Pacheco estima que el gobierno es ejercicio de la voluntad, de suerte que deben gobernar los buenos.

El resultado es el mismo: al gobierno de todos, como pretendían Rousseau y los revolucionarios de la primera generación, oponen ahora los liberales de 1830 la idea del gobierno de los mejores, que son, por supuesto, una minoría. Es ahora cuando queda establecido en España —y en el occidente de Europa— el liberalismo doctrinario, selecto y restringido, que busca unas libertades, es cierto, pero para unos pocos, aquellos que saben lo que hay que hacer con ellas. La Constitución de 1837, que establecía el sufragio censitario, consagró oficialmente el principio del gobierno de las minorías.

La regencia de Espartero

En 1839 terminó la guerra carlista, y en 1840 cayó la regente María Cristina. El hecho, tras el triunfo de la causa liberal, puede parecer paradójico, pero hay que tener en cuenta que la alianza entre los liberales y la regente hacía sido aleatoria. María Cristina sirvió de bandera legítima contra los partidarios de don Carlos; desaparecido éste, Cristina ya no era necesaria, y cayó también.

Como la reina Isabel II tenía aún diez años, era preciso prolongar la regencia, y vino a ejercerla el general Espartero, el caudillo victorioso en la guerra civil, y que era quien más había trabajado para echar a la regente. Espartero ocupó el poder en nombre del progresismo, de suerte que su advenimiento significó un nuevo cambio de orientación política. Con todo, Espartero era hombre acostumbrado a mandar, y chocó muy pronto con los mismos progresistas. Quiso ejercer al mismo tiempo la regencia (poder supremo, pero simbólico) y el gobierno del país, función que correspondía al primer ministro. Por eso procuró nombrar primeros ministros de escasa personalidad, despechando a los grandes políticos, que quedaban una y otra vez fuera de las combinaciones ministeriales. Espartero se fue así malquistando las simpatías no ya de los moderados, que le vieron llegar con disgusto, sino las de gran parte de los progresistas.

También se concitó el regente oposiciones en el campo económico. Entonces se hallaban divididas las opiniones del país entre librecambistas y proteccionistas. Para los primeros era preciso rebajar o suprimir las barreras arancelarias, para que los españoles, y en especial las clases modestas, pudieran adquirir, abundantes y baratos, los productos extranjeros. Los proteccionistas aducían que con tal apertura se hundiría la industria española, con lo que nuestra economía nunca podría levantar cabeza. Espartero, como muchos progresistas, era partidario del librecambismo. Lo primero que hizo fue rebajar los aranceles, hasta el punto de que la mitad de los productos de importación quedaban gravados en un 15 por 100, en lugar del 30 o 40 que regía antes. Las pañerías catalanas se hundieron, y lo mismo sucedió en la naciente industria malagueña; numerosas fábricas hubieron de cerrar, y sus hombres se encontraron en la calle.

La protesta de los industriales fue inmediata, sobre todo, en Cataluña. Pronto Barcelona apareció en abierta rebelión; por última vez en nuestra historia se vio a los obreros secundando el movimiento de sus patronos, aunque pronto se vio que cada cual defendía sus intereses respectivos. Comenzaban los primeros intentos de asociaciones de trabajadores, y la revuelta cobró un claro carácter social (1842).

Espartero hizo bombardear Barcelona desde el castillo de Montjuich, y la ciudad se entregó; pero la indignación creció aún más. Pronto se alzaron otras ciudades —Reus, Valencia, Alicante, Sevilla— en un movimiento que dirigía una coalición de moderados y progresistas descontentos. En el verano de 1843 el regente vio perdida la situación y emigró a Inglaterra. La coalición triunfadora, antes que proclamar otra regencia, prefirió declarar a Isabel II —que tenía trece años— mayor de edad, aunque fuera contra las leyes. Comenzaba el reinado propiamente dicho de Isabel, y con él un nuevo período.

4. LA ÉPOCA DE LOS MODERADOS (1843-1854)

La revolución que derribó a Espartero fue obra de una coalición de moderados y progresistas; pero pronto fueron los primeros los que, mejor organizados y más capaces por lo general, se hicieron con el poder. Los moderados gobernaron ininterrumpidamente durante una década, y dieron el tono, más que ningún otro partido, al reinado de Isabel II (1843-1868).

La época era propicia al moderantismo. El país estaba cansado de revoluciones y desórdenes; iba siendo hora de que el Nuevo Régimen se afianzase en formas estables, y los que habían conquistado revolucionariamente el poder preferían ahora disfrutarlo pacíficamente. El mismo partido moderado estaba formado por ex revolucionarios (Alcalá Galiano, Toreno, Martínez de la Rosa, Istúriz, González Bravo) desengañados por la edad o por la experiencia. La burguesía conquistadora tendía a hacerse conservadora, y fundaba (1844) la Guardia Civil, como símbolo de un «orden» que el publicismo de la época empezaba a encontrar tan importante como la libertad.

Los moderados reforzaron los resortes del poder, aun sin conseguir garantizar del todo la pública tranquilidad. Los políticos recurrieron con frecuencia al apoyo de los militares, a costa, por supuesto, de permitirles compartir el gobierno. El general Narváez, enérgico y violento cuando hacía falta, aunque más liberal de lo que aparentaba, fue el «hombre fuerte» de la época. El país mejoró en casi todos los aspectos; la curva demográfica experimentó un definitivo enderezamiento (en 1840, 13.500.000 habitantes; en 1850, 14.700.000), se estabilizó la Hacienda y se atendieron, al fin, las obras públicas. Los moderados consagraron la organización del Estado español contemporáneo, eminentemente burocrático y centralizado. Hubo reformas en la Administración, en el Ejército, en la enseñanza. La maquinaria estatal se hizo compleja y poderosa como nunca lo había sido, aun sin poder evitar —en parte por esa misma complejidad— venalidades y corrupciones. En una época de escasas fortunas individuales y poca iniciativa privada, el Estado es la panacea a que se agarran todos los españoles con aspiraciones.

La Constitución de 1845

La Constitución de 1837 parecía a los moderados demasiado progresista, y se propusieron reformarla, aunque lo que resultó fue más bien una Constitución nueva, la de 1845. En la forma puede parecerse a la anterior, pero el fondo es distinto; no se admite el principio de la soberanía popular, sino la del rey y las Cortes. Se mantenía el sufragio restringido (sólo el 1 por 100 de los españoles tenía derecho al voto) y se constituía un Senado cuyos miembros eran designados por la Corona. Aumentaban los resortes del poder ejecutivo: más que los del monarca, los de los ministros. Si en los primeros años del liberalismo español, en caso de discrepancia entre el Gobierno y las Cortes, preponderaban éstas (Constitución de 1812), ahora se invierten los términos, pues el gabinete puede gobernar por «decretos» —sin necesidad de llamarles «leyes», privativas del poder legislativo— y tiene facultad, además, a través del monarca, para disolver en cualquier momento la asamblea. Cierto que al cabo de un plazo dado ha de convocar nuevas elecciones; pero el problema ahora ya no es grave para los gobiernos, porque las ganan siempre sus partidarios. La corrupción electoral —que en absoluto fueron los moderados los únicos en practicar— permite gobernar con relativa comodidad, pero conculca los principios del régimen, fomenta la venalidad administrativa y predispone al escepticismo. Aparte de que bloquea el poder en manos de un partido determinado y no deja a los otros grupos, si quieren alcanzarlo, otro recurso que la revolución.

La recuperación económica

Los moderados fueron, en general, buenos hacendistas, y una de sus obras más meritorias fue el desempeño del erario público, entrampado sin remedio nada menos que desde los tiempos de Carlos IV. En 1845, Alejandro Mon y Ramón de Santillán elaboraron un nuevo sistema de impuestos que, en sus líneas generales, ha durado más de cien años. Hasta entonces tendía a gravarse la compraventa (lo que constituía un obstáculo para el movimiento de bienes), en tanto que en la nueva ley la carga principal gravitaba sobre la propiedad (la contribución territorial). Otros tributos, pocos, pero bien estudiados, completaron un sistema sencillo y eficaz. El Estado aumentó considerablemente sus ingresos, y la riqueza de los españoles tendió a desestancarse, a hacerse más movible.

Al mismo tiempo hizo Mon un favorable arreglo de la Deuda; pero la operación principal corrió a cargo de Bravo Murillo, en 1851, con una amplísima operación a largo plazo: los acreedores habrían de esperar más, pero cobrarían más, y con seguridad. El Estado quedaba libre de un enorme peso, y, cada vez mejor provisto de fondos, podría ampliar enormemente la administración y las obras públicas. Por su parte, la reforma monetaria de 1847 equivalía a una devaluación de la moneda, y ésta dejo de emigrar al extranjero. Empezaba a verse dinero abundante en España.

La burguesía no dejó de aprovechar la favorable coyuntura para lanzarse al mundo de los negocios. No fue una explosión tan fuerte como en otros países, pero, en comparación con la época anterior a 1844, el afán de los españoles adinerados por invertir llamaba la atención a sus contemporáneos. La desvinculación de las propiedades —ya fuera la desamortización eclesiástica o la civil— aumentó los movimientos. Según Millet, en 1845 las transacciones sobre propiedad desvinculadas ascendieron a 190 millones de reales; en 1854 llegaron a los 1.000 millones. Mejoró la industria, sobre todo la textil (en Cataluña); la metalúrgica (sobre todo la andaluza, en Málaga y Pedroso) y la naval (en el norte). Se construyeron los primeros ferrocarriles, aunque todavía en modesta escala: Barcelona-Mataró, Madrid-Aranjuez.

El industrialismo, favorecido por el liberalismo económico, permitía invertir y contratar libremente. El que tenía dinero podía enriquecerse con un poco de habilidad. El trabajador, en cambio, carente de todo asomo de legislación social, sin poder acogerse ya a aquel organismo anticuado, pero protector que habían sido los gremios, quedó sin defensa. La artesanía no podía competir con la nueva industria, provista de poderosas máquinas y planificada en equipo, con lo que el artesano, paulatinamente, se veía compelido a convertirse en un obrero a jornal, a merced del capitalista, que imponía sus condiciones. La «cuestión social», como entonces se decía, empezaba a plantearse lentamente, pero de forma inexorable.

Los proyectos de Bravo Murillo

El más reformista de los Gobiernos moderados fue el que presidió Bravo Murillo en 1851-52. Bravo Murillo no parecía un político del siglo XIX: ni tenía facilidad de palabra, ni hablaba de principios abstractos, ni gustaba de las maniobras hábiles. Aborrecía las disputas interminables de los partidos, y su lema era: «menos política y más administración».

En este sentido, su labor no pudo ser más beneficiosa. El arreglo de la Deuda acabó con la penuria del Estado. Las obras públicas alcanzaron un ritmo como no se había visto en lo que iba de siglo. Se hicieron planes de ferrocarriles, carreteras y puertos. Madrid tuvo agua corriente gracias al canal de Lozoya. El Concordato de 1851 reguló al fin las relaciones entre la Iglesia y el Estado, rotas desde los tiempos de la desamortización.

Dos grandes reformas se propuso, ante todo, el Gobierno de Bravo Murillo: una, independizar la administración de la política, de suerte que, para ser capitán general de una región, administrador de Correos de una población —o hasta guarda municipal—, no fuera preciso pertenecer, como hasta entonces, al partido dominante de turno. Otra, disminuir las ínfulas del parlamentarismo mediante una nueva Constitución y la reforma de las Cortes. No es seguro que Bravo Murillo proyectase la supresión de los partidos políticos, pero sí hablaba de llevar a la representación nacional las voces de los municipios, las provincias y las corporaciones del país.

La oposición de los partidos —incluyendo a los propios moderados— a tales proyectos fue radical. Rechazados violentamente en las Cortes, Bravo Murillo convocó nuevas elecciones, acompañando en la convocatoria el texto de sus reformas, para darles carácter de referéndum. Los políticos no le permitieron celebrarlo y provocaron su caída definitiva. Con Bravo Murillo se agotó la posibilidad de convertir el moderantismo de hecho en moderantismo legal.

5. LA ÉPOCA DE LA UNIÓN LIBERAL (1854-1868)

La larga permanencia de los moderados en el poder fue incrementando la impaciencia de los progresistas. Sin embargo, no resultaba fácil sustituirles en el mando, no sólo porque los moderados eran un grupo más fuerte, rico y con más influencia que su rival, sino porque los resortes electorales, siempre manipulados por el poder o por los caciquismos comarcales o locales, deparaban invariablemente la victoria a los partidarios del Gobierno. Ésta era una de las razones por la que los moderados no querían entregar el mando a los progresistas: porque estaban seguros de que emplearían sus mismas armas y, una vez bloqueado el poder en sus manos, no lo dejarían ya.

En estas condiciones, el partido contrario no tenía otro medio de acceder al Gobierno que la revolución. Durante bastante tiempo fracasaron todas las intentonas a este respecto. Narváez controlaba a la mayor parte del ejército, y los pronunciamientos estaban de antemano condenados al fracaso. Pero los moderados, por el largo ejercicio del poder, se fueron dividiendo, y el propio Narváez se retiró momentáneamente. Los Gobiernos que siguieron al de Bravo Murillo fueron impopulares; se les acusaba de corrupción y de venalidades increíbles en las concesiones de ferrocarriles. Aunque muchas de aquellas acusaciones fueron falsas o exageradas, no les faltaba una parte de verdad. Los moderados, divididos y desacreditados por una administración en gran parte corrompida, eran una fuerza cada vez menos segura.

La revolución de 1854

Los progresistas preparaban de antiguo una revuelta general, en la que pensaban utilizar, fruto de sus prédicas demagógicas y de un creciente descontento social, a elementos de los barrios bajos de Madrid y otras ciudades. Muchos moderados —en especial los llamados *puritanos—,* veían con disgusto la política de su propio partido, dirigida entonces por Luis Sartorius, y estaban dispuestos a derribar al Gobierno, pero no deseaban en absoluto una revolución popular e incontrolada. Por ello concibieron la idea de adelantarse a esta revolución mediante un pronunciamiento capaz de derribar a Sartorius y su grupo, sin levantar a las masas ni entregar el poder incondicionalmente a los progresistas. El militar que se puso a la cabeza de este movimiento fue el frío y calculador Leopoldo O'Donnell, que se alzó en Vicálvaro en julio de 1854. Pero la batalla con las fuerzas gubernamentales —la llamada *Vicalvarada—* quedó indecisa, y la situación no cobró un cariz claro hasta el alzamiento de tipo popular que se produjo en Madrid jornadas más tarde.

Gentes del bajo pueblo —no excesivamente numerosas aún, pero suficientes para alterar gravemente el orden— levantaron barricadas, incendiaron el palacio de la reina madre, María Cristina, y asaltaron las casas de los más destacados prohombres moderados. Fue el «hecho de masas» más importante que se había registrado en la España liberal, y venía a demostrar cómo las fuerzas sociales se iban insertando poco a poco en las luchas políticas. La reina Isabel II, asustada, comprendió que aquella turba sólo podía calmarse con un giro de la política a la izquierda. El movimiento lo había iniciado O'Donnell, pero el llamado al poder fue el general Espartero.

El fracaso de los extremismos

Espartero llegó en 1854 al poder curado de toda ambición, tras la experiencia de 1841-43. Su lema era en todo «cúmplase la voluntad nacional», por lo que el *bienio progresista* que siguió a su llegada (1854-56) vio alinearse, junto a la libertad, el libertinaje. Los desórdenes eran continuos, y la organización de una auténtica y constructiva política progresista, mucho más difícil de lo que parecía desde la oposición. Se quiso elaborar una nueva ley fundamental, pero las discusiones en las Cortes constituyentes duraron tanto como el régimen (dos años), por lo que no llegó a ser promulgada. Se reanudó la desamortización eclesiástica, violando el Concordato de 1851, por lo que se rompieron las relaciones con Roma; y se dio un impulso definitivo, por obra del ministro Madoz, a la desamortización municipal. En política económica se abrieron las puertas de España a la inversión extranjera, lo que permitió una visible reactivación de la industria y un ritmo hasta sorprendente en la construcción de ferrocarriles, pero a costa de dejar a la economía española cada vez más en manos del gran capitalismo francés y británico.

En el verano de 1856 hubo grandes desórdenes en Cataluña y en las zonas agrícolas de la cuenca del Duero; el Gobierno se dividió y entró en crisis. Isabel II no quiso esperar más para llamar de nuevo a los moderados. Narváez subía al poder una vez más. Pero el moderantismo era ya una fuerza vieja que no se había renovado a tiempo. Sus programas aparecían gastados, y las inconsecuencias entre la libertad proclamada y las medidas autoritarias del Gobierno volvieron a quedar en claro. Los moderados tampoco consiguieron consolidarse en el poder ni aclarar el sentido de su política. Se iba dibujando como solución un partido intermedio, la *Unión Liberal,* que dirigía O'Donnell; el fracaso de las tendencias extremas avalaba cada vez más la salida por el camino del centrismo. En junio de 1858 la reina encargaba al general O'Donnell la formación de un Gobierno.

La Unión Liberal

Fue el «Gobierno largo». Duró cinco años (1858-1863), plazo superior al de cualquier otro gabinete del siglo. La Unión Liberal no poseía unos principios políticos profundos, aunque sí lógicos; síntesis de libertad y de orden, unión de los españoles bajo el común denominador del liberalismo, repudio de los extremismos y de las posturas cerriles. La concordia pareció estar de moda, y el radicalismo, después de tantas desgraciadas experiencias, desacreditado. Políticos moderados y progresistas venían a engrosar, a bandadas, las filas de la Unión Liberal.

O'Donnell, hombre un tanto simple de ideas, pero metódico y bien aconsejado, gobernaba con acierto y sin complicaciones. Una de sus ideas dominantes era la de vitalizar la política exterior, para que las potencias europeas tuviesen que contar con España y para que los españoles se desviaran un poco de sus endémicas querellas internas. Diversos incidentes ocurridos en Ceuta aconsejaron la guerra de África, en la que España intentó granjearse una zona de influencia en Marruecos. Las campañas, en las que se distinguió el propio O'Donnell, lo mismo que el audaz general Prim, fueron brillantes y relativamente fáciles, aunque la victoria apenas fue útil, por la oposición británica a que España ampliara su poder en el norte de África. Con todo, las noticias de los triunfos militares y el regreso de los vencedores en medio de románticos festejos dieron prestigio y popularidad al régimen de la Unión Liberal por espacio de varios años.

El Gobierno de O'Donnell coincide también con un período de prosperidad económica. No puede decirse que fueran los políticos los autores de la buena coyuntura, porque lo que pudiéramos llamar planificación o técnica de desarrollo era una actividad casi totalmente ajena entonces a la dirección del Estado. Pero la paz, la tranquilidad, con la consiguiente dosis de confianza, un cierto sentido común en el Gobierno y una cierta euforia en el ambiente, animaron a la inversión y crearon el clima propicio al auge económico. La construcción de ferrocarriles —cierto que casi siempre con predominio de capital extranjero— alcanzó por aquellos años su ritmo más activo. En cinco años fueron tendidos casi 3.000 km. de nuevas vías férreas. La industria metalúrgica se desarrollaba, sobre todo, en el norte, haciendo ventajosa competencia a la andaluza, gracias al carbón mineral, abundante en el Cantábrico y escaso en el sur. La Bolsa conoció un momento de esplendor.

La prosperidad se hizo patente en el mismo tono social de la época. Los años de la Unión Liberal fueron alegres y divertidos. Resurge el género lírico en forma de *zarzuela.* La burguesía de negocios charla y discute en los cafés, que adoptan ahora la forma de terrazas o veladores al aire libre. La fiesta de los toros alcanza su máxima popularidad gracias a las faenas de Cúchares, y toda España baila a los sones del ritmo de moda, el *chotis.*

Dorada prosperidad y tranquilidad ambiente no podían durar indefinidamente. La Unión Liberal carecía de un programa concreto, y sus hombres se fueron separando a la hora de enfrentarse a los problemas concretos. En febrero de 1863, abandonado por muchos de sus partidarios, y en malas relaciones con la reina, dimitía el general O'Donnell.

La disolución del régimen isabelino

El fracaso de la Unión Laboral por constituir una fuerza política capaz y coherente señala el comienzo del camino que conduce a la caída de Isabel II. En este proceso hemos de distinguir un factor negativo, la desintegración de las fuerzas constitutivas del régimen, y un factor positivo, la aparición de fuerzas nuevas, capaces de articular un régimen distinto.

El moderantismo, agarrado aún a los viejos principios del liberalismo doctrinario, sin hombres nuevos ni nuevas ideas, había perdido ya su papel de columna vertebral del sistema. El unionismo, como hemos dicho, se resentía de la vaciedad de su programa. No andaban mucho mejor los progresistas, anclados en los mismos principios de las Cortes de Cádiz —libertad, soberanía del pueblo, Milicia Nacional—, y muchas veces ya con sabor de tópicos manidos; eso sí, los progresistas seguían contando con un cierto apoyo popular en los núcleos urbanos de importancia. La reina Isabel II no disimulaba su simpatía hacia los moderados, a los que siempre encargaba el formar Gobierno; es cierto que el moderantismo tenía un mayor respeto al símbolo real y a la persona de Isabel; pero ésta no se dio cuenta de que la alianza entre la reina y el partido podía hacer que aquella revolución que consiguiese derribar al partido podría derribar también, por lógica consecuencia, a la reina. El descontento fue en aumento a partir de 1863, lo mismo en los ambientes intelectuales que en los del proletariado urbano. Las violentas manifestaciones estudiantiles de la noche de San Daniel (10 de abril de 1865) iniciaron un proceso revolucionario que no haría más que culminar en el movimiento de 1868.

En cuanto a las nuevas fuerzas, capaces no ya de hacer la revolución, sino de darle un programa concreto, hemos de contar a las corrientes intelectuales que se desarrollaron en España a partir de mediados de siglo. La filosofía krausista, que comenzó como una ética tendente a la renovación del hombre, generó muy pronto aplicaciones políticas. De aquella corriente ideológica y del descontento en las filas del progresismo nació un nuevo partido, el *demócrata,* dispuesto a elaborar una ideología política más profunda y coherente que las existentes entonces en España.

Los demócratas propugnaban la estricta *soberanía nacional,* lo que equivalía a la proclamación de la República; el *sufragio universal* («un hombre, un voto»), que vendría a sustituir al sufragio censitario propio del liberalismo histórico; y la declaración enfática de los *derechos del hombre,* aspecto bastante descuidado, desde las Cortes de Cádiz, por los teóricos del régimen liberal español.

Unos demócratas, como Figueras o Castelar, aplicaban su ideología a fórmulas exclusivamente políticas, esperando que por el ejercicio de su libertad y su soberanía el hombre pudiese alcanzar sin más la felicidad en este mundo. Otros, como Garrido o Pi y Margall, creyeron necesaria la extensión de la doctrina a fórmulas sociales, y se dedicaron a adoctrinar al proletariado. Garrido puede considerarse como el fundador de la socialdemocracia española, y su idea central era el acceso de todos los españoles a una propiedad bien repartida, aun cuando no pudo explicar satisfactoriamente cómo se podía llegar a la igualdad sin contrariar la libertad. Pi y Margall establece el principio del federalismo, un sistema de pactos mediante los cuales «el poder corre de abajo arriba» agrupando a sociedades progresivamente más amplias (la familia, la comunidad, la comarca, la región, la nación) en órganos de convivencia constituidos conforme a las necesidades sociales.

Los demócratas practicaron activamente la demagogia, rompiendo el aislamiento de los partidos políticos españoles. Hablaron, predicaron, imprimieron. Sus ideas eran muchas veces demasiado abstractas, y no fueron siempre bien interpretadas; pero calaron lo suficiente para hacer de la revolución de 1868, más que de ninguna otra anterior, un hecho de masas.

6. LA ÉPOCA DE LOS SISTEMAS EFÍMEROS (1868-1874)

Al rededor de 1870 se producen en Europa y fuera de ella una serie de conflictos y convulsiones que dan lugar a una época distinta, que supera algunos viejos esquemas decimonónicos. Nuevos hombres, nuevos problemas; un nuevo ambiente, en general, se encarama al primer plano de la realidad histórica. En España la frontera entre las dos épocas puede colocarse en la revolución de 1868. Todo un mundo romántico y fácil, sin problemas sociales ni masas, escaso en ideologías y lleno de generales metidos a políticos, ha caducado y se nos aparece, de pronto, anticuado, viejo e inservible. Una nueva realidad —con problemas que nos resultan mucho más familiares a los hombres de hoy— acaba de despuntar en la historia de España.

El sexenio que va de 1868 a 1874 es uno de los más agitados que se recuerdan en nuestro país. Tenemos un destronamiento, un régimen provisional, una regencia, una monarquía democrática, una abdicación, una república federal, una república unitaria, tres guerras civiles a un tiempo, un nuevo régimen provisional, un nuevo intento de regencia y, por último, la restauración de la dinastía derribada en un principio. Explicar este ritmo fugaz no es fácil; pero quizá lo comprendamos mejor si tenemos en cuenta lo abstracto de las teorías que llevaron a la revolución y la división de los propios revolucionarios.

La revolución de 1868

El golpe que derriba la monarquía de Isabel II puede parecer, en la forma, uno de tantos pronunciamientos. Sin embargo, la casi inmediata participación de las masas, la entrada de una nueva generación de políticos y el inicio de experiencias desconocidas hasta entonces nos hacen ver que el fenómeno es mucho más complejo y las causas, probablemente, más profundas.

En toda revolución importante suelen compaginarse, potenciándola, factores políticos, sociales y económicos. Entre los políticos hemos visto ya que los hay de carácter negativo (alianza de Isabel II con los moderados, desgaste de este partido, corrupción administrativa), y de carácter positivo (aparición de nuevas fuerzas provistas de un programa amplio y coherente: sobre todo, el partido demócrata). En cuanto al factor social, la protesta de las masas desheredadas se venía incubando desde tiempo antes, pero contribuyó a fomentarla entonces la propaganda de los demagogos y la crisis económica. La situación real del trabajador no nos es conocida aún con absoluta precisión, pero no cabe la menor duda acerca de las condiciones precarias y hasta inhumanas en que tenía que desenvolverse su vida. Parece que el sueldo de un obrero, en Barcelona y en 1867, apenas bastaba para sostener a dos personas (por ejemplo, el trabajador y su mujer), de suerte que un hijo pequeño obligaba ya al empleo de los dos esposos. El problema social se complicó, como decimos, con una crisis económica que se registró en toda Europa en 1866-67, pero que en España repercutió con mayor gravedad y se combinó con las malas cosechas de 1867-68. Quebraron las compañías de ferrocarriles, cerraron numerosas fábricas y miles de obreros quedaron en la calle precisamente cuando la escasez hacía subir los precios más que nunca.

La revolución fue organizada por todos los grupos políticos contrarios a los moderados, es decir por una coalición de progresistas, unionistas y demócratas; claro está que cada grupo tenía sus fines específicos, como pronto se vio. El golpe estalló en Cádiz el 18 de septiembre, y pronto se corrió a toda Andalucía. En el puente de Alcolea, el sublevado general Serrano derrotó a las tropas del Gobierno, e Isabel II, viéndose perdida, huyó a Francia. Las masas llenaron las calles, y por todas partes se constituyeron juntas provisionales. Por doquier se hablaba de la soberanía del pueblo y de la felicidad universal.

Claro está que España no iba a ser lo que quisieran los españoles, ni siquiera todos los autores de la revolución, sino los jefes más caracterizados, entre los cuales destacaban Serrano y Prim. Se constituyó un Gobierno provisional, y se convocaron elecciones, en las que resultaron vencedores los progresistas, seguidos de los unionistas y, muy en tercer lugar, los demócratas. Aquellas Cortes elaboraron la Constitución de 1869, en la que se proclamaban enfáticamente los derechos del ciudadano, la soberanía nacional, el sufragio universal y la libertad religiosa. En cuanto a la forma de gobierno, España se constituía en reino, con un monarca que se limitaba a acatar los designios de la voluntad nacional: es decir, se iba a una monarquía democrática.

Amadeo de Saboya

Entre infinitas opiniones prevaleció, al fin, el criterio de Prim de traer como rey de España al duque de Aosta, Amadeo de Saboya. Aquel príncipe italiano, leal y caballeroso, era hombre de relativa inteligencia, pero carecía de la habilidad del político, aparte de que conocía muy poco a los españoles. Éstos, que en absoluto le habían buscado, le vieron llegar sin afecto, y el nuevo monarca no fue capaz de ganárselo. Y lo que fue peor: el general Prim, que era en realidad el único artífice de su venida, y quien tenía formado un plan concreto de gobierno, fue asesinado en Madrid por aquellos mismos días.

La nueva monarquía nacía huérfana. El rey no encontró a casi nadie en quien depositar su confianza. Los políticos estaban ferozmente divididos, y Edmundo de Amicis, de viaje entonces por España, enumera a 30 partidos. Don Amadeo trató de organizar un turno entre los dos grupos más fuertes, los constitucionales de Sagasta y los radicales de Ruiz Zorrilla, pero este último se negó al juego del turnismo. Y como quiera que cualquier partido estaba en minoría respecto de la suma de los demás, y nadie se avenía a una coalición, no había forma de gobernar.

Los demócratas, despechados por la solución monárquica, se lanzaron abiertamente a la agitación. Por su parte, las masas dudaban entre los demagogos de la socialdemocracia y los agentes de la Internacional de Trabajadores, introducidos en España desde 1871. En las Cortes hubo un sonado debate sobre la Internacional, que al fin fue declarada fuera de la ley. Amplios grupos de trabajadores estaban ya contra la monarquía. Por el flanco opuesto comenzaba el ataque también. En abril de 1872 se lanzaron los carlistas a una nueva guerra civil. Reconocían como rey a Carlos VII, un hombre muy distinto a su abuelo: joven, inteligente y flexible, rodeado de una verdadera escuela intelectual como nunca hasta entonces había tenido el carlismo. Su programa de renovación, en que no faltaban alusiones a los derechos del pueblo, la representatividad y la preocupación social, pudo arrastrar a muchas personas y a gran parte de la masa católica del país.

Amadeo de Saboya, cada vez más solo, se encontraba en un callejón sin salida. Mejor dicho: la única salida era la suya propia. Así supo comprenderlo, y a raíz de un conflicto entre el Gobierno y el cuerpo de Artillería, que le puso virtualmente entre la espada y la pared, prefirió abdicar en febrero de 1873. Su reinado había durado dos años y dos meses.

La primera República

El fracaso de la monarquía democrática dejaba el camino abierto a los republicanos, que eran los únicos que aún no habían ensayado su sistema, y aún no habían tenido ocasión de desprestigiarse. Republicanos auténticos había relativamente pocos; pero el partido contaba con una parte de las masas, aleccionadas por los demagogos y convencidas de que la República iba a suprimir el servicio militar y los impuestos y a convertir a los jornaleros en dueños de las tierras y a los obreros en dueños del taller.

Pero los republicanos no contaban con fuerzas políticas suficientes para articular el régimen por sí solos. Cuatro ministros de Amadeo I pasaban sin más a formar parte del nuevo Gobierno antimonárquico, presidido por Figueras. Como era fácil prever, las escisiones surgieron pronto en el seno del gabinete y en las Cortes. Estallaron motines federales por todas partes; el Gobierno no era obedecido por nadie. Figueras, desesperado, abandonó no ya la presidencia, sino España, convencido de que era imposible gobernar.

Fracasada la fórmula de coalición, se ensayó una «república de republicanos puros», a base del ala extremista del partido, que eran los federales, y a la presidencia subió el padre del federalismo, Francisco Pi y Margall. Tomar Pi el mando y proclamarse repúblicas federales por todas partes, sin esperar más, fue todo uno. La Diputación de Barcelona hizo proclamar la república de Cataluña. Málaga se hizo república independiente de Madrid, y pronto siguieron su camino Cádiz, Sevilla, Granada, Valencia, Cartagena y otras muchas ciudades, y hasta pueblos. Utrera se declaró independiente de Sevilla, estallando la guerra entre las dos «repúblicas»; también entraron en guerra Granada y Jaén, y lo peor fue que Cartagena, que contaba con gran parte de la escuadra y una fuerte guarnición, declaró la guerra a Madrid, conflicto sangriento que duró varios meses. España entera se descuartizaba. El episodio de las *Cantonales* es uno de los hechos más llamativos de la historia contemporánea de España, y está necesitando aún un estudio a fondo. En él juegan el particularismo ibérico, los resentimientos provinciales y locales contra los abusos del centrismo, y las miras de políticos inquietos o agitadores sociales, que aprovechan la ocasión para hacerse valer o para protestar contra antiguas injusticias.

Las luchas cantonales se unían a la guerra civil en el norte, donde los carlistas amenazaban dominar regiones enteras, y una sublevación en Cuba que ponía en peligro la vinculación de aquella isla a España. Tres guerras civiles a un tiempo. Pi y Margall cayó sin poder dominar la hecatombe, y lo mismo le sucedió al tercer presidente, Salmerón, hombre convencido, como Pi, de la excelencia de sus principios, y que prefirió abandonar su puesto antes que firmar una sentencia de muerte.

La República se hundía cuando Castelar subió al poder. Comprendió que no había otro medio de salvarla que obrar con energía. Reforzó el poder del Estado, llamo al Ejército, aplicó la pena de muerte, suprimió el principio federal para acentuar el centralismo. Pero sus compañeros no le dejaron continuar, acusándole de militarista y dictatorial. El 2 de enero de 1874, las Cortes le obligaron a dimitir. Horas más tarde, el general Pavía, previendo mayores desórdenes, hizo disolver la asamblea. La República cayó sin resistencia a los once meses de haberse implantado.

El régimen de Serrano

El golpe de Pavía acabó con el sistema republicano, pero no implantó ningún otro sistema. Pavía mismo se negó a ocupar el poder, y quien lo asumió fue el general Serrano. Su Gobierno duró diez meses, y tuvo un matiz indefinido, que los autores suelen conocer como la *Interinidad.* Parece claro que Serrano aspiraba a restablecer la monarquía, sin llamar a ningún rey, para ejercer por tiempo indefinido la regencia. Su argumento era que el país no podía definirse mientras no estuviera pacificado, y en esta tarea se afanó con éxito relativo.

Habían fracasado todos los ensayos de sistemas nuevos, y estaba fracasando lo único que ya se podía ensayar: la falta de sistema. El ambiente se iba preparando de forma lenta, pero segura en favor de la Restauración.

7. LA ÉPOCA DE LA RESTAURACIÓN (1875-1898)

El 29 de diciembre de 1874, el general Martínez Campos proclamó en Sagunto a Alfonso XII, el hijo de Isabel II, como rey de España. Fue un típico pronunciamiento militar, pero el último, a efectos prácticos de todo el siglo, porque el régimen que iba a seguir gozaría de una estabilidad sin precedentes en la historia del liberalismo español.

La Restauración borbónica fue preparada por el mismo fracaso de los ensayos anteriores, y acogida con satisfacción por unos, con resignación por otros, pero en todo caso con la conciencia de que era la única salida posible en aquellos momentos. Pero la palabra Restauración (utilizada por Cánovas del Castillo para subrayar la legitimidad dinástica) no debe hacernos creer que se vuelve al sistema viejo. En cierto sentido cabría afirmar que se establece una nueva monarquía —aunque avalada por los derechos dinásticos de la antigua—, y, por supuesto, el sistema es «del todo nuevo», como lo calificó el propio Cánovas.

Fue este político, al establecer un estilo de gobierno realista y funcional, la figura central del régimen de la Restauración. El ritmo histórico cambia espectacularmente, los giros políticos se operan sin prisas y con orden, la máquina del Estado funciona sin sobresaltos y los españoles llegan a olvidarse de las revoluciones y las jornadas. La Restauración es, en este sentido, una época de «normalidad» sin precedentes en todo el siglo, que nos relevará muchas veces de un relato detallado de los hechos. Tiene, en cambio, un sabor de época muy característico: una alegría próspera y un poco chabacana, con sabor a zarzuela, corridas de toros, organillos y mantones de Manila. La Restauración significa también tranvías, teléfonos y luz eléctrica. Y el triunfo de los vinos, el aceite y las naranjas de España. Mucho de lo bueno y de lo malo que conoció España en gran parte del siglo XX quedó consagrado por los años de la Restauración.

Fue la época dorada de la burguesía española. Y si atendemos al ambiente burgués, podemos decir que fue una época feliz. Pero el problema social seguía latente, y las condiciones de vida del obrero, en general, no mejoraron. Y con la creciente industrialización tendían a concentrarse grandes masas proletarias que, tarde o temprano, acabarían lanzándose a la revuelta social. Este problema descuidado y el conflicto de Cuba perturbarían a fines de siglo lo que ha dado en llamarse «el remanso de la Restauración».

El sistema canovista

Cánovas fue al mismo tiempo un teórico y un práctico. Elaboró un sistema político en el que se conjugaban sus ideas con su experiencia, y aplicado, además, al caso concreto de la España de su tiempo. Para Cánovas hay unas «verdades madres» que no se pueden discutir porque forman la *constitución interna,* que es como la misma naturaleza política del país. Estas verdades indiscutibles son, en España, la libertad, la propiedad, la monarquía, la dinastía y el gobierno del rey con las Cortes. Pero, admitidas estas verdades, se puede y se debe discutir todo lo demás. Cánovas es enemigo de las posturas cerradas e inconciliables: puesto que los distintos hombres opinamos de diversa manera, lo que hace falta no es suprimir la discusión, sino organizarla.

Hay que reconocer al enemigo político los mismos recursos que el partido propio utiliza: y si todos nos ponemos de acuerdo para organizar un sistema de juego limpio, la oposición deja de ser un enemigo peligroso o un elemento revolucionario para transformarse en algo perfectamente legal. Para Cánovas, las «reglas del juego» quedan expresadas en el principio del equilibrio de las fuerzas contrapuestas. Este equilibrio es el que hace que la oposición, en vez de una fuerza destructora, se haga constructiva.

En el plano de la soberanía, son soberanos *conjuntamente* el rey y las Cortes; el rey es un principio de autoridad, las Cortes un principio de libertad; se oponen, pero se necesitan, puesto que sólo son soberanos cuando actúan conjuntamente. En el plano de la actividad política, gobiernan dos partidos: el *conservador,* que reúne a todas las fuerzas de derecha, y el *liberal,* que concentra a todas las de izquierdas. Por supuesto, no pueden gobernar los dos partidos a la vez; pero entonces Cánovas hace entrar al elemento tiempo, y establece el *turno organizado* de partidos. Cada partido, cuando le toca su vez, gobierna en nombre del régimen, mientras el otro partido —la oposición— le combate, también en nombre del régimen; pero en modo alguno combate al régimen mismo, del cual, como tal oposición, forma parte. Bajo este sistema, el último cuarto del siglo XIX ofrece un panorama de casi completa estabilidad política.

La dinámica del turnismo

Cánovas se erigió en jefe del partido conservador, y encontró en el bando opuesto un hombre dispuesto a aceptar las reglas del juego: Sagasta, político transigente y comprensivo, como el propio Cánovas. Por su parte, el nuevo rey, Alfonso XII, agradable, sencillo y sin ambiciones, se prestaba muy bien a su papel: dejaba obrar a los políticos y se entendía maravillosamente con todos. La Constitución de 1876, flexible, como Cánovas deseaba, se adaptaba como un guante de goma a todas las situaciones, y nadie tenía motivos para combatirla.

Los conservadores gobernaron hasta 1881, en que cedieron el poder a los liberales, y desde entonces se operó sin entorpecimiento el turno de partidos. En 1885, con Cánovas de nuevo en el poder, murió Alfonso XII. Cánovas cedió el mando a su contrario, y con este gesto erigió a los liberales en guardianes de la débil regencia de María Cristina de Habsburgo. El nacimiento, a los pocos meses, de Alfonso XIII, hijo póstumo del monarca fallecido, vino a salvar la difícil situación. El turno de partidos se siguió operando hasta la muerte de Cánovas, en 1897, y aun después, aunque más defectuosamente, durante mucho tiempo.

Con todo, el sistema no dejaba de tener defectos, que se irían viendo poco a poco con los años. Uno es el mayor prurito reformista de los liberales (mientras los conservadores se limitan estrictamente a «conservar»), que hace que la naturaleza del régimen tienda a desvirtuarse lentamente a favor de los postulados de uno de los dos partidos; otro defecto funcional, y sin duda más grave, es el que las «reglas del juego» no tienen en cuenta la voluntad de los españoles. Cuando un partido, por mutuo acuerdo o por desgaste del Gobierno, sucede a su contrario, convoca nuevas elecciones, y sistemáticamente las gana: de lo contrario, con unas Cortes enemigas (las reunidas por el equipo anterior), no podría gobernar. En vez de ser las Cortes —elegidas por los españoles— las que determinen el cariz del Gobierno, son los Gobiernos los que «hacen» las Cortes. El fraude electoral es evidente, y se realiza lo mismo en el Ministerio de la Gobernación que en los Gobiernos Civiles o en los Ayuntamientos. El fenómeno del *caciquismo* alcanza su máximo desarrollo por los años de la Restauración. En suma: un sistema de «hipocresía oficial» que acabará comportando graves peligros.

La prosperidad

Paz y prosperidad suelen ir juntas. La factoría, la gran fábrica, la Banca, la Bolsa, llegaron a su edad dorada por los años de la Restauración. Bilbao se convirtió en un gran centro siderúrgico y uno de los principales puertos de Europa en la exportación de mineral de hierro. Complemento del hierro es el carbón, y la producción de las minas asturianas se quintuplicó o sextuplicó entre 1875 y 1900. Simbiosis del carbón y del hierro, los ferrocarriles extendían sus redes por toda la península, hasta duplicar la extensión de sus líneas explotadas. La producción textil catalana se quintuplicó o sextuplicó en pocos años, lo mismo en la manufactura lanera que en la del algodón. Sólo la pequeña industria o la modesta artesanía, incapaces de sostener la competencia, tendían a decaer o arruinarse.

La sociedad y el ambiente

La prosperidad económica coincide con una etapa de progreso técnico que se traduce pronto en una mejora casi general de las condiciones de vida. Las ciudades crecen como hongos, fruto no sólo del impulso demográfico, sino de la inmigración. Madrid y Barcelona pasan ya del medio millón de habitantes, y otras muchas capitales se urbanizan y extienden hacia el extrarradio nuevas avenidas con amplias aceras flanqueadas de árboles. El teléfono, el tranvía, la luz eléctrica, van confiriendo a la gran urbe aires de modernidad.

El desarrollo y hasta el incremento de los medios de comunicación impuso una inicial masificación de la vida y de las costumbres, una cierta tendencia al tipo *standard* que se aprecia en la vestimenta, en las diversiones y espectáculos de masas, en las canciones de moda, vulgares y tarareadas por todos. La Restauración resulta así una época popular y hasta populachera, entre castiza y chabacana.

La aristocracia trataba de destacar de entre la mediocridad general, sin poder eximirse enteramente de los convencionalismos de la época o del arte. La artesanía suntuaria alcanzó un enorme desarrollo, merced a las demandas crecientes de lujo. Por su parte, la alta burguesía trataba de alternar con la nobleza en su puesto rector de la vida social. Si compartía con los aristócratas la Ópera de Madrid, llenaba por sí sola el deslumbrante teatro del Liceo de Barcelona, donde triunfaron por primera vez en España las obras de Wagner. La burguesía de negocios catalana, inteligente y activa, llenaba la vida social del Principado. Otro tanto ocurría en Vizcaya con una clase negociante de origen más modesto, pero decidida a conquistar, con la riqueza, la distinción social: por razón de los contactos económicos con Inglaterra, era casi obligado que el hijo del nuevo rico bilbaíno estudiase en Oxford o Cambridge, y regresara hecho un *gentleman.*

La clase media, familiar, rutinaria, de gustos un tanto estereotipados, es otro elemento ambiental de la época de la Restauración. Llena los cafés y asiste con frecuencia a la zarzuela, donde triunfan Barbieri, Arrieta, Bretón o Chapí, o a los toros, cuyos máximos ídolos son en estos momentos Lagartijo y Frascuelo. Pero la clase media se divertía también en sus propias casas, y en ellas organizaba —parodia de la aristocracia— pequeñas fiestas o *cachupinadas,* reuniones de unas pocas familias, en las que nunca faltaban el chocolate y el piano. Si pudiéramos hacer un viaje a la España de 1880 o 1890, nos quedaríamos con la impresión de un país relativamente próspero, alegre y confiado. De gente animada y divertida, aunque sin grandes inquietudes: distinguida en sus modales y vulgar en sus aficiones.

El mundo obrero

Esta impresión se vendría abajo si nos pusiéramos a recorrer los barrios bajos. La prosperidad alcanzó a las clases altas y parte de las medias, pero no favoreció a las modestas. No es fácil precisar si el obrero de 1890 vive peor que el de treinta o cuarenta años antes; lo único que se puede decir es que hay ahora más obreros, que viven más aglomerados y que su miseria contrasta más que antaño con el tren de vida de la buena sociedad.

En la Restauración, las clases sociales, como dice Jover, se «centrifugan», tienden a volverse la espalda. Aunque no exista un gran desnivel económico entre el pequeño burgués y el artesano, las diferencias de ambiente y de mentalidad crean ahora una inmensa distancia entre ellos. Esta distancia genera, a su vez, la incomprensión, y hasta en muchas ocasiones el aborrecimiento. El ciudadano distinguido huye de los barrios modestos y de la taberna, del mismo modo que el proletario busca muchas veces acentuar su carácter (la grosería era considerada, por ejemplo, como un signo de fortaleza), en desprecio del «señorito» y sus refinados modales. Se prepara así el ambiente para la lucha abierta de clases.

La situación del trabajador, tanto del obrero urbano como del jornalero campesino, era realmente lastimosa. El jornal medio no pasaba de 1,50 pesetas, alrededor de unas 300 pesetas de 1999, en cuanto poder adquisitivo, lo cual exigía el trabajo de dos miembros de la familia, como mínimo, para poder subsistir. El proletario, que todo lo había esperado del político revolucionario de 1868, ha sufrido ya un desengaño; no se fía de los políticos, y está convencido de que toda su demagogia no son más que falsas promesas e hipocresía. Busca ahora su redención por medios propios, nacidos del mismo proletariado. Estima que la revolución salvadora tiene que ser una revolución desde abajo.

Los movimientos sociales

Hacia 1870 llegaron a España dos predicadores de la revuelta social. Uno fue Paul Lafargue, yerno de Karl Marx, e introductor en nuestro país del socialismo marxista. Uno de sus discípulos, el tipógrafo Pablo Iglesias, fundó en 1879 el *partido socialista obrero* (años más tarde *Partido Socialista Obrero Español).* Su fin era la conquista del poder por medios políticos, sobre la base de que los proletarios, al constituir la masa más amplia de la sociedad, podrían formar el grupo más fuerte, y, por procedimientos inicialmente democráticos, llegar a proclamar al fin la *dictadura del proletariado.* El crecimiento del partido socialista fue muy lento, y tan sólo lo hizo posible la voluntad de hierro de Pablo Iglesias. En 1886, con un capital de 900 pesetas, se fundó el primer periódico, *El Socialista;* en 1888 se estableció la primera organización sindical del partido, la Unión General de Trabajadores (UGT), con sólo 3.500 afiliados. En 1890 se fundó la *Casa del Pueblo,* serie de centros culturales y doctrinales para reunión de los obreros.

Un partido que teóricamente debiera reunir a la masa más amplia de la sociedad era, sin embargo el más débil de la vida política del país, hasta el punto de que no consiguió un solo diputado a Cortes hasta 1910. Para explicarlo hay que tener en cuenta no sólo la indiferencia de grandes sectores obreros, sino su desconfianza hacia toda solución política. Muchos proletarios imaginaban que si los políticos les habían engañado, sus compañeros, una vez dueños de altos puestos en la vida oficial del país, acabarían aburguesándose y traicionándoles. El partido socialista fue así un grupo menguado y de lento progreso. Pero con una organización perfecta y una gran disciplina, constituía una fuerza potencial muy grande para el futuro.

El otro demagogo venido del extranjero fue Fanelli, un ingeniero italiano discípulo de Bakunin, y que introdujo en España, por tanto, el anarquismo. Para los anarquistas, todas las formas de poder son perversas; deben desaparecer el Estado, el Gobierno, el Ejército, las clases sociales, la religión, el dinero. No habrá otro valor que el trabajo. Y como el hombre es bueno por naturaleza, cambiará el fruto de su trabajo por el de los demás, de modo que la falta de injusticia y explotaciones le permitirá vivir en concordia indefinida.

La doctrina anarquista se difundió con gran rapidez. En pocos años se reclutaron 50.000 afiliados, aparte de otros muchos simpatizantes, sobre todo, entre los campesinos andaluces y los obreros catalanes. El anarquismo, por sus ideas, no se compaginaba bien con una sociedad muy organizada, ni con el mundo de la gran industria; el jornalero y el obrero no especializado eran los más proclives a la aceptación de las ideas bakunistas, si bien los propagadores eran siempre gente más preparada, incluso pequeños intelectuales. Su idealismo, a veces casi utopismo paradisíaco, caló, sobre todo, entre las gentes del campo. Desorganizados, ingenuos, generosos en la entrega, los anarquistas creían en sus doctrinas como en un nuevo dogma, convencidos de que constituía la salvación de la humanidad. Sólo con los años fueron cobrando un carácter más violento, que degeneraría en actos terroristas, ya en la última década del siglo XIX. La transformación del anarquismo utópico en anarcosindicalismo haría, a lo largo de una generación, que sus miembros dejasen de soñar paraísos para lanzarse a la «acción directa». Con las bombas del teatro del Liceo, o de la calle Cambios Nuevos, de Barcelona, comenzaría en España la lucha social.

La inquietud intelectual

Los años de la Restauración coinciden con un renacer de la ciencia y la cultura españolas, que nada deben, desde luego, al régimen político, sino que son el resultado de una conciencia que despertaba entonces en los medios intelectuales, y que contrastaba, más que nunca, con la vulgaridad y el conformismo de grandes sectores de la sociedad y con los convencionalismos del arte oficial.

Esta inquietud se aprecia, sobre todo, en el ambiente universitario. Si aquel desperezamiento suscitó eruditos como Hinojosa o Menéndez Pelayo, científicos como Ramón y Cajal, ingenieros como Isaac Peral o escritores como Valera o Galdós, no dejó las conciencias satisfechas, porque lo que se adivina por aquellos años, como en un anticipo de la generación del 98, es el descontento y el ansia de encontrar nuevos y positivos derroteros. Se critica a la Universidad y al sistema educativo en general, anclado en rutinas y tópicos que daban lugar a la «ineducación» de los españoles.

En 1876, un catedrático de Derecho de la Universidad de Madrid, Francisco Giner de los Ríos, fundaba la *Institución*

Libre de Enseñanza. Era una asociación particular de universitarios, que pretendía renovar la mentalidad intelectual española y afanarse en formar nuevas generaciones de estudiosos mediante una reforma sustancial de los métodos y una mayor atención a la formación humana de los discípulos. Los institucionistas llegaron a formar cuerpo y a informar un «estilo» especial; eran puntuales, trabajadores, ascéticos de costumbres y con una moral laica algo fría y aséptica; admiraban a todo lo «europeo » y tenían muy poca comprensión hacia los valores tradicionales españoles. Su influjo en la vida intelectual, y más tarde en la política, fue creciente, hasta culminar en el primer tercio del siglo XX.

Al mismo tiempo que Giner fundaba la Institución (1876), publicaba su primer libro un hombre que iba a influir tanto como él en la historia de España: Marcelino Menéndez Pelayo. Individualista, incapaz de formar escuela, poseía una de las inteligencias más poderosas de su tiempo y una formidable capacidad de exposición. Su obra, opuesta, también ideológicamente, a la de Giner, venía a proclamar a voz en grito aquellos ideales de vida que, por «tradicionales», avergozaban o poco menos a los intelectuales de su generación. Para Menéndez Pelayo, España solamente podría marchar adelante si se reencontraba a sí misma y sabía hacerse fiel a los altos ideales religiosos y éticos de los mejores momentos de su historia. Su obra dio fuerzas e ideas a todas las corrientes que de entonces en adelante predicaron la renovación de España dentro de los cauces de sus tradiciones más puras y auténticas.

El problema de Cuba

La tranquilidad del último cuarto de siglo fue turbada en los últimos años por un problema que se fue haciendo de más en más molesto, hasta convertirse en desastre. La isla de Cuba se había revalorizado con el desarrollo económico; pero, paralelamente a lo ocurrido con la América continental del siglo XVIII, había fomentado una burguesía criolla que acabaría mostrando afanes independentistas. Ya varias veces se habían registrado intentonas. La última, el *grito de Baire,* tuvo lugar en 1895, y la guerra en la isla se hizo general.

Martínez Campos, el militar más prestigioso de la España de la Restauración —autor material de la Restauración misma—, fue nombrado capitán general de Cuba, pero fracasó en el empeño. Su deseo de conciliar la gestión política con la acción militar perjudicó a ambas; y su intento de aplicar al conflicto las formas de la guerra convencional se estrelló contra la habilidad de las guerrillas. Cánovas, decidido a acabar cuanto antes el incendio cubano, ante el peligro creciente de una intervención de los Estados Unidos, envió en 1896 al general Weyler, y movilizó cada vez más recursos: la guerra absorbió a 200.000 soldados y exigió un gasto de 1.000 millones de pesetas. La táctica de Weyler, menos brillante, pero más realista consistía en la limpieza sistemática del terreno y en la concentración de la población en zonas determinadas, para permitir la persecución de los guerrilleros en la jungla. La lucha se endureció, y, aunque los progresos de Weyler eran visibles, la inquietud de los Estados Unidos aumentaba de día en día.

El 8 de agosto de 1897, Cánovas fue asesinado por un anarquista. El régimen de la Restauración perdía a su figura más representativa, y tal vez al único hombre capaz de llegar a una salida constructiva en el problema cubano. Sagasta, que subió inmediatamente al poder, quiso hacer honor a su ideario liberal: relevó a Weyler, volvió a la política de la blandura y organizó un Gobierno semiautónomo en La Habana, con un parlamento propio y una administración independiente. La solución no convenció a casi nadie: los independentistas se envalentonaron y exigieron la retirada total de los españoles, mientras otro grupo acusaba a Sagasta de excesivas concesiones.

En febrero de 1898, el crucero norteamericano *Maine,* anclado en la bahía de La Habana, hizo explosión y se hundió con una buena parte de sus tripulantes. Nunca se aclararon las causas de la catástrofe, y las autoridades estadounidenses se negaron a su estudio por una comisión conjunta. No querían reconocer otro motivo que un criminal sabotaje español. La opinión pública norteamericana, manejada por los intereses de las compañías azucareras y por la cadena de prensa Pulitzer, contratada al efecto, se indignó ante la tropelía y exigía la guerra. El presidente Mac Kinley ofreció 300 millones de dólares por la compra de la isla; España, por dignidad, se negó, aunque ya sabía cuáles iban a ser los resultados de su negativa. Fallaron los intentos de un arreglo diplomático, de un arbitraje internacional, la mediación del Pontífice León XIII. El 23 de abril de 1898, Estados Unidos declaraba la guerra a España.

El desastre

Fue una guerra breve y fácil para los norteamericanos. Con todo, muchos comentaristas en Europa creyeron posible una victoria de España. Los Estados Unidos carecían prácticamente de ejército profesional y tuvieron que improvisarlo casi todo; pero su inmenso potencial económico y la cercanía de sus bases a la zona de operaciones le permitieron hacer una guerra cómoda frente a una España lejana y agotada.

Un ejército yanqui desembarcó cerca de Santiago de Cuba, pero tropezó con una fuerte resistencia española, que, pese a la inferioridad numérica, parece que hubiera podido contener a los atacantes. Pero la contienda no se decidió en tierra, sino en el mar. Un incidente estúpido —un debate parlamentario— obligó a la escuadra española a salir de la bahía de Santiago en condiciones técnicamente absurdas, y fue deshecha —3 de julio de 1898— por la poderosa flota del almirante Sampson. Ya nada había que hacer; España, sin escuadra, no podía aspirar a seguir defendiendo la isla de Cuba. El único camino lógico era pedir la paz.

Fue la paz de París, firmada aquel mismo otoño. España perdía Cuba, Puerto Rico y Filipinas, últimos jirones de su imperio. Perdía también la ilusión y la alegría fácil de toda una *belle époque*. El colapso moral, más fuerte aún que el material, abría con una amargura inesperada el panorama del nuevo siglo.

VI. EL SIGLO XX

Dos fenómenos caracterizan el siglo XX en el mundo entero: el despegue demográfico y la tecnificación. La sociedad se organiza hasta términos insospechados, aumentan de forma prodigiosa los «servicios» y la socialización se impone como una creciente necesidad. Los problemas, por razón de la masificación y del entrecruce de los intereses sociales, se hacen inmensos, y el Estado —independientemente del régimen político constitucional— se hace cada vez más poderoso, a fin de atenderlos y solucionarlos.

España vive también el despegue demográfico (entre 1900 y 1975, la población pasa de 18 a 36 millones), sobre todo en las grandes ciudades, que son las que crecen con mayor espectacularidad; y se transforma en su paisaje, en su ritmo de vida y en su ambiente, merced a la técnica. Puede parecer entre estúpido y perogrullesco decir que «las crisis españolas del siglo XX son muy parecidas a las del siglo XIX, sólo que rodeadas de automóviles, partidos de fútbol y música ligera»; pero no podemos prescindir de estos elementos aparentemente accidentales que envuelven la vida y las vivencias, porque su papel transformador de las mentalidades y del comportamiento social resulta ser inmenso, y puede dar a tales crisis un matiz de fondo muy distinto: como que tal vez lo accidental sea sólo su parecido con las del siglo XIX.

Por de pronto, la masificación y la concentración suponen

un incremento de los problemas sociales. No porque estos problemas sean ahora más agudos que en la centuria anterior, sino porque son más visibles y existe en el mundo obrero una más acusada conciencia de clase y una más amplia masa de maniobra. Se puede hacer una historia política del siglo XIX dejando al margen la «cuestión social»; en el siglo XX, problemas políticos y problemas sociales van indisolublemente unidos, y no puede explicarse un campo sin tener en cuenta al otro.

Pero no es sólo una cuestión de masas, de fuerzas o de organizaciones. Nuestro siglo se diferencia en algo fundamental del siglo anterior. El XIX, con todo su romanticismo y con sus revoluciones, tiene mucho de conformista. Es frecuente encontrar en testimonios intelectuales o historiográficos de la era liberal la conciencia de que se está viviendo en el mejor de los mundos, y de que los defectos del sistema o de la sociedad son puramente accidentales y fácilmente reparables. El siglo XX, por el contrario, es por naturaleza problemático; los españoles comprenden que los males de su patria son profundos y de compleja resolución. Su actitud, cuando se ponen a pensar en ellos, es más bien pesimista y atormentada. Y, aunque creen en la posibilidad de superar los tiempos difíciles, están seguros de que tal superación no puede lograrse sino con una renovación profunda y muy grandes sacrificios. Así, la dinámica del siglo XX alterna los momentos de ímpetu renovador y crisis dramáticas con otros de abulia o abandonismo. Una dinámica más variada —también a veces más trágica— que la de la centuria anterior, y en la que, entre tropiezos y retrocesos, campea la preocupación de los españoles por asegurar sobre una base auténtica, profunda y seria, el propio futuro de España.

1. LA ESPAÑA DE LOS PROBLEMAS

Este sentido preocupado y problemático a que acabamos de aludir procede, en gran parte, de la actitud crítica y polémica con que se inició el siglo. Puede decirse que hasta 1898 aproximadamente la palabra «problema» se había reservado a las cuestiones matemáticas; a partir de entonces, el término se aplica en profusión al campo político, ideológico o social, y se habla de «problemas» por todas partes. Envolviéndolos a todos, empieza a plantearse ya el tan famoso y escurridizo «problema de España».

Las razones de esta nueva actitud de análisis y censura hay que buscarlas en un grupo intelectual —la llamada «generación del 98»—, que da forma a la crisis provocada por la derrota en la guerra de Cuba, pero que responde a una postura ya anterior, y que no se limita, tampoco, a una escuela de escritores y ensayistas. Es evidente que existe por entonces un prurito problemático que, hasta cierto punto, exageró la autocrítica de los españoles y enrevesó aún más los planteamientos: hasta el punto de que tal vez no sea exagerado pensar que el problema más grave de todos fue la manía de los españoles por crearse problemas. Pero también se puede rastrear en la actitud de entonces el deseo de acertar y de buscar bases nuevas sobre las que asentar la vida del país. A la crítica despiadada de los años inmediatamente posteriores al 98 sigue el *regeneracionismo*, un movimiento vago, pero renovador que pudo alcanzar encauzamientos definitivos, y que, en el fondo, nunca se extinguiría del todo.

El espíritu del 98

Exista o no, en sentido estricto, una «generación del Noventa y Ocho», lo indudable es que por los primeros años del siglo XX aparecen en el mundo de las letras y del pensamiento españoles una serie de autores de indudable personalidad, y en los que, con todas las diferencias que quieran señalarse —y fáciles de señalar, porque son todos ellos muy personalistas—, aletea un estilo común y una ideología que puede reducirse a la unidad. Azorín, Unamuno, Valle Inclán, Benavente, Antonio Machado, Pío Baroja, Joaquín Costa, pueden ser poetas, filósofos, ensayistas, dramaturgos, y pueden diferir en sus ideas políticas o estéticas; pero a todos ellos les «duele España» y todos ellos tienen una forma moderna, directa y cruda de plantear las cosas; lejos de los eufemismos y las convenciones decimonónicas, son hombres ya del siglo XX.

En sus obras predomina la crítica, hasta el despiadado poner el dedo en la llaga, para señalar —o exagerar— el mal. La rutina, la ignorancia, la desidia de los españoles y sus Gobiernos son el tema favorito de los hombres del Noventa y Ocho, sobre todo en los primeros años. Y dos ideas complementarias: una, la de que España debe vigorizar sus fuerzas materiales, su economía, su trabajo, su organización, su cultura, de acuerdo con las ideas «modernas», y rompiendo totalmente con las viejas tradiciones. La frase, tomada de Costa, y repetida con ligeras variantes por tantos publicistas: «despensa, escuela y siete llaves al sepulcro del Cid», expresa bastante bien esta actitud. La otra, la de que nuestro mejor programa consiste en *imitar* a los países más adelantados: tenemos que «desafricanizarnos» y «europeizarnos» a toda costa. El grupo del 98 fue el verdadero creador del «mito de Europa», como si lo español no tuviera nada de común con lo europeo, y como si «Europa» fuera, en cambio, algo unitario, es decir, como si

Gran Bretaña, Italia, Dinamarca o Bulgaria fuesen un todo tan uniforme entre sí como opuesto a España.

Sin embargo, con los años, la actitud mental del grupo del 98 cambió bastante en este campo, hasta enraizar el regeneracionismo con el casticismo. Las meditaciones sobre los campos ascéticos de Castilla, el espíritu que informa el arte hispánico, el sentido sobrio del labrador que se mueve de sol a sol sobre la tierra parda, dieron a aquellos hombres la medida de los valores tradicionales y autóctonos. España tiene que despertar, que superar la rutina, la pobreza y la vulgaridad; pero ha de hacerlo por sí misma, y no con módulos de fuera que no nos sirven. Unamuno, que era uno de los europeístas a ultranza, acabaría invirtiendo los términos y hablando de «españolizar a Europa». Se generalizó así el *regeneracionismo,* un movimiento que tuvo su traducción a la política y a la conciencia misma de los españoles. El regeneracionismo pudo ser un despertar sin precedentes, y como tal fue intuido por muchos en su tiempo. Las circunstancias históricas lo malograron; pero aun así, aquel espíritu renovador no desaparecería nunca del todo en todo el resto del siglo XX, y alumbraría nuevos e inesperados impulsos.

El problema político

La generación del 98 abrió la crítica despiadada al régimen de la Restauración. Hasta entonces se habían considerado más que nada sus ventajas; desde entonces se hace hincapié en sus defectos. Lo que se censura es el exclusivismo (Baroja la veía como «un grupo de políticos que miran al Estado como si fuera una finca»), la rutina, la farsa de lo legal, la corrupción electoral, el caciquismo, y, en suma, cuanto el régimen de la Restauración tenía de tramoya teatral y de consagración casi oficial de la hipocresía. Otro fallo que se critica —y especialmente por los propios políticos— es la falta de contenido doctrinal, la vaciedad de los partidos, que viven y disputan sólo por los intereses concretos de sus miembros.

Sobre todo en los últimos años, Cánovas había hecho de la política un arte de contemporizaciones y oportunidades, en que la doctrina había sido sacrificada al arreglo; por su parte, Sagasta opinaba que el mejor gobernante era el que menos se hacía notar, y que la política consistía únicamente en tutelar, «pastorear» la situación. Cánovas había muerto en 1897. Sagasta cayó en 1899, tras el desastre de Cuba. Subió entonces al poder un conservador disidente, Silvela, partidario de una política clara, de ideas y programas, libre de arreglos entre bastidores y pequeños intereses caciquiles: «una política de los españoles para los españoles». El intento, en plena efervescencia regeneracionista, fue bien recibido, pero Silvela, más teórico que político práctico, tropezó con dificultades, y prefirió retirarse muy pronto.

El caudillaje del movimiento regeneracionista fue heredado por un político de ideas parecidas, pero más empuje: Antonio Maura. Aunque Maura no fue jefe del Gobierno, por estos años, más que en 1903-1904 y en 1907-1909, toda la primera década del siglo puede ser llamada «época de Maura», y gira indiscutiblemente en torno a su figura. Lo nuevo en Maura no eran las ideas, que ya pueden encontrarse en Silvela, en Polavieja o en los teóricos del regeneracionismo, sino el estilo. Un estilo joven, revolucionario y hasta increíble en un político de derechas; Maura arrastraba a las masas, y afirmaba con lenguaje nuevo: «Nosotros somos enemigos de las digestiones sosegadas..., somos perturbadores en el Gobierno...» Lo que pretendía era una *revolución desde arriba* que llenase de savia nueva y sana unas instituciones gastadas. Su idea central consistía —para utilizar los términos acuñados por Costa— en hacer que la *España oficial* fuera regenerada por la *España vital,* es decir la auténtica.

Para ello se hacía preciso reformar las instituciones y dotarlas de autenticidad, o hacer que los partidos dejasen de ser clientelas personales o amparo de intereses para hacerse el reflejo de los más amplios sectores de opinión del país; en suma, hacer que el Estado tuviese alma. Pero, al mismo tiempo, exigía Maura que el pueblo se acercase al Estado, mediante una vigorización del sentido cívico, o, como él decía, de la «ciudadanía». Llamó a los españoles a sentirse incorporados a la cosa pública, y transformó el voto, de un derecho, en un deber, al declarar el sufragio obligatorio.

Su Gobierno se caracterizó por la honradez y la actividad, aunque no logró, ni mucho menos, todo lo que se proponía. Multitud de temas fueron atendidos, desde la reconstrucción de la escuadra hasta la seguridad social. Quizá su mayor interés se centró en torno a la nueva Ley de Administración Local, que fue el intento más serio que se había hecho hasta entonces para moderar un centralismo frío e ineficaz, que había sido el motivo constante de casi todos los Gobiernos desde los tiempos de Isabel II.

El problema regionalista

Si la «revolución desde arriba» pretendía adelantarse a la revolución desde abajo, el proyecto de Ley de Administración Local quería atajar un nuevo problema que por aquellos años empezaba a plantearse en España. La crisis del 98 había suscitado un resurgir de los regionalismos, especialmente en Cataluña. Por un momento pareció que la Barcelona industrial, culta y «europea» de comienzos de siglo, que leía a Nietzsche y se entusiasmaba con la música de Wagner, iba a convertirse en cabeza de la nueva España regenerada; así lo entendía Maragall, quien profetizaba que «España resucitaría transfigurada por Cataluña», y una atención especial a los problemas del Principado figuraba en los planes de Silvela y Polavieja. Pero el fracaso de Silvela y la tradición centralista del régimen fueron proporcionando al regeneracionismo catalán un carácter autárquico y hasta independentista; sobre las ideas de Maragall predominaban ahora las de Prat de la Riba, teorizador de una «nacionalidad catalana». Comenzaban así a plantearse en España los regionalismos; al catalán seguiría el vasco, luego el gallego, y todavía algún otro.

En 1901 acudieron ya a las Cortes cinco diputados catalanes pertenecientes a la *Liga Regionalista,* vinculados todos ellos a la vida intelectual o económica de Barcelona. El movimiento progresaba lentamente, cuando en 1905 un incidente le dio alas de pronto. Un grupo de militares asaltó la redacción de dos periódicos catalanistas que habían dirigido ataques al Ejército. El Gobierno liberal de Moret, más por debilidad que por convencimiento, dio la razón a los militares, y toda Cataluña, olvidando matices y partidos, se reunió en un frente común, *Solidaridad Catalana,* que cobró al momento una fuerza irresistible. En las elecciones de 1906, prácticamente todos los catalanes votaron a la Solidaridad, que llegó así a las Cortes como una fuerza inmensa.

Con aquella fuerza se enfrentó Maura cuando subió al poder en 1907. «Abriré un cauce —anunció a los catalanes— que vosotros no tendréis agua suficiente para llenar.» Se refería a la Ley de Administración Local y demás planes descentralizadores. La Ley no prosperó en las Cortes, como Maura esperaba; eran muchos los intereses creados que venía a romper. Pero en las propias discusiones se rompió también el frente de la Solidaridad Catalana, que pronto iba a disolverse en la inoperancia. Un grupo, dirigido por Cambó, aceptó los planes del movimiento que Maura dirigía, sobre la base emblemática de «una Cataluña grande en una España grande». El catalanismo tendía a encauzarse y convertirse en fuerza constructiva, tanto para el Principado como para la nación. Maura acabaría cayendo antes de que la mayor parte de sus ideas descentralizadoras se hubiesen llevado a cabo, con lo que el problema volvería a plantearse con mayor virulencia. El centralismo y el caciquismo quedaban denunciados, eso sí, pero no resueltos.

El problema social

La pérdida de Cuba y Filipinas provocó una crisis económica aguda, aunque pasajera. Esta crisis se superó sorprendentemente pronto, mediante una corriente de fusión de capitales y empresas. La industria mediana o pequeña salió perdiendo, o se hundió, en beneficio de aquella que podía disponer de fuertes reservas; el resultado fue una tendencia generalizada, por los primeros años del siglo XX, a la concentración industrial. Lo que podía quedar del viejo patriarcalismo artesano desapareció. El obrero trabajaba ya en factorías inmensas, en las que muchas veces ni conocía al dueño, ni sabía siquiera su nombre. Concentración masiva y mayor distanciamiento entre empresarios y trabajadores: dos circunstancias muy proclives a la tensión social.

Por otra parte, sería preciso estudiar lo que Brenan llama «el 98 de los obreros». Hubo, al parecer, en el mundo proletario una especie de crisis de actitudes y toma de una nueva conciencia. Se comprendió que con doctrinas utópicas y con iniciativas individuales no se iba a ninguna parte. Lo que hacía falta era organizarse, unirse y operar bajo consignas fijas, de acuerdo con una disciplina. Se originó así un fenómeno curioso: el socialismo, que hasta entonces había medrado difícilmente y contaba con fuerzas ridículas al lado del anarquismo, comenzó a tomar un auge insospechado apenas iniciado el nuevo siglo. La UGT pasó en dos años de 6.000 a 26.000 afiliados, llegando en 1908 a 35.000. Por contra, los anarquistas descendieron, solamente en Barcelona, de 45.000 en 1902 a 10.000 en 1909. Cierto que seguían siendo más, pero el socialismo, con ideas más claras, buena organización y hombres disciplinados, demostraba una eficacia mucho mayor, como se vio en las primeras huelgas generales de Bilbao y Santander (1903-1906).

Los anarquistas comprendieron que tenían que cambiar de sistema. Así fue cómo el anarquismo utópico de Bakunin fue abandonado por completo, para recurrirse al anarcosindicalismo de Kropotkin. Los anarquistas seguían sin reconocer jefes ni forma alguna de poder; pero se organizaban en sindicatos y en comités, donde se tomaban las decisiones y se coordinaban los planes. La tendencia al terrorismo, iniciada ya a finales del siglo XIX, se generalizó en la primera década del XX, no sólo en España, sino en la mayor parte de Europa. El joven rey Alfonso XIII, símbolo por aquellos años del regeneracionismo español, sufrió un atentado en París en 1905 y otro en Madrid el día de su boda con doña Victoria Eugenia de Battenberg; el monarca resultó ileso, aunque la intentona produjo numerosas víctimas.

Pero el gran acto de fuerza del anarquismo fue la *Semana Trágica* de Barcelona, en julio de 1909. Un nuevo problema, el de Marruecos, estaba planteado desde que en 1902 fue concedida a España una zona de influencia en el norte de África: tal zona era casi improductiva y fuente de preocupaciones, pero si España no se hacía cargo de ella lo harían los franceses, con el consiguiente desprestigio español y el disgusto británico, que no quería ver a Francia dueña de la otra orilla del Estrecho. Una insurrección de los rifeños obligó a enviar tropas en el verano de 1909, las cuales se tomaron, imprudentemente, de la guarnición de Barcelona. Fue el momento aprovechado por los anarquistas. Durante siete días, la capital catalana fue pasto de las llamas, de la rapiña, del saqueo desenfrenado y hasta de profanaciones de tumbas. El odio social, acumulado durante años, estalló en una explosión ciega y destructora. Tropas llegadas de Valencia y Zaragoza restablecieron el orden; pero las docenas de víctimas y las destrucciones por doquier eran ya realidades irreparables.

El Gobierno de Maura reaccionó con firmeza e hizo juzgar en Consejo de Guerra a los supremos responsables. Entre los fusilados figuraba Francisco Ferrer, un intelectual idealista que dirigía la *Escuela Moderna,* destinada a la redención cultural de los obreros, y donde se predicaba el terrorismo. La ejecución de Ferrer fue seguida de una campaña de prensa sin precedentes en España y el extranjero, donde se pretendía convertirle en mártir inocente. Las izquierdas aprovecharon la coyuntura para pedir la caída del Gobierno, al grito, que pronto empezó a sonar por todas partes, de «¡Maura, no!». Los partidos liberales no simpatizaban con el anarquismo más que los conservadores; su actitud obedecía únicamente a razones de táctica. Y culminó con el anuncio de retirada de las Cortes de todos los partidos de izquierda en tanto el Gobierno no presentara la dimisión. Los propios conservadores no apoyaron a Maura, como éste hubiese deseado. El primer ministro era un hombre de indiscutible valía, pero tenía un temperamento dominante y era en exceso personalista; para más, propugnaba una política de reformas que iba a herir muchos intereses creados; quizá, sobre todo, los de los grandes prohombres conservadores.

El hecho es que la mayoría de los políticos dejaron a Maura solo ante la crisis. Y cuando el jefe del Gobierno, decidido a seguir adelante, solicitó la confianza del monarca, Alfonso XIII —según algunos, mal aconsejado— se la denegó. La caída de Maura, lógica desde el punto de vista político, dejaba, sin embargo, a España en un callejón sin salida.

El problema religioso. Gobierno de Canalejas

Los Gobiernos de la Restauración, en general, habían sido respetuosos con la Iglesia, y las relaciones de ésta con el Estado se habían mantenido en un plano entre bueno y cordial. El anticlericalismo no surgió de nuevo —sin duda por imitación de un fenómeno similar en Francia— hasta los primeros años del siglo XX. Un poco en la línea crítica del movimiento del 98, la izquierda española dio en una campaña, de censuras a ultranza contra la jerarquía y el clero, a los que se acusaba de anquilosamiento, rutina, excesivo influjo en la sociedad del país e intromisión en actividades no apostólicas. En estas acusaciones no sería difícil encontrar una parte de razón y otra parte de hipocresía.

En 1910 subió al Gobierno un conocido político anticlerical: José Canalejas. Todos esperaban o temían de él un golpe duro contra la Iglesia. Canalejas, un poco de vuelta ya de sus anticlericalismos juveniles, parece que tuvo que actuar un poco para la galería, con algunas medidas que causaron sensación, entre ellas la célebre *ley del candado,* que prohibía la entrada en España de toda nueva Orden religiosa. Fue una disposición más espectacular que efectiva, por cuanto en España ya se encontraban establecidas prácticamente todas las Órdenes existentes, y que, gracias a la ley, quedaban garantizadas en adelante; y no cabe duda que Canalejas lo comprendió así. Fue, con todo, una intemperancia radical que comportó la ruptura de relaciones con Roma, por más que Canalejas tardase muy poco en reiniciar negociaciones secretas con la Santa Sede.

Pero el anticlericalismo de Canalejas fue sólo lo más espectacular, no lo más profundo de este político. Su talento y su actividad lo presentaron muy pronto como un estadista de categoría. La izquierda española, tan afecta siempre a los tópicos, y más atenta a deshacer que a construir, parecía haber encontrado, por fin, el hombre que necesitaba. La forma con que Canalejas resolvió la huelga general de ferrocarriles en 1911 —la más amplia que nunca se había declarado en España— le conquistó las simpatías tanto de la derecha como las de la izquierda: con lo extraordinariamente difícil que era conseguir tal objetivo en España. Y cuando en el mismo año de 1911, alemanes y franceses intervinieron en Marruecos, Canalejas, con una firmeza desconocida en la política exterior española, movilizó tropas y organizó una expedición que dejó a salvo los intereses españoles. Fue la primera —y la última— ocasión en que la España liberal habló fuerte en el lenguaje internacional.

El izquierdismo de Canalejas no fue obstáculo para que tendiera la mano a la derecha, e incluso se le vio dispuesto a entenderse con Maura mejor que los propios conservadores. Alguien hablaba de la posibilidad de un turno Maura-Canalejas, capaz de sustituir con ventaja —porque eran hombres de más garra, cada cual revolucionario a su estilo— a la histórica pareja Cánovas-Sagasta. Pero todas aquellas esperanzas se vinieron abajo de pronto. El 12 de noviembre de 1912, y en plena vía pública, Canalejas era asesinado por un anarquista.

2. LA DISOLUCIÓN DE LOS PARTIDOS HISTÓRICOS

La muerte de Canalejas y el ostracismo de Maura señalaron el fin de los intentos regeneracionistas. En adelante el país estaría en manos de los «idóneos», palabra con la que se designaba un tipo de políticos sin grandes inquietudes renovadoras, convencidos de que la aventura de una revisión a fondo podía ser peligrosa y que lo conducente era salir del paso mediante la ya consabida táctica de los arreglos entre partidos, es decir, llevar adelante el sistema canovista, con sus ventajas y sus defectos, hasta donde fuera posible. Se llegó así a lo que Fernández Almagro llama la «disolución de los partidos históricos», en que los grupos políticos, faltos de sustancia y de doctrina, vegetan sin más cohesión que la de los intereses comunes, cuando los hay, o se subdividen hasta el infinito en cuanto surge cualquier motivo de divergencia. Los hombres pesan más que las ideas, de suerte que cada grupo se une en torno a un jefe más por el prestigio de su persona que por la fuerza de su doctrina, que tal vez no la tiene. Ya bien entrado el siglo XX, se daba el caso de que los políticos, las opiniones, la prensa, ya no se sentían liberales o conservadores, sino *mauristas, datistas, ciervistas, prietistas* o *romanonistas:* se había impuesto en España el fenómeno del «fulanismo».

Los Gobiernos que siguen al de Canalejas, presididos los conservadores por Dato o Sánchez Guerra, los liberales por

Romanones o García Prieto, son débiles (duración media, entre 1913 y 1923, nueve meses; contando a partir de 1917, cuatro meses), y aparecen casi siempre desbordados por los problemas. La España vital —organizaciones obreras, económicas, intelectuales...— aplasta con su enorme peso incontrolado a la dividida e irresoluta España oficial.

La primera guerra mundial

Fue, sin duda, una feliz coincidencia que el conflicto de 1914 cogiera a Dato en el poder, puesto que Romanones era intervencionista —a favor de los aliados—, en tanto que Dato era neutralista. También lo era Alfonso XIII. Parece conjeturable que la entrada de España en la guerra hubiera acarreado más pérdidas que ganancias, habida cuenta del trato que recibieron las medianas y modestas potencias en la paz de Versalles.

La neutralidad, por supuesto, tenía también sus ventajas e inconvenientes: los barcos españoles eran torpedeados, los precios subían de una forma alarmante, y España se llenaba de espías y agentes extranjeros, que venían a enturbiar aún más el ambiente.

También se realizaron magníficos negocios, especulando con las necesidades imperiosas de los beligerantes, y hubo quien se enriqueció vendiendo a los dos bandos a la vez. Las grandes casas mejoraron sus rendimientos, pero quizá los máximos beneficiarios fueron los «nuevos ricos», gentes con ingenio o con suerte, que, aprovechándose de las circunstancias, pasaron en pocos años de pobres a millonarios. Los precios subieron por primera vez en fuerte pendiente, como no lo habían hecho desde el siglo XVIII; las ventas masivas al extranjero había que pagarlas a costa de la escasez en el mercado interior. La estructura económica del país quedó de pronto transformada y, desde luego, más desarrollada que antes; pero no de forma armónica, ni beneficiosa para todos. El funcionario a sueldo fijo, el pequeño rentista, el modesto ahorrador, quedaron perjudicados por la carestía. Y el obrero más salió perdiendo que ganando, porque los salarios subieron más lentamente que los precios.

Todo ello, junto con la llegada a España de agentes marxistas expulsados de sus respectivos países, avivó la protesta social. La pistola había sucedido a la bomba, y los atentados se hacían cada vez más personales y directos. Ya en 1910 se había fundado la organización sindical anarquista, la CNT, que prosperó, sobre todo, por los años de la guerra mundial. El clima de terror aumentó, y pronto se llegaría a la huelga general revolucionaria.

La crisis de 1917

En 1917 estalla la revolución soviética, que tanta repercusión habría de tener en el mundo entero; también aquel mismo año hubo amagos de revuelta y deserciones en los propios bandos beligerantes (concretamente en Francia y Alemania), y España sufre también un embate de inquietudes revolucionarias, que va a provocar una de las crisis más graves del siglo y a acabar con lo que quedaba del régimen de la Restauración. La crisis de 1917 registra tres formas distintas de manifestación: militar, política y social; pero su coincidencia cronológica no es una simple casualidad.

En el seno del Ejército cundía el descontento por el abandono en que el Gobierno tenía al elemento militar, tanto en el aspecto personal como en el material. Por otra parte, la abundancia de militares (procedentes de las hornadas masivas de la época de la guerra de Cuba) había generado un ambiente antimilitarista en ciertos sectores. Los militares se sentían desprestigiados e incomprendidos, y su protesta se dirigía, sobre todo, contra el Ministerio, que seguía una desacertada política de ascensos, con la consiguiente proliferación de favoritismos.

Para defender el sistema de ascensos por escala cerrada se establecieron en 1916 y 1917 las primeras *juntas de defensa,* que algún autor ha comparado con una especie de «sindicato militar». Pero pronto las juntas desbordaron el ámbito puramente profesional, para hacerse intérpretes del ansia de renovación existente en el país; su oposición al Ministerio acabó traduciéndose en oposición al régimen y en demanda de un régimen nuevo. Pronto se vio en las juntas de defensa un peligro revolucionario, con lo que el Gobierno, en mayo de 1917, ordenó al capitán general de Cataluña que disolviera la de Barcelona, que era la más inquieta de todas. Las demás juntas se solidarizaron en una actitud de protesta, y el Gobierno, débil, como siempre, dimitió. Era la primera intervención del Ejército en la política desde los tiempos de Pavía y Martínez Campos. Pero esta vez faltó un líder político y un programa completo. Maura se negó a la insinuación de dirigir un movimiento renovador de acuerdo con los militares, y éstos se limitaron a dirigir unos cuantos «consejos» a Alfonso XIII. La crisis fue superada, pero el régimen aparecía más débil que nunca, aparte de que ya se sabía que en adelante —como en todos los momentos de debilidad del poder— habría que contar con los militares.

Casi al mismo tiempo se producía una crisis de tipo político-ideológico, en todo paralela —aunque dialécticamente opuesta— a la militar. La idea de celebrar una *asamblea de parlamentarios* al margen de las Cortes fue obra de un grupo de intelectuales catalanes, y, sobre todo, de Francisco Cambó, aquel político amigo de Maura que quería sustituir la *España oficial* por la *España vital.* Su proyecto era utilizar todas las fuerzas vivas del país para lanzarlas contra el Estado; el resultado sería la sustitución del régimen, pero más aún una sustitución de fuerzas y de estamentos rectores: la maquinaría anquilosada dejaría paso a una maquinaria joven y sana.

La Asamblea de Parlamentarios se reunió al fin en Barcelona, en julio de 1917, a pesar de la prohibición del Gobierno, a quien ya nadie obedecía. Representa la entrada en política de nuevos sectores, entre ellos la intelectualidad y la burguesía activa (no la terrateniente y rentista, aferrada desde tiempo al poder). Su composición heterogénea y la inasistencia de Maura y los mauristas —que estaban informando por entonces un verdadero movimiento, sobre todo entre la juventud de la clase media— restó eficacia a la Asamblea. Cambó temió que la deserción de la derecha dejase la obra reformadora en manos de una izquierda más iconoclasta que proyectista. Por otra parte, la huelga general revolucionaria asustó a los componentes burgueses de la Asamblea, que eran mayoría.

La huelga es el tercer capítulo de la crisis de aquel verano. Fue también producto de un deseo común de acabar con el sistema existente. El descontento social, como queda dicho, se había extendido en la época de guerra. La subida de precios —un 80 por 100 en cinco años— y la concentración industrial —solamente en la rama siderúrgica los obreros pasaron de 60.000 a 200.000 en el mismo tiempo— dieron fuerza y unión a los proletarios. La huelga fue organizada por la UGT socialista y la CNT anarquista, y pretendía una paralización total del país hasta obtener la caída total del régimen y la reunión de una asamblea constituyente. Las luchas entre los partidarios de la huelga y los que pretendían seguir el trabajo, así como la indisciplina de los anarquistas, originaron actos de violencia. El Gobierno recurrió al Ejército, que para mantener el orden se encontró de pronto apoyando al régimen que acababa de criticar.

La desunión de los distintos elementos revolucionarios condenó al fracaso el intento reformista a ultranza de 1917. Pero el régimen quedó maltrecho. El propio Cambó aconsejó al rey un gobierno de coalición. Los distintos partidos se unían a la defensiva. Siguieron varios gabinetes en que se sentaron a la misma mesa Maura, Dato, García Prieto, Cambó... El sistema de dos partidos opuestos que se ponen de acuerdo para cumplir unas reglas del juego y turnarse en el poder, que había regido en España desde 1875, se había roto definitivamente.

Liquidación del sistema canovista

Los Gobiernos de concentración fueron una medida de urgencia, no un sistema. Éste puede decirse que no existía ya. Los partidos se habían convertido en pequeñas e inoperantes clientelas personales. Y la crisis se precipitaba en todos los sectores. En marzo de 1921 fue asesinado Eduardo Dato, el prudente político conservador y quizá el mejor estadista de entre los «idóneos»; el hecho venía a demostrar, entre otras cosas, que ser primer ministro en España era un peligro de muerte. En julio del mismo año sobrevino el desastre militar de Annual, en Marruecos, que vino a desatar una oleada de polémicas y críticas sin precedentes. En lugar de procurar corregir el yerro, organizarse, contraatacar, lo único que preocupó por entonces a los españoles fue «exigir responsabilidades» y echarse la culpa del desastre unos a otros en una fabulosa almoneda de trapos sucios. Lo único que quedó claro fue la evidencia de que la moralidad pública andaba por los suelos y las clases dirigentes estaban desacreditadas a vista de todos.

La economía entró también en barrena. El fin de la guerra fue el fin del negocio. Nadie se había preocupado de pasado mañana, y la producción se había centrado en torno a los artículos demandados por los beligerantes. En 1918 el comercio exterior había registrado un superávit de 363 millones de pesetas, y en 1919, de 427. En 1920 hubo ya un déficit de 424, y en 1921, la pérdida fue de 500 millones. Las compañías que habían hecho tan buena pitanza quebraban, cerraban las fábricas y miles de obreros quedaban en la calle. La Deuda Pública ascendía por entonces a 16.000 millones de pesetas, y nadie sabía cómo pagarla. Los conflictos sociales se multiplicaban, los atentados en la calle estaban a la orden del día y la descomposición del país había llegado al máximo: como que, según hoy se sabe, Alfonso XIII proyectaba abdicar.

3. LA DICTADURA. LOS AÑOS VEINTE

El 13 de septiembre de 1923, el general Primo de Rivera, capitán general de Cataluña, dio un golpe de Estado y proclamó una dictadura militar. El rey Alfonso XIII, que por un lado la deseaba, como último remedio, y por otro la temía, aceptó el hecho consumado. Los mismos políticos e intelectuales que representaban al régimen depuesto escribieron en los periódicos de entonces que el golpe respondía a una auténtica necesidad.

La dictadura señala un paréntesis de calma verdaderamente insólito en lo que iba de siglo. Primo de Rivera, hombre de un autoritarismo paternalista, no encontró resistencia. Cesaron los atentados, los desórdenes, las huelgas revolucionarias y la efervescencia tumultuosa del país; todo el mundo se puso a trabajar en paz, y España (ya fuera por el orden, por la buena administración o por la favorable coyuntura) entró en el tramo histórico más próspero de lo que iba de siglo.

La dictadura, aun con sus defectos y rasgos negativos, se nos ofrece, en términos generales, como una etapa de paz y desarrollo. Todo se había transformado de la manera más espectacular. Y este hecho nos permite la sospecha de que los males de España no eran tan vitales ni tan profundos, y que, arrinconando un régimen político ya inservible, las cosas volvían a marchar satisfactoriamente.

Ahora bien: el hecho de arrinconar al viejo régimen de la

Restauración, ¿significa que la dictadura vino a implantar un régimen nuevo? El mismo nombre de *dictadura,* consentido por el propio don Miguel Primo de Rivera, nos hace suponer que no. El general, educado políticamente en la escuela del liberalismo, no podía concebir otro sistema «normal» que el liberal que él había conocido. La dictadura, a su modo de ver, no era un «régimen», sino tan sólo una situación transitoria, un paréntesis abierto para reparar la maltrecha maquinaria del Estado, y que, una vez cerrado, facilitase el retorno a la «normalidad».

Primo de Rivera era un tanto simplista y optimista por naturaleza. Estimaba que «diez o doce medidas» serían suficientes para cambiar las cosas, y que en «cuatro o cinco meses» estaría la obra terminada. Sólo transcurrido el tiempo comprendió las dificultades de una vuelta atrás, y procuró prolongar la vida de aquella situación transitoria —con la consiguiente impaciencia de los políticos aburridos—, e incluso proyectó tímidamente su conversión en un nuevo sistema; pero a Primo de Rivera, como dijo de él su hijo José Antonio, «no le entendieron los que le querían, y no le quisieron los que podían haberle entendido». La dictadura, con todas sus realizaciones y su prosperidad, quedaba así hipotecada a su transitoriedad. Primo de Rivera, abandonado progresivamente por las fuerzas vivas del país, acabaría dejando el poder, con lo que se cerraría el paréntesis y se volvería a la normalidad. Aunque el regreso a los desórdenes bien merecería que le llamásemos «vuelta a la anormalidad».

El directorio militar

Entre 1923 y 1926, España fue gobernada por un directorio militar presidido por Primo de Rivera. Su programa fue más que nada negativo: acabar con el desorden, la subversión social, la bancarrota económica, el problema de Marruecos. Luego, un gabinete civil (1926-1930) intentaría la parte constructiva del programa.

El restablecimiento del orden público fue más fácil de lo que se podía suponer, y puede decirse que no necesitó medidas drásticas. El simple golpe de Estado o, en algún caso, la estricta ejecución de la ley, bastaron para garantizar la tranquilidad. Primo de Rivera quiso mostrar desde el primer momento atención a los problemas sociales, y consiguió, como ningún Gobierno liberal había conseguido, la colaboración de la UGT. Francisco Largo Caballero, sucesor de Pablo Iglesias, fue nombrado consejero de Estado. Cierto que aquella colaboración no duró hasta el final del régimen de la dictadura. También trató Primo de Rivera de atraerse al catalanismo, o, quizá mejor, a los catalanes, con los que ya había estrechado buenas relaciones durante su etapa de capitán general; frecuentes viajes del rey y del dictador, mejoras materiales y una especial atención administrativa lograron también, al menos durante los primeros años, su objeto.

Pero el mayor éxito del Gobierno militar de Primo de Rivera fue la solución de aquella pesadilla que era el problema de Marruecos. La rebelión en la zona española de protectorado era ya una endemia insoportable, que había gravitado durante casi un cuarto de siglo sobre la sangre, el dinero y hasta los nervios de los españoles. Primo de Rivera obró, por fin, sistemáticamente; primero hizo replegar líneas, reorganizó las unidades y los mandos, y planificó seriamente las operaciones. Luego, y con apoyo francés, lanzó la ofensiva en el lugar decisivo: fue el desembarco de Alhucemas, en septiembre de 1925. Una nueva generación de militares —Sanjurjo, Varela, Franco, Mola, Muñoz Grandes— llevó la operación con sorprendente facilidad. La resistencia de los rifeños se hundió, y su principal cabecilla, Abd-el-Krim, cayó prisionero. En enero de 1926 regresaba Primo de Rivera a la Península. La pesadilla de Marruecos había terminado.

El gabinete civil

Quizá lo mejor que pudo hacer Primo de Rivera fue retirarse a comienzos de 1926. Nadie hubiera tenido el menor motivo para censurarle. Es imposible juzgar hoy en qué grado pesaron en la decisión de prorrogar su mandato el apego al poder y la conciencia de una necesidad nacional. Una cosa estaba clara: que si el dictador se marchaba en aquellos momentos, regresarían sin más los políticos y la política de antes, es decir la catástrofe. Por otra parte, el éxito obtenido presentaba una extraordinaria sugerencia: si con una junta de militares se habían hecho tantas cosas positivas, ¿qué podría lograrse con un auténtico gobierno de especialistas?

Primo de Rivera sustituyó el directorio por un ministerio civil. Al mismo tiempo, insinuó la transformación del sistema provisional de la dictadura en un régimen nuevo, distinto del derribado en 1923. Esta transformación falló a todas luces. Fallaron los políticos y no resultó fácil inventar otros. Se fundó la *Unión Patriótica,* que sería, según Primo de Rivera, un «partido apolítico», contradicción que casi nadie entendió. Se reunieron las Cortes en forma de *Asamblea Nacional,* con mediano éxito. El nuevo régimen nunca llegó a cobrar forma ni a tener ideas claras.

En cambio, el éxito acompañó a la gestión administrativa. En Hacienda, un joven ministro, Calvo Sotelo, cuidó el régimen fiscal, y sin necesidad de establecer nuevos impuestos logró que los ingresos del Estado aumentasen un 78 por 100. El presupuesto de 1927, por primera vez en lo que iba de siglo, se liquidó con superávit; el saldo positivo fue aún mayor en 1928 y 1929. Ello permitió llevar a la práctica el más amplio plan de conversión de la Deuda que se había realizado en España; aproximadamente el 80 por 100 de los acreedores del Estado accedieron a cobrar en largos plazos —de hasta sesenta años—, pero a más altos intereses y sobre conceptos consolidados. Otra decisión de Calvo Sotelo fue la fundación de la CAMPSA, en un momento en que la motorización se imponía por todas partes, y el mercado de petróleos estaba controlado en España por dos compañías extranjeras, la *Standard* y la *Shell.* El Estado y un consorcio de 31 bancos aportaban el capital necesario para que la nueva compañía, de propiedad exclusivamente española, monopolizase la distribución de carburantes y hasta adquiriese pozos petrolíferos en Venezuela. El precio de la gasolina bajó. Se beneficiaron de la operación el Estado y los consumidores; salieron perjudicados, naturalmente, las compañías extranjeras y los intermediarios.

El conde de Guadalhorce, ministro de Fomento, fue uno de los creadores de la política hidráulica en España. Estableció las Confederaciones Hidrográficas, que planificaron toda una red de embalses para regadíos o aprovechamiento hidroeléctrico. Siete mil kilómetros de carreteras fueron transformados en pistas de firmes especiales, y el nuevo Consejo de Ferrocarriles, que mejoró el material rodante y comenzó la obra de electrificación, hizo que hacia 1929 los trenes españoles figuraran entre los mejores de Europa.

Los felices años veinte

España había entrado en una fase de prosperidad tal vez sin precedentes. Nadie puede dudar que uno de los factores del auge hay que buscarlo en un gobierno firme y en una administración honesta y activa. Pero no todo debe atribuirse a méritos de la dictadura. La coyuntura del momento era también extraordinariamente favorable; en todo Occidente se registra una época de aflujo de capitales, pleno empleo, gran capacidad de consumo y alto nivel de vida. A la prosperidad se une la alegría de vivir, que da a aquella época un aire muy especial, con su música ligera, el triunfo del cine y los grandes deportes de masas, o se desparrama por el mundo el fenómeno del turismo gracias a la multiplicación del automóvil. Son los *felices años veinte.*

España vive, como el resto de Europa, estos años de prosperidad y diversión. Crecen las ciudades en ensanches ordenados, se construyen magníficos parques, se organizan las Exposiciones Universales de Barcelona o Hispanoamericana de Sevilla, donde el régimen se vuelca en gastos ostentosos; los españoles aplauden a Raquel Meller, a Belmonte, a Ricardo Zamora o a Paulino Uzcudun. El campeonato de Liga de fútbol comienza a jugarse en la temporada 1927-28. Desde 1923-24 comienza a desarrollarse la radiodifusión española. El turismo internacional descubre nuestro país.

No todo es frivolidad, por supuesto. De los años 20 son también Benavente, Ortega y Gasset, Juan Ramón Jiménez, Gaudí, Zuloaga, Benlliure; perdura, en suma, esa «edad de plata» de la cultura y el arte españoles iniciada con los hombres del 98. En medio de aquella sociedad trepidante, alegre y divertida se aprecia, también, una hondura y una preocupación que no son fáciles de encontrar en la *belle époque* de la Restauración, por ejemplo. La España de la dictadura es alegre, pero no, al menos en ciertos sectores, confiada.

La caída de la dictadura

Puede parecer sorprendente que el régimen de Primo de Rivera, con todas sus realizaciones positivas y su prosperidad ambiente, fuese perdiendo popularidad, hasta aconsejar al general la dimisión en 1930. Hay que tener en cuenta que la dictadura fue, por definición del propio dictador, un paréntesis que tenía que caducar, y que muchos intereses querían ver cerrado cuanto antes. Debe reconocerse también que el sistema dictatorial había gobernado y administrado con más aciertos que errores (aunque críticas nunca le faltaron), pero no había resuelto los problemas de fondo, que seguían siendo los mismos, aunque permaneciesen cuidadosamente arrinconados. La prolongación de aquel régimen, por naturaleza y promesa transitorio, durante siete años fue favoreciendo las deserciones: así se pasaron a la oposición los intelectuales, los socialistas, los contribuyentes y hasta muchos militares.

Un hecho vino a unir y dar forma a todas las oposiciones, tímidas hasta entonces: fue la *Gran Depresión,* la catástrofe de la economía occidental en 1929-1930, que alcanzó también a España. La peseta había alcanzado por los años 20 una firmeza sin precedentes. Se había puesto de moda invertir y hasta colocar divisas en bancos españoles, al amparo de su prosperidad. No se trataba, por supuesto, de una formal ayuda a España; los extranjeros compraban pesetas, simplemente, como quien compra acciones en alza. Así se llegó a cotizar la peseta a 27 la libra esterlina, y a 5,85 el dolar. Pero llegó la depresión, y los inversionistas empezaron a retirar su dinero de España. Los bancos se veían al borde del descubierto, y la peseta perdía prestigio por momentos. Calvo Sotelo, aferrado a la idea de la «peseta fuerte», tardó demasiado en devaluar. Cuando al fin lo hizo discretamente —a 33 la libra—, vino la catástrofe. En los mercados extranjeros se exigía a más de 60 por libra.

La prosperidad de los años 20 se venía abajo. No era fácil demostrar que por culpa del Gobierno, pero así lo entendieron, o, por lo menos, lo proclamaron si no todos los españoles, los grupos más activos y más agresivos. Primo de Rivera se dio cuenta de que le fallaba el respaldo —incluyendo el del propio rey—, y prefirió retirarse a tiempo. Dimitió a fines de enero de 1930.

4. LA SEGUNDA REPÚBLICA

La dictadura cayó en enero de 1930. Alfonso XIII cayó en abril de 1931. Tan corto plazo de tiempo nos hace sospechar que ambos hechos están relacionados. Hay quien opina que la dictadura fue la causa de la caída de la monarquía, mientras otros creen que era el último sostén de la monarquía, y que, al fallar, dejó paso abierto a la república. La opinión más generalizada sigue un camino intermedio; se admite que la dictadura vino a sustituir a un régimen que ya en 1923 estaba desvencijado y no podía seguir adelante; pero, al no conseguir formar un régimen «nuevo», dejó, a su marcha, un vacío absoluto.

Es así como en 1930 Alfonso XIII no contaba con fuerzas políticas organizadas en las que apoyarse, y se sintió solo de pronto. Por el contrario, las fuerzas de oposición —tanto las políticas como las sociales—, aunque tampoco organizadas, habían crecido considerablemente con el tiempo, y estaban más enraizadas en la España vital. Las mismas fuerzas de tipo regeneracionista, al comprender que tras la dictadura se tendía a una vuelta al pasado —con los viejos partidos históricos, las oligarquías, el caciquismo y las llamadas «impurezas» de la realidad—, se pusieron abiertamente contra el régimen, es decir contra la monarquía, al menos contra la monarquía tal como la personificaba en aquellos momentos la política de Alfonso XIII.

Así fue como vino la república. Tenía razón Unamuno cuando dijo que en España había más antimonárquicos que republicanos. Republicanos de principios y programas había relativamente pocos, y pertenecían, por lo general, a las clases burguesas e intelectuales. Pero una serie de fuerzas, desde los regionalismos hasta las organizaciones sindicales, apoyaron a la república para utilizarla como el instrumento más adecuado para sus fines. Fue este «republicanismo instrumental» el que acabaría hundiendo a la república en la marejada de los particularismos y en el desorden más absoluto. Todas las fuerzas que durante años habían ido acumulando las pasiones políticas y las tensiones sociales acabarían lanzándose, en 1936, a la guerra civil.

La caída de Alfonso XIII

Tras la dimisión de Primo de Rivera, entre mantener el régimen de dictadura o regresar sin más a la normalidad constitucional, el rey proyectó seguir un camino intermedio. Encargó el Gobierno a otro militar, el general Berenguer, pero con el encargo de ir preparando la vuelta a la Constitución y al régimen de partidos. Berenguer había demostrado ser un buen militar, pero no fue un político hábil. Los antiguos parlamentarios le achacaron desconfianza y recelos, de suerte que parecía difícil un relevo cordial; pero por su parte Berenguer, como atacado de un cierto pudor, quiso dejar en claro su escasa simpatía a la dictadura, y se puso a desmontar, sin más, todo el tinglado del régimen de Primo de Rivera. El vacío empezaba a producirse.

En agosto de 1930, una serie de políticos e intelectuales de muy diversas tendencias firmaron el *Pacto de San Sebastián,* declaración republicana que indicaba por dónde iban los caminos del futuro. Casi al mismo tiempo afloraba la *Asociación Republicana Militar* y la *Agrupación al Servicio de la República,* formada esta última por intelectuales (entre ellos Ortega y Gasset). Por aquellos días se comentaba que «hasta los gatos se habían hecho republicanos», lo cual, si bien no era una verdad estricta, venía a significar, al menos, que las fuerzas más vivas de la nación, los españoles más inquietos y decididos habían tomado partido (por ideas o simplemente por pragmatismo) a favor de la república.

En diciembre de 1930 estallaron dos intentonas militares de carácter republicano, una en Jaca y otra en el aeródromo madrileño de Cuatro Vientos. Ambas, pésimamente organizadas, fracasaron rápidamente, pero demostraron las nuevas tendencias también en muchos sectores del ejército. Berenguer quiso entonces recurrir a una consulta de la opinión mediante unas elecciones generales; pero los partidos decidieron la abstención, con lo que Berenguer, abandonado de todos, dimitió en febrero de 1931.

Fue llamado a formar Gobierno el almirante Aznar, bienintencionado, pero desorientado y débil, que no haría más que certificar el entierro de la monarquía. Para ir preparando a las fuerzas políticas, pero sin ningún compromiso formal, convocó unas elecciones municipales, que nada podrían decidir sobre la naturaleza del régimen, pero permitirían auscultar la opinión. Las elecciones se celebraron el 12 de abril de 1931, y, de acuerdo con los últimos resultados oficiales conocidos, los monárquicos consiguieron 22.150 puestos frente a 5.875 republicanos; éstos triunfaron en ocho provincias y los monárquicos en 42. Los resultados fueron muy similares (o incluso algo más favorables a los monárquicos) que los de otras elecciones precedentes. Pero los republicanos, que conocían la debilidad del régimen, se lanzaron inmediatamente a la calle para celebrar su triunfo sobre la base de que habían vencido en las capitales importantes, donde el censo electoral era más fuerte.

El Gobierno hizo gala de una debilidad inconcebible, y se consideró vencido de antemano. «España se ha acostado monárquica y se ha levantado republicana», declaró el almirante Aznar a los periodistas. El conde de Romanones, enviado por el rey para conferenciar con el comité revolucionario formado por los republicanos, no hizo otra cosa que ponerse de acuerdo con ellos sobre la forma como Alfonso XIII saldría de España. El monarca no abdicó, pero se dirigió a Cartagena, donde embarcó en un buque de guerra rumbo a Marsella. «La Monarquía se hundió, no la derribó nadie. Lo que hicimos los republicanos fue poner en su lugar, ya vacío, la República» (Lerroux).

Planteamiento del nuevo régimen

La república fue bien vista, en un principio, por sectores relativamente amplios del país. En general se opinaba que el nuevo sistema podría hacer lo que no habían conseguido los viejos partidos monárquicos: la regeneración de España mediante la inyección de sangre nueva, vital, a las instituciones públicas. Pronto se vio, sin embargo, que el apoyo a los republicanos por parte de muchas fuerzas tenía un carácter puramente oportunista, y no obedecía exactamente a una cuestión de principios. Y que los republicanos propiamente dichos estaban sumamente divididos entre sí, de suerte que no iba a ser nada fácil formalizar un régimen republicano o una política republicana de programa definido.

Desde luego, la división política del país rozaba la atomización. En la derecha se alineaban *Acción Popular* y los *agrarios,* dos grupos distintos y aun contrapuestos. En la ortodoxia republicana, pero también a la derecha, estaban los *progresistas* de Alcalá Zamora y Miguel Maura. El grupo más numeroso del centro era el *radical* de Lerroux, tan fuerte como vacío de ideas y oportunista en cuanto a su táctica. Los partidos republicanos realmente modernos eran *Alianza republicana,* que dirigía un intelectual brillante, original y audaz, Manuel Azaña, y la agrupación *Al Servicio de la República,* integrada por catedráticos y escritores. Estos dos partidos eran, indudablemente, el meollo del nuevo régimen y los dotados de un más claro programa republicano; pero sus efectivos eran ridículamente escasos en proporción a los demás. A la izquierda estaban los *radicalsocialistas* (burgueses afectos al socialismo), la *Esquerra Catalana* y, sobre todo, los poderosos grupos sociales: *socialistas, anarquistas, anarcosindicalistas* y *comunistas,* estos últimos muy poco numerosos aún, pero bien organizados. Con ello no hemos dado más que una idea muy esquemática de la división de los grupos actuantes. Las combinaciones políticas fueron laboriosas y, como suele ocurrir en tales casos, dieron lugar a designaciones sorprendentes, como la del novelista Azaña para el Ministerio de la Guerra y el filólogo Nicolau d'Olwer, nombrado ministro de Economía.

Aquel primer Gobierno se encontraba constreñido por su propia división, por las presiones de los grupos no auténticamente republicanos, que eran la mayoría de los que constituían el régimen de la república, y por la depresión económica, que se agravaba cada vez más —en parte por efecto de las convulsiones políticas—, de forma que, por amplio que fuese el programa del nuevo régimen, no había apenas medios para llevarlo a cabo. Los desórdenes se desataron a los pocos días. En Cataluña, el coronel Maciá proclamó la autonomía sin contar con el Gobierno, y en mayo comenzaron a arder iglesias y conventos, primero en Madrid y luego en diversas regiones. El Gobierno, para no ser tildado de reaccionario, no reprimió los desmanes. Alcalá Zamora protestó en nombre de los católicos, y entonces lo hicieron presidente de la República, cargo honorífico que lo inmovilizaba políticamente. El dueño de la situación parecía ser Azaña.

El bienio izquierdista (1931-1933)

A los pocos meses de implantada la república se promulgó la nueva Constitución de 1931, doctrinal, utópica y con múltiples contradicciones, para dar gusto a unos y otros. El sistema electoral, para evitar una mezcolanza de fuerzas políticas que hubiera hecho imposible todo gobierno, se estableció de tal modo, que una pequeña diferencia de votos provocaba una gran diferencia de escaños. Este sistema favorecería con exceso a las izquierdas en 1931, a las derechas en 1933 y otra vez a las izquierdas en 1936.

Los auténticos republicanos era un grupo tan pequeño, que necesitaban aliarse con alguien. La idea de Azaña consistió en aliarse con los socialistas; era toda una aventura, que podía resultar bien o terminar en catástrofe. Realmente, Azaña no tuvo en cuenta dos circunstancias: una, el carácter poco colaboracionista del socialismo español, que sólo estaba dispuesto a subir al Gobierno para reclamar, y no para ceder; otra, que el favor al socialismo iba a provocar la inmediata oposición de la otra gran fuerza social: el anarquismo.

En un principio, el pequeño grupo de Azaña intentó llevar a cabo su programa de reformas tajantes, pero luchando, como ha dicho Madariaga, más que «por el porvenir», «contra el pasado», esto es, deshaciendo sistemáticamente toda la obra de la monarquía y de la dictadura, tanto en sus aspectos negativos como en los positivos. Se humilló a la Iglesia y al Ejército. Los jesuitas, una vez más, fueron expulsados de España. El plan más ambicioso del Gobierno Azaña consistía en la reforma agraria, entonces más necesaria que nunca, porque la depresión económica se cebaba preferentemente sobre las estructuras campesinas. El régimen de latifundismo en la propiedad, afianzado en el siglo XIX y mantenido en el XX, hacía que muy pocos pudiesen defenderse de la penuria y que una gran masa de pequeños arrendatarios y jornaleros quedasen desamparados: cientos de miles de trabajadores del campo estaban en paro.

El plan de los republicanos consistía en el reparto de pequeñas parcelas entre modestos agricultores; pero hubo que dejar hacer a los socialistas, que preferían el sistema soviético de las granjas colectivas. El plan fracasó, por la defectuosa adaptación de los campesinos al colectivismo y por la enemiga feroz de los anarquistas, al ver que el Gobierno —los socialistas, concretamente— repartía las tierras entre sus amigos y afiliados, en tanto que los de la CNT se quedaban fuera. Por otra parte, faltaba el dinero y el Gobierno carecía de medios para llevar a cabo el gigantesco plan. La reforma agraria, una vez más, quedó sin hacer en España.

La demagogia del Gobierno, el descontento de la derecha y la amenaza de una completa secesión de Cataluña parece que fueron los factores del alzamiento que dirigió el general Sanjurjo en agosto de 1932, que sólo llegó a estallar en Madrid y Sevilla, de forma improvisada, y con defectuosa organización. El Gobierno pudo restablecer la situación y envió a Sanjurjo y colaboradores al Sahara; pero ya se había malquistado totalmente a la derecha. Con la izquierda quiso también Azaña ser enérgico. La violenta represión que ordenó contra la revuelta social de Casas Viejas (un mísero pueblo andaluz donde habían sido asesinados varios guardias civiles) le malquistó también con gran parte de la izquierda. Los republicanos de siempre se estaban quedando solos. Hasta uno de los intelectuales que más había trabajado por la república, José Ortega y Gasset, publicaba un célebre artículo titulado *No es eso, no es eso.*

El bienio derechista (1933-1935)

El descontento económico y social, el sectarismo antirreligioso, la oleada de violencias desatada en toda España, los separatismos catalán y vasco, habían provocado descontentos contra el régimen republicano desde todos los sectores. La gran masa católica del país, hasta entonces pasiva y desunida, despertó de pronto en un movimiento organizado por un joven catedrático de Salamanca, José María Gil Robles, fundador de la Confederación Española de Derechas Autónomas (CEDA), que pretendía amalgamar a todo el amplísimo frente de derecha —desde los netamente conservadores a los partidarios de una reforma sana y constructiva en el país— bajo el común denominador de lo católico. Gil Robles apareció de pronto como la segunda «revelación» de la república —la primera había sido Azaña—, y se vio en pocos meses al frente de un enorme movimiento. Por el lado contrario, la izquierda se mostraba dividida: azañistas y socialistas no se habían entendido bien, y los anarquistas, opuestos a ambos, parecían llevar razón: lo mejor era no participar en política, porque «la política corrompe», y hacer la revolución desde abajo.

La concentración de la derecha, la división de la izquierda y la abstención parcial de la masa obrera provocó un vuelco espectacular en las elecciones de 1933. Las fuerzas de derecha ganaron 207 puestos, el centro 167 y la izquierda 93. Gil Robles era, desde luego, el gran vencedor, y media España esperaba de él una política radicalmente nueva. Claro está que el complicadísimo mosaico político de aquellos momentos hacía imposible que un grupo homogéneo, por fuerte que fuera, adquiriera la mayoría absoluta. La CEDA, a pesar de su gran triunfo, no la tenía, y hubo de aliarse, para gobernar, al centro, concretamente a los radicales. Con ello no llegó a realizarse en ningún momento un auténtico programa cedista.

Es más: Gil Robles consintió, en parte por táctica y en parte por un sentido del pudor muy afín a la derecha española, que los primeros Gobiernos estuvieran formados exclusivamente por radicales, mientras él conservaba la mayoría de la CEDA en el parlamento. Podía ser una buena táctica, pero no surtió resultado, porque los errores y las irregularidades de los Gobiernos radicales salpicaron indirectamente a la derecha. En el otoño de 1934 se constituyó, al fin, un Gobierno en el que participaban tres ministros de la CEDA: era todavía muy poco, habida cuenta de la mayoría categórica obtenida en las elecciones. Pero la timidez de las derechas tenía a las izquierdas tan mal acostumbradas, que la entrada en el Gobierno de tres miembros católicos provocó la revolución.

Los socialistas abandonaron toda línea de colaboración y se lanzaron al campo de la violencia. A ellos corresponde la máxima responsabilidad en la revolución de octubre de 1934, en la que colaboraron también anarquistas y comunistas. El golpe fracasó en Madrid, donde fue descubierto a tiempo por las autoridades el almacén de armas de los rebeldes, y en Barcelona, donde tuvo más bien un carácter autonómico; pero cobró gran incremento en Asturias, donde se lanzaron a la acción 50.000 mineros provistos de armas, gracias al asalto a la fábrica de Trubia. El Gobierno hubo de recurrir al Ejército, y durante quince días tuvo lugar en la región asturiana una verdadera guerra civil, en la que registraron casi 3.000 muertos y grandes destrucciones ocasionadas por los dinamiteros.

La opinión del país estaba ya enfebrecida, y a la violencia de la izquierda empezaba a responder, aunque en sectores minoritarios, la de la extrema derecha. La concordia parecía imposible, y las más legítimas aspiraciones sociales quedaban enturbiadas por una violencia pasional que no beneficiaba a nadie y que sumía a España en la anarquía y la catástrofe colectiva. Gil Robles no quiso aumentar el poder gubernamental de la CEDA. Prefería esperar a que lo reclamasen de todas partes, hacerse imprescindible. Y lo que ocurrió fue todo lo contrario, porque muchos elementos de derechas empezaron a entender que sus contemporizaciones no conducían a ninguna parte. Se generalizaba la opinión —común a las tendencias opuestas— de que el remedio a la situación estaba en algo distinto de la república.

El Frente Popular

Comenta Aunós que, a comienzos de 1936, preguntar a los españoles qué querían era forzarles a esta respuesta: la guerra civil. Y, sin embargo, fue esto lo que se hizo cuando se convocaron elecciones generales para el 16 de febrero de 1936. Las fuerzas políticas, en realidad, eran muy similares a las de dos años antes; pero la derecha aparecía dividida por la táctica dilatoria de la CEDA, que tendía a perder sus elementos monárquicos. Cobraban fuerza movimientos aparte, desde algunos tan antiguos como el tradicionalismo —organizado en una agrupación militante, el Requeté—, hasta asociaciones de nuevo cuño, juveniles y activas, como la Falange Española, fundada en 1933 por José Antonio Primo de Rivera —hijo del dictador—, o las JONS, establecidas por Ramiro Ledesma, con un más amplio sentido social, y fusionadas poco después.

La izquierda, por el contrario, se unió tácticamente en un frente común —el Frente Popular—, ideado por Azaña para emular el acierto de la CEDA en 1933. Lo de menos era, por supuesto, el mutuo entendimiento, y lo importante, el apoyo para el triunfo electoral. Los resultados no pudieron ser más eficaces: las derechas consiguieron 145 escaños, el centro 65 y las izquierdas 263. Esta vez los vencedores no anduvieron tímidos y exigieron todo el poder, aun antes de que se reuniesen las Cortes. Las fuerzas sociales —la UGT, socialista; la CNT, anarquista; la FAI, los comunistas y los trotskistas del POUM— llenaron las calles y ejercieron muchas veces el poder de hecho, al margen de las autoridades constituidas. Que los obreros estuviesen continuamente en la calle no es de extrañar, pues, aparte del activismo social extendido por todas partes con su secuela de terror y violencia, la depresión económica —superada en otros países, pero más aguda que nunca en una España mal gobernada y alborotada por la pasión— mantenía a millón y medio de obreros en paro.

Azaña, que había anunciado a la prensa «un Gobierno de orden y moderación», aparecía desbordado. El político de más nota por la primavera de 1936 parecía ser Casares Quiroga, hombre frío y fanático. También estaba desbordado, en el bando opuesto, Gil Robles, en tanto se elevaba la figura de Calvo Sotelo, el ex ministro de Hacienda de la dictadura, convertido ahora en jefe de una facción monárquica y renovadora desgajada de la CEDA. Calvo Sotelo fue de los pocos que se encaró en las Cortes con el Gobierno para denunciar los desmanes, los abusos y profanaciones, y el caos completo en que, para colmar una era calamitosa, se estaba hundiendo el país.

Estaba claro que la república había fracasado como sistema. Conspiraban elementos militares con elementos del Requeté y de la Falange. Las fuerzas sindicales, por su parte, preparaban un golpe que les deparase la completa conquista del poder; y todo el mundo sabía que el apoyo a los burgueses de Azaña era sólo cuestión de táctica. Millones de españoles, gentes de orden, católicos, bien intencionados en su actitud

—aunque sin comprender debidamente el fondo del problema social—, contemplaban desolados aquella anarquía, temían por su vida y la de sus hijos, pero deseaban de corazón «la salvación de España»: aunque nada arriesgaban para la consecución de tan vago objetivo.

El asesinato de Calvo Sotelo el 13 de julio de 1936, último de los violentos magnicidios del primer tercio del siglo XX, fue un revulsivo impresionante. La indignación provocada por aquel atentado que decapitaba a la derecha movió, al fin, a la masa hasta entonces disgustada, pero falta de arranques. Fue posiblemente un acierto de los que preparaban el alzamiento para agosto adelantarlo al 18 de julio, aunque fuera preciso improvisarlo todo.

5. LA GUERRA CIVIL (1936-1939)

En julio de 1936 quedó rota la precaria continuidad que durante casi cien años había mantenido la historia de España. La tensión acumulada durante mucho tiempo estalló en una doble revolución que aplastó, por uno y otro extremo, a lo que pudiéramos llamar «la España de enmedio». Los dos bandos en pugna se oponen a su vez, aunque en direcciones contrarias, a aquellos cien años, caracterizados por el Gobierno de pequeñas minorías intelectuales y burguesas, provistas de ideas liberales, casi siempre teorizantes y utópicas, que ni habían mantenido la tradición ni habían hecho realmente la revolución.

Lo que se disputó en la guerra de 1936 a 1939 fue, por tanto, mucho más que una forma política o un programa de partido: fue todo un concepto de España. De aquí el radicalismo de la contienda, los odios, las crueldades y también el admirable heroísmo de los hombres y las mujeres de uno y otro bando. Lo que de allí iba a salir no era fácilmente previsible, sobre todo, en los primeros momentos; pero algo podía asegurarse: que la España de la posguerra iba a ser —mejor o peor— completamente distinta a la España precedente.

Las fuerzas en lucha

Los españoles que permanecieron neutrales podrían contarse con los dedos; eran, por lo general, intelectuales de tradición liberal, selectos y minoritarios. Al estallar la contienda prefirieron exiliarse. El resto del país participó de una forma que podemos llamar activa en la contienda. Cada grupo social, ideológico o político se encuadró en uno de los dos bandos. Lo cual les confirió una enorme fuerza, pero también una enorme heterogeneidad.

Entre las fuerzas que se sublevaron el 18 de julio para constituir la España nacional debemos destacar, principalmente, tres sectores: elementos del *Ejército,* autor material del alzamiento en la mayoría de los casos; fuerza tradicionalmente apolítica, en el sentido de no poseer ninguna unidad ideológica o programática, pero preocupado por la política desde tiempo antes y humillado por el enfático antimilitarismo de los gobernantes republicanos. Elemento de orden por excelencia, el militar se levanta, a veces sin muchos planes concretos de tipo constitucional, contra la anarquía y por un país en orden y bien gobernado. Contemos luego a las *organizaciones militantes* antirrepublicanas y antimarxistas, entre las cuales se cuentan fuerzas tan diversas como la Falange Española de las JONS, que tomó de los regímenes totalitarios contemporáneos (sobre todo del fascismo italiano) una serie de formas y de estilos, pero con un sentido español y cristiano que les daba un color de fondo peculiar; o los requetés de la Comunión Tradicionalista, fuertes, sobre todo, en Navarra, que pretendían la renovación del país sobre la base de las tradiciones conservadas por el carlismo. Y contemos también determinadas agrupaciones de los partidos de derecha —tal, las Juventudes de Acción Popular, o JAP—, menos organizadas y categóricas, pero presentes también con sus uniformes en los primeros días, e influyentes al cabo, siquiera en forma indirecta, en el régimen nacional. Y, por último, tendríamos que alinear, como elemento base, a grandes *masas* de la población española, fundamentalmente las clases alta y media, y extensos sectores del campesinado medio, o de obreros cualificados y artesanos católicos, sobre todo de la meseta del Duero, Alto Ebro y norte.

Tan complejo o más se nos ofrece el bando contrario, el

que, por razones de comodidad, podemos seguir llamando republicano. También podríamos establecer, muy groseramente, una triple división: los *partidos de izquierdas,* último resto de la España demoliberal fracasada en etapas anteriores, cuyo nervio lo encontramos en la burguesía intelectual; las *organizaciones obreras,* que son las que dan la masa fundamental de maniobra, y entre las que se cuentan la UGT socialista, con 1.400.000 afiliados; la CNT anarquista, con más de 1.600.000; la FAI, que constituía el núcleo del anarquismo, con otros 50.000, y el partido comunista (tanto los stalinianos como los trostkistas del POUM), que contaban con sólo 30.000 afiliados, pero dominaban con destreza las técnicas de propaganda, y contaban con el apoyo moral y material de la Unión Soviética, lo que resultó decisivo. Y figuran también en el bando republicano, aunque en sentido muy distinto, los *separatistas,* sobre todo catalanes y vascos, porque creían encontrar en la república mayores posibilidades a sus aspiraciones. El caso es más paradójico en el nacionalismo vasco, de carácter tradicional y católico, arrastrado por su jefe, José Antonio Aguirre, al bando republicano sin otro motivo, por entonces, que el oportunismo.

El Alzamiento

El 17 de julio de 1936 se sublevaron las plazas del protectorado de Marruecos, y el 18 y 19 se operó el levantamiento en una serie de guarniciones de la Península. El asesinato de Calvo Sotelo, como hemos dicho, precipitó los acontecimientos, e hizo que las cosas se hicieran de forma un tanto improvisada, de suerte que el éxito del golpe fue muy dispar en las distintas regiones. En Pamplona, el general Mola —uno de los principales organizadores del Movimiento— pudo contar en un plazo de horas con 30.000 requetés que llovían materialmente de todos los rincones de Navarra. En Valladolid y, en general, en Castilla la Vieja, la Falange tuvo una participación importante desde el primer momento. Por el contrario, el éxito en Zaragoza y Sevilla se debió a la habilidad de los generales Cabanellas y Queipo de Llano, respectivamente —ambos republicanos convencidos, pero molestos por el desorden y los abusos del frente popular—, que supieron imponerse en ciudades consideradas «difíciles», por la fuerza de las organizaciones obreras.

Por el contrario, el Movimiento fracasó en Madrid, Barcelona, la mayor parte de la costa cantábrica y toda la franja mediterránea. En Madrid y en Barcelona, los golpes militares de los generales Fanjul y Goded se operaron tardíamente y con fuerzas insuficientes. El Gobierno, tras unas horas de duda dramática, decidió armar a las milicias sindicales, que, amparadas por la fuerza de su número, aplastaron el levantamiento militar. El asalto al madrileño cuartel de la Montaña, con su secuela de matanzas, inició la serie de horrores de la guerra.

Durante unos días reinó en España una espantosa confusión, en la que ni el Gobierno ni los sublevados conocían la situación exacta, ni podían calibrar los resultados del Movimiento. La decisión de armar a las masas de izquierda resultó decisiva en orden a contrarrestar la sorpresa inicial de los autores del golpe. El Gobierno pudo así evitar el éxito fulminante del Alzamiento, a costa de perder una gran parte de su autoridad y de dejar la iniciativa muchas veces en manos de comités formados por los líderes obreros más decididos. Cuando hacia el 25 de julio se aclaró un tanto la situación, se vio que los nacionales dominaban Castilla la Vieja, León, Galicia, Navarra, el alto Ebro y la baja Andalucía, más las Baleares y Canarias. El Gobierno de la República y sus secuaces seguían controlando la franja cantábrica, Cataluña, todo Levante, Murcia, Castilla la Nueva —con Madrid— y la alta Andalucía. Ninguno de los dos bandos estaba dispuesto a rendirse. Aunque fuera trágico reconocerlo, no había ya otra salida que la guerra civil.

La guerra de movimientos

La distribución de fuerzas al comenzar la guerra no era equivalente y concedía una superioridad indudable al Gobierno de Madrid. Los nacionales sólo dominaban un tercio de la Península, y los republicanos los dos tercios restantes. Controlaban éstos también las principales ciudades, excepto Sevilla; las zonas industriales de Vascongadas y Cataluña, el hierro de Vizcaya, el carbón de Asturias, las huertas de Levante, las reservas íntegras del Banco de España, la mayor parte de los vehículos militares, toda la aviación y los dos tercios de la escuadra. Los nacionales contaban con medios muy inferiores, y podían disponer, en las primeras semanas, de unos 100.000 hombres en armas, mientras los republicanos movilizaban 300.000, entre soldados y milicianos.

Este desequilibrio quedaba compensado por la mayor preparación de los nacionales, que contaban con el cuerpo de ejército mejor organizado del país, que era el de África, y con una oficialidad en un cien por cien adicta. Por el contrario, aunque gran parte del Ejército hubo de seguir sirviendo a la república, lo hizo sin entusiasmo, y la fidelidad de los mandos resultaba muchas veces dudosa. Con frecuencia se sustituyó a los oficiales por los más decididos líderes milicianos, con resultados unas veces sorprendentes, otras catastróficos. Fueron razones de mejor organización y mandos más cualificados las que dieron su superioridad inicial a las fuerzas del Movimiento.

El ataque partió del enclave de la baja Andalucía, a donde el General Franco consiguió transportar el ejército de África. A fines de julio los nacionales dominaban el espacio entre Granada y Huelva, en agosto se ocupó Extremadura y el 3 de septiembre se unieron las fuerzas de la zona sur, que mandaba Franco, con las de la zona norte, dirigidas por Mola. En cambio, los republicanos estaban divididos en dos zonas, al no poder unirse los del centro con el enclave de la costa cantábrica.

Durante el mes de septiembre, las columnas nacionales penetraron en Castilla la Nueva siguiendo la cuenca del Tajo. El ataque sobre Madrid se desvió para salvar el Alcázar de Toledo, donde seguían resistiendo de forma increíble el coronel Moscardó con un puñado de hombres. El episodio de Toledo conmovió a toda España, y la liberación del Alcázar, el 27 de septiembre, fue un gran triunfo moral de las fuerzas de Franco, pero retrasó unas semanas el ataque a Madrid. Cuando éste se produjo, en noviembre, las fuerzas de la república se habían reorganizado y atrincherado en las afueras de la capital. Llegaron en aquellos momentos las *Brigadas Internacionales,* cuerpos de voluntarios de todos los países, reclutados entre los elementos marxistas, con el patrocinio —y el material— de la Unión Soviética; eran unas fuerzas irregulares, alrededor de 60.000 hombres, y de las más variadas procedencias, pero dieron buen resultado. El avance nacional, realizado con una gran economía de medios, quedó detenido frente a Madrid. La guerra, que parecía a punto de resolverse, se iba a prolongar por un espacio de años, y por entonces era imposible prever su resultado final.

Operaciones limitadas

La prolongación de la guerra significó, ante todo, su endurecimiento. Ya no podían continuarse las operaciones con fuerzas improvisadas y contingentes reducidos. Se fue a una más amplia movilización de fuerzas por uno y otro bando, y a la adquisición masiva de material, que el Gobierno de la República obtuvo primero de Francia y luego de Rusia, y los nacionales en Italia y Alemania. La presencia de las Brigadas Internacionales aconsejó a Franco admitir, contra su deseo inicial, un cuerpo de voluntarios italianos.

Y, al tiempo que se operaba la concentración de fuerzas, se procedía, en las retaguardias, a una drástica unificación política, en aras de la causa común. Ya el 1 de octubre de 1936 el general Franco había sido nombrado Jefe del Estado, al mismo tiempo que Generalísimo militar. El decreto de 19 de abril de 1937, que fusionaba la Falange y el Requeté tradicionalista, culmina un proceso de unificación que tropezó con indudables dificultades, pero que se operó con mínimos entorpecimientos. Mucho más difícil, y nunca lograda del todo, sería la unificación en el bando republicano. Comunistas y socialistas se asociaron bastante bien, pero con la enemiga declarada de los anarquistas, que en Barcelona llegaron a empuñar las armas contra sus compañeros. El fracaso de la unificación sería, a la larga, uno de los factores de la derrota.

Sin embargo, este éxito dispar no influyó de momento en el resultado de las operaciones. Los republicanos seguían siendo los más fuertes, pero los peor organizados. Los nacionales compensaron parcialmente su fracaso ante Madrid con una ofensiva en el sur que les deparó la conquista de Málaga, en febrero de 1937; pero los intentos, durante aquella primavera, de estrechar el cerco de Madrid —el Jarama, Guadalajara— no obtuvieron éxito. Franco estaba ya decidido a imprimir a la guerra un «ritmo lento» que provocase el desengaño en el adversario y le permitiese obtener pequeños éxitos parciales en aquellos sectores donde tuviese eventualmente superioridad. El bando republicano, por el contrario, pretende aprovechar sus grandes fuerzas y material en ofensivas de gran estilo, que acaban fracasando. Operaciones limitadas, pero victoriosas, contra grandes ofensivas, pero estériles y agotadoras: tal es la historia de la guerra durante el año 1937.

Los nacionales, en tres empujes sucesivos, liquidaron el frente norte, con la conquista de Vizcaya (junio), Santander (agosto) y Asturias (octubre), que permitieron el dominio del vital espacio cantábrico, la industria vasca y la minería asturiana. Por el contrario, los republicanos fallaron en su intento de derrumbar el cerco de Madrid en la batalla de Brunete (julio) y el de Aragón en la de Belchite (septiembre), donde lograron mínimos avances a costa de grandes pérdidas. Sólo a fines del año consiguieron por sorpresa la conquista de Teruel, en medio de unas condiciones meteorológicas infernales que pusieron a prueba el coraje y el heroísmo de unos y otros; pero el éxito fue efímero, porque en febrero de 1938 la martirizada ciudad quedaba definitivamente en poder de los nacionales.

La decisión en el Ebro

La batalla de Teruel colocó definitivamente el centro de gravedad de la contienda en el frente de Aragón. Franco decidió explotar aquella oportunidad para aprovechar la ventaja estratégica que le deparaba allí la estrechez de la zona republicana. A continuación de Teruel vino la batalla de Alfambra, primera bolsa de aniquilamiento de toda la guerra. Y en marzo de 1938 comenzó la ofensiva nacional de Aragón. Se volvía a la guerra de movimientos, pero con unos medios técnicos y un lujo de fuerzas desconocidos en los primeros meses. Un frente de cien kilómetros, entre Zaragoza y Huesca, fue roto, y los nacionales liberaron en unos días lo que quedaba de Aragón. A fines de marzo penetraban en Cataluña; Lérida cayó el 3 de abril.

Pero cuando el objetivo de la ofensiva parecía claro, Franco operó una espectacular conversión frontal y se dirigió al sur. El 15 de abril las tropas nacionales alcanzaban el Mediterráneo por Vinaroz: la zona republicana había sido partida en dos. La ofensiva continuó todavía hacia el sur, aunque a ritmo más lento. El 14 de junio entraron los nacionales en Castellón, y a primeros de julio en Nules. La guerra se aproximaba a Valencia.

Fue entonces cuando se produjo la última de las grandes ofensivas republicanas, el esfuerzo final, a vida o muerte, para evitar la pérdida de la guerra. Tuvo lugar en el arco del bajo Ebro, frente a Gandesa, y en ella concentró el mando republicano lo mejor de sus fuerzas, bajo la dirección de Vicente Rojo, el más brillante de sus estrategas. Los republicanos atravesaron el Ebro en una operación muy bien coordinada, en un frente de 40 kilómetros; sus avances se hicieron espectaculares durante los primeros días, y la guerra parecía haber cambiado repentinamente de signo. Pero el general Franco, que tomó el mando directo de las fuerzas nacionales, se empeñó en mantener el control de los pivotes laterales, con lo que la penetración republicana acabó transformándose en una tremenda batalla de desgaste. En septiembre, Rojo, con sus fuerzas exhaustas, suspendió el ataque; los nacionales pasaron a la contraofensiva, para aconchar a sus enemigos contra el Ebro, alcanzando al fin la orilla del río el 16 de noviembre. La batalla del Ebro, la más dura de la guerra, resultó decisiva. Los nacionales habían sufrido grandes pérdidas. El Ejército republicano, prácticamente, había dejado de existir.

El final de la guerra

Ambos bandos, y en definitiva el país pobre que siempre había sido España, estaban agotados. Pero la zona republicana, peor gobernada, peor administrada y que había llevado la peor parte en las operaciones militares había sufrido mucho más que la otra. El desorden era espantoso, el poder estaba en manos de los grupos más audaces y el hambre acuciaba a la población.

Después de un período de recuperación, los nacionales lanzaron —23 de diciembre de 1938— la última de sus grandes ofensivas. El objetivo, Cataluña. El frente fue roto en el sector de Lérida, y poco después en la provincia de Tarragona, ciudad que cayó el 14 de enero de 1939. Desde el noroeste, oeste y suroeste convergieron las tropas hacia Barcelona, en una operación combinada que culminó con la conquista de la gran ciudad el 26 de enero, sin necesidad de disparar un tiro. Una conversión hacia el nordeste señaló la última fase de las operaciones, ya casi sin resistencia. El 5 de febrero cayó Gerona, y el 9, las fuerzas nacionales alcanzaban, por La Junquera, la frontera francesa.

La guerra, prácticamente, había terminado. A la república —si todavía podía dársele tal nombre, lo que sería dudoso— sólo le quedaba el cuadrante S.E. de la Península, con vértice en Madrid. En el Gobierno discutían los partidarios de seguir la lucha —en espera de la inminente guerra mundial, que podría cambiar las tornas— y los que estimaban imperioso entablar negociaciones con los nacionales. Azaña, desengañado, abandonó la presidencia y se exilió a Francia.

Franco, fiel a su táctica del ritmo lento, esperó pacientemente dos meses, en los que la calma fue absoluta en los frentes. Cuando se hubo operado la descomposición total en la zona enemiga —26 de marzo—, lanzó la ofensiva final, que en una serie de operaciones coordinadas, y sin resistencia, ocupó lo que quedaba de España, incluido Madrid, en cinco días. El 1 de abril de 1939 se dio por terminada la guerra.

El gran conflicto había durado dos años y nueve meses, y constituyó probablemente la mayor catástrofe de la historia de España. Costó alrededor de 350.000 muertos, millón y medio de heridos, 350.000 exiliados, 250.000 edificios destruidos, los campos arrasados, las fábricas deshechas, las reservas del Banco de España llevadas a Rusia. Más difíciles de restañar fueron aún las heridas morales, los odios, las violencias, la cerrazón de las actitudes. Pero una visión puramente negativa de la guerra de España sería una ofensa a los españoles de uno y otro bando. Puso de manifiesto, como nunca, las virtudes, el coraje y el valor humano de una raza. Presenció actos de sublime heroísmo, de abnegación y generosidad hasta el límite. Hizo ver que los errores históricos se pagan muy caros, y en este sentido constituye una formidable lección, que las nuevas generaciones están gravemente obligadas a aprender.

6. LA ÉPOCA DE FRANCO (1939-1975)

La realidad histórica posterior a la guerra civil está todavía en período de análisis, y muchas de las más útiles fuentes para su estudio no se encuentran aún a disposición de los historiadores. No puede aplicarse a esta época, por tanto, el mismo tratamiento que a las precedentes. Pero no podemos abandonar la historia de España en la paz de 1939 y sin asomarnos, siquiera sumariamente, a constatar lo que esta paz significa.

Lo primero que nos llama la atención es su desmesurada extensión cronológica. Estamos acostumbrados a que las etapas de nuestra Edad Contemporánea sean breves: trienios, lustros, sexenios. La paz que ha gozado España a partir de 1939 no ofrece precedentes desde los tiempos romanos, pero la continuidad formal del sistema y las instituciones es otra realidad insólita desde la crisis del antiguo régimen. Aparentemente, en el período 1940-1975 «no ocurre casi nada», por razón de esta continuidad, cuando realmente la evolución interna del país —sociedad, economía, mentalidad, e incluso grupos ideológicos— ha sido tan inmensa como en cualquier otro tiempo. Sólo que estas variaciones solamente saltan a la vista cuando comparamos dos momentos cronológicos separados por unos cuantos años: no hay saltos bruscos, la evolución predomina sobre la revolución, la «historia de situaciones» sobre la «historia de acontecimientos».

Posguerra española y guerra mundial

Apenas comenzaban a restañarse los daños de la contienda cuando, en septiembre de 1939, estalló la Segunda Guerra Mundial. España no pudo obtener su parte positiva del conflicto, como había ocurrido en 1914-18. Las condiciones internacionales eran distintas, y el compromiso de España con los beligerantes era mucho mayor. Nadie se hacía ilusiones sobre la posibilidad de mantener indefinidamente la neutralidad, proclamada por el Gobierno desde el primer momento. La ayuda que Italia y Alemania habían prestado a los nacionales parecía que tenía que ser correspondida ahora con la intervención de España a favor del Eje. En la entrevista de Hendaya —23 de octubre de 1940—, Franco convenció hábilmente a Hitler de que aquella intervención más sería un peso que una ayuda para los alemanes; pero no hubo forma, por supuesto, de eludir determinadas compensaciones, que resultaron más onerosas que nunca en aquellos tiempos de penuria y dificultad. Por su parte, los máximos responsables del bando republicano encontraron cómodo refugio y toda suerte de ayuda en los países aliados, pudiendo prolongar virtualmente el clima de guerra civil, y esperando el momento de la revancha. El conflicto mundial fue, así, una dolorosa continuación del conflicto español, pese al mantenimiento a toda costa de la neutralidad por parte del Gobierno de Madrid.

El ambiente de guerra y la imposibilidad de obtener medios externos retrasaron la reconstrucción del país y la reconciliación entre lo españoles. Se mantuvo la férrea autoridad de los tiempos de guerra, la Falange se convirtió en la fuerza política por excelencia del país, y una joven generación de gobernantes en camisa azul —Ramón Serrano Súñer, José Antonio Girón, Raimundo Fernández-Cuesta— parecían ser los hombres más representativos del momento.

Se instituyó la Comisaría de Regiones Devastadas, que, con los precarios medios que la situación permitía, emprendió la reconstrucción de 300 poblaciones arrasadas por la guerra, y se atendió a las necesidades sociales más urgentes.

El Fuero del Trabajo, promulgado ya durante la guerra, en 1938, demostraba lo temprano de esta preocupación social. Claro está que no resultaba entonces fácil garantizar la prosperidad de los españoles. La crisis económica de la zona republicana fue un duro peso para el Gobierno nacional cuando éste hubo de hacerse cargo de la totalidad del país. En este sentido, la victoria resultó más ruinosa de lo que se esperaba. Los precios subieron y la desmovilización hizo que sobraran cientos de miles de brazos justo cuando las industrias carecían de materias primas o de capitales para proceder a la renovación de su utillaje.

Se hizo sentir, ante todo, una tremenda escasez de artículos alimenticios de primera necesidad, en particular el pan, el aceite y el azúcar, que obligó a un drástico racionamiento. La falta de reservas del Banco de España —llevadas al extranjero por el bando vencido— obligó a la emisión masiva de papel sin el suficiente respaldo, con el peligro inevitable de la inflación. Con todo, se procuró dar impulso a las actividades del país y no cabe duda de que en ciertos aspectos, como las obras públicas, se consiguieron notables realizaciones. También se fue procurando la edificación de nuevas instituciones políticas. En 1942 se establecieron las Cortes Españolas y en 1945 se promulgaron el Fuero de los Españoles, la Ley del Referéndum, la Ley de Administración Local y se publicó una amnistía para los acusados de delitos puramente políticos. La base del régimen se ampliaba con la admisión en los puestos gubernativos de hombres vinculados a partidos políticos de derecha católico-burguesa con anterioridad a 1936 o herederos de su ideario.

Aislamiento internacional

Aquella visible evolución no fue suficiente, sin embargo, para librar a España de una nueva y dura prueba. La paz mundial no significó en modo alguno una liberación. Los aliados, vencedores, se dispusieron a organizar el mundo a su gusto, y tanto en la Conferencia de San Francisco como en la reunión de Potsdam (junio y julio de 1945) decretaron la exclusión de España de los organismos de convivencia internacional. En 1946, las Naciones Unidas declararon a nuestro país «peligro para la paz», recomendando la ruptura total de relaciones diplomáticas y comerciales. España quedó prácticamente aislada. Se cerró la frontera de los Pirineos y se suspendieron totalmente algunos suministros, como los de carburantes. La escasez de productos se hizo dramática y la falta de energía eléctrica —provocada por la sequía y por la insuficiencia del material— paralizó en muchos casos a la industria propia.

Se comentaba fuera de España que el régimen de Franco no podría resistir la prueba. Y, sin embargo, salió fortalecido de ella. La condena internacional surtió, psicológicamente, efectos contraproducentes entre los españoles. Las gigantescas manifestaciones de diciembre de 1946 proclamaron la protesta de los sectores más diversos a la coacción exterior: actitud de dignidad que supieron comprender y aceptar los mismos detractores del régimen.

El aislamiento fue origen de una serie de trastornos, pero también sirvió para obligar a los españoles a buscar los medios de valerse por sí mismos. Nunca como entonces se aguzó el ingenio, la inventiva y el esfuerzo para encontrar «sucedáneos» o para producir lo que siempre se había importado. La necesidad de la autarquía fomentó en muchos sectores la industrialización y obligó a pisar nuevas parcelas; la falta de capitales privados fue suplida, en parte, por grandes inversiones estatales.

Durante esta época, la política social cobró caracteres más amplios y ambiciosos con la construcción de enormes complejos sanitarios y centros de enseñanza laboral: los dispendios fueron en ocasiones excesivos y la planificación no siempre resultó correcta; pero los nuevos servicios sociales, en su conjunto, garantizaron a las clases modestas del país una asistencia como nunca habían tenido.

El cerco internacional, en suma, había fracasado. Así lo comprendieron las grandes potencias, cuya táctica empezó a cambiar. La división del mundo en dos bloques facilitó el acceso de España al occidental. En 1950, las Naciones Unidas decretaron el cese de las recomendaciones contra España y desde entonces fueron regresando los embajadores a Madrid. En 1952, España ingresó en la Unesco; en 1953 se firmó un pacto de alianza y ayuda mutua con los Estados Unidos y un Concordato con la Santa Sede. Y en 1955 España ingresaba en la ONU, contando incluso con el voto de la Unión Soviética. En pocos años la situación había cambiado del modo más espectacular.

Expansión e inflación

En 1950, la economía española, pese a todas las imprevistas dificultades, había alcanzado un nivel global comparable en producto bruto al de 1935: en este punto puede colocarse el final de la fase de reconstrucción y el comienzo de la fase expansiva. Creció la iniciativa particular, aumentaron las disponibilidades de numerario y todo el que pudo se lanzó a invertir. El decenio 1950-1960 registra un proceso simultáneo de expansión e inflación. Los precios suben en la rampa más fuerte de toda la Historia de España, pero los salarios, protegidos por la legislación social, lo hacen en la misma o mayor proporción. Hacia 1959 era preciso emplear 14 pesetas para comprar lo que en 1935 valía una; pero también era más fácil —y relativamente más que en 1935— adquirir esas 14 pesetas. La inflación permite toda clase de negocios y desaconseja el ahorro: de aquí que los españoles se lancen a gastar, con una alegría que parece excesiva, todo lo que ganan. Podría hablarse sin demasiada inexactitud de «los felices años cincuenta», en que proliferan las diversiones; la música ligera y los deportes, en especial el fútbol, se convierten en gigantescos espectáculos de masas. El decenio nos produce la sensación de «prosperidad desequilibrada» y de alegría de vivir, en la que podríamos encontrar ciertos rasgos de vulgaridad y falta de grandes inquietudes.

Políticamente, se observa la presencia en el poder de determinados sectores afines al ambiente demócrata-cristiano y se prevé la desembocadura monárquica del régimen. El príncipe don Juan Carlos de Borbón viene a estudiar a España e ingresa en las academias militares. Un incidente en el ambiente universitario (20 de noviembre de 1956), sin importancia real, pero que resonó extrañamente en medio de la absoluta paz imperante, cortó aquella marcha política. En tanto que la crisis económica, originada por el despilfarro, conducía a la búsqueda de nuevas directrices.

Desarrollo económico y crisis política

Desde 1957 se hizo patente en los gobernantes españoles la preocupación por contener el torrente inflacionista, que podía conducir a una catástrofe socioeconómica. Era preciso estabilizar los precios y la moneda, en un momento en que el establecimiento del Mercado Común y otras áreas de libre concurrencia podían yugular a la economía española. Desde aquellas fechas se aprecia el interés por constituir «gobiernos de técnicos», menos significadamente políticos que los anteriores. En 1957 se inició la política estabilizadora, aunque el Plan de Estabilización no comenzó hasta 1959. Se suprimieron muchos fáciles proteccionismos, se buscó un aumento de la productividad, se procuró frenar el alza de precios y se fomentó el ahorro.

La producción, como es lógico, se resintió un tanto, pero las estructuras económicas salieron de la operación más sanas. En 1961 se inició la recuperación y en 1963 el desarrollo. Un año más tarde se puso en marcha el Primer Plan de Desarrollo Económico y Social, que ha supuesto una de las más radicales transformaciones de España en los tiempos modernos. En unos años, la producción duplicó, triplicó, quintuplicó, en unos cuantos sectores decuplicó, la de antes de la guerra. La fisonomía del país, en pleno cambio ya desde 1950, evolucionó con sorprendente rapidez. La cultura, la tecnificación, los servicios, experimentaron similares procesos expansivos. En 1965, en que se rebasaron por primera vez los 600 dólares de renta *per capita,* la frontera que técnicamente separaba a los países pobres de los países ricos, los españoles han hecho su entrada en una realidad histórica de experiencias inéditas para ellos.

La evolución política, detenida sensiblemente desde 1956, fue reanudada por otros caminos y por otros hombres, pero con fines idénticos, unos diez años más tarde. El Jefe del Estado, que parecía haber aplicado a la paz el «ritmo lento» que fue clave de su victoria en la guerra, fue en este sentido tomando las iniciativas por sus pasos contados y sin alterar en ningún momento el pulso normal del país. En 1966 se decretó una moderada libertad de prensa. En diciembre del mismo año, el general Franco presentó ante las Cortes la nueva Ley Orgánica del Estado, que fue ratificada sin la menor dificultad en el referéndum de 14 de diciembre. Se ha comentado casi unánimemente que aquella ratificación fue conferida más que a la Ley en sí, a la paz, a la estabilidad interna y al progreso de España, alcanzados durante el período más homogéneo y más prolongado —superados ya en número los «años felices» de la Restauración— de nuestra Historia contemporánea. Y el 22 de julio de 1969, las Cortes, a propuesta del Jefe del Estado, votaron la designación del Príncipe don Juan Carlos de Borbón como sucesor a título de Rey.

Esta tercera fase de la evolución política coincidió con los años más prósperos del desarrollo económico; en 1970 se alcanzaron los 1.000 dólares de renta *per capita,* y hacia 1975 se rozaron los 2.000. España había alcanzado cotas sin precedentes. Y sin embargo, la época de las vacas gordas —que parecía, en el fondo, delatar una gran confianza en el futuro— se nos muestra simultánea a un progresivo debilitamiento y hasta descomposición del régimen político. Este proceso puede explicarse por causas internas: envejecimiento de Franco y de los más destacados hombres que hicieron victoriosamente la guerra; pero obedece igualmente a una crisis general —generacional también—, que, con centro en el año

1968, afecta a casi todo el mundo occidental. Se caracteriza por lo que Crane Brinton llama «la deserción de los intelectuales», por la rebeldía de la juventud, especialmente la juventud universitaria, y la puesta en entredicho del modelo de sociedad de libre concurrencia individual. En la crisis de 1968 juega un papel importante el neomarxismo, que deriva en parte de los escritos juveniles de Marx, y en otra parte de una interpretación «nueva», más o menos sofisticada, de su doctrina.

Entre 1968 y 1975, España atraviesa una curiosa etapa, que tal vez pueda caracterizarse un día como «posfranquismo en vida de Franco». La vigencia del régimen nacido tras la guerra civil se mantiene, si bien con progresivas concesiones a la realidad de unos nuevos tiempos, que se impone como un hecho que ni el más fiel a los viejos principios puede ignorar. Pero al mismo tiempo, las fuerzas de oposición comienzan a desempeñar un papel histórico «activo», que tampoco pasó inadvertido a nadie. Podría hablarse, hasta cierto punto, de una dualidad de poderes. Empiezan a formarse grupos políticos, con sus correspondientes y conocidos órganos de prensa, «plataformas» y «juntas», ilegales a los ojos del régimen, pero que éste, por debilidad o cansancio, consiente en un grado cada vez más ostensible. Aumenta la conflictividad laboral, y aunque las huelgas siguen teóricamente prohibidas, proliferan por todas partes, sin más oposición que la que imponen las propias posibilidades de enfrentamiento entre capital y trabajo. Al tiempo que subsiste la Organización Sindical, con sus enlaces o sus centros asistenciales, se forman sindicatos obreros, de nombre y miembros conocidos, aunque teóricamente se encuentren fuera de la ley. Renacen por ensalmo los regionalismos y separatismos, y se hacen cada vez más frecuentes los atentados terroristas.

Víctima de uno de estos atentados falleció, el 20 de diciembre de 1973, el Jefe del Gobierno, almirante Carrero Blanco, uno de los hombres más adictos, y al mismo tiempo más identificados con Franco. Su desaparición dejaba rota la continuidad política que el régimen, en cierto modo, esperaba, y abierto el camino a las más amplias reformas desde el momento mismo en que desapareciese el Caudillo; e incluso propiciaba una política más aperturista a partir de aquel justo instante. Tal fue lo que anunció el nuevo primer ministro, Carlos Arias Navarro, cuando el 12 de febrero de 1974 señaló el comienzo de la «era de la participación». Mucho se habló por entonces del «espíritu del 12 de febrero»; sin embargo, no se llegó muy lejos por aquel camino, en parte por la timidez del gobierno a la hora de concretar una ley de asociaciones, y en parte porque las fuerzas de oposición —constituidas ya en determinados casos en verdaderos partidos— ya no se conformaban con concesiones, y aspiraban a la conquista pura y simple del poder. No por ello se alteró decisivamente el orden, ni dejó de operarse por causas internas la expansión económica. No se registró ningún intento de subvertir el régimen por la fuerza. Aparte de que el nuevo espíritu de los tiempos y la prosperidad alcanzada aconsejaban más bien la moderación, la edad de Franco y su cada vez más precaria salud presentaban como la salida más correcta y hasta más cómoda esperar lo que por entonces, con cierto eufemismo, se llamaba «el cumplimiento de las previsiones sucesorias».

La muerte de Franco. Balance

El 20 de noviembre de 1975, después de una interminable batalla con la muerte —librada a ritmo lento, como todas las suyas—, fallecía el general Franco. Su figura, que abarca más de un tercio de siglo de historia de España, no puede aún ser juzgada a fondo sin riesgo de subjetivismos o apasionamientos. Encuadrado por Friedrich —en una obra clásica, pero discutida— entre los «dictadores paternalistas», no encaja en el tipo clásico del dictador de carácter sanguíneo y gestos aparatosos; sin que ello haya supuesto merma alguna de su incuestionable autoridad. Tal vez haya que arbitrar para él solo una nueva casilla entre los representantes de los regímenes fuertes. Frío, al menos en apariencia, siempre sereno, apacible, metódico, calculador, su principal virtud ha sido, al decir de uno de sus más acérrimos enemigos, el «saber esperar». Fue, muy probablemente, uno de los políticos menos impacientes de la historia de España, y su flema debió de ser, en nuestro país, una ventaja para mantenerse en el poder a través de tan diversas vicisitudes.

Un juicio sobre su persona y su obra es tan difícil de hacer a los pocos años de su muerte como durante su mandato; habrá de transcurrir tal vez bastante tiempo antes de que tal juicio pueda alcanzar el mínimo de perspectiva y de claridad que exige la Historia. En cuanto a su régimen, tampoco estamos en condiciones de señalarlo con una palabra, como no sea la perogrullesca, pero inevitable, de «franquismo». Quizá los hechos menos discutibles sean —en cierto paralelismo con la Dictadura de Primo de Rivera— el progreso económico, sin precedentes en toda la historia de España contemporánea, y el fracaso en la erección de un régimen capaz de albergar a todos los españoles y sobrevivir a su fundador.

Ambos hechos se potencian mutuamente: la indefinición ideológica, facilitaba una evolución hacia las formas propias de la democracia de partidos que imperaba en Europa Occidental, y en la mayor parte del mundo libre, sin la oposición que un cambio de este tipo hubiera provocado (con el peligro, incluso, de una guerra civil) por los años cuarenta o cincuenta. Por otra parte, la elevación del nivel económico había disminuido enormemente los riesgos de un revanchismo violento. El proletariado español ya no luchaba, como en 1936, por el pan, sino, en todo caso, por la televisión en color. El líder de los socialistas, Felipe González, afirmó en uno de sus primeros mítines que en un país que era ya la novena potencia industrial del mundo no era de temer nada parecido a los enfrentamientos sociales que habían traído, cuarenta años antes, la guerra civil. La transición del autoritarismo a la democracia iba a operarse por medios absolutamente pacíficos.

7. LA NUEVA MONARQUÍA PARLAMENTARIA

Tal es la definición que del régimen político español establece en su artículo tercero la Constitución de 1978, hoy vigente. Se han arbitrado también nombres como «Segunda Restauración», «Reinstauración monárquica», «Estado de las Autonomías», etc. No sabemos qué nombre elegirán los historiadores del futuro para designar el sistema nacido con posterioridad a la desaparición de Franco. Sí está claro que este sistema se basa en una monarquía constitucional, el sufragio universal, un doble parlamento formado por un Congreso y un Senado, un amplio elenco de partidos, tanto de ámbito nacional como de ámbito regional, un generoso reconocimiento de derechos individuales y colectivos por parte del Estado, y una descentralización sin precedentes en la época contemporánea, mediante el establecimiento de una serie de Comunidades Autónomas, que, sin llegar a constituir nominalmente un Estado federal, se acercan en la práctica a ese modelo, dotadas cada una de ellas de amplias competencias. A ello habría que añadir una transformación drástica en las mentalidades, las actitudes y los comportamientos de los españoles, que puede resultar tan importante o más que las propias transformaciones político-institucionales.

La transición

La proclamación de Juan Carlos I como rey de España no supuso la menor alteración de la paz ciudadana: en parte porque este tipo de sucesión estaba previsto ya por el régimen de Franco, y en parte porque la mayoría de los partidarios del cambio estaban dispuestos a aceptar la solución como la mejor garantía para realizarlo sin traumas. Supuestas las tendencias del momento y el talante abierto del nuevo monarca, estaba perfectamente claro para todos que se iba hacia una realidad más liberal. ¿Cuál iba a ser su forma concreta?

Las encuestas a la opinión pública demostraron que eran una minoría tanto los españoles que deseaban la continuidad como los que deseaban un cambio violento. Los restantes, es decir, casi todos, preferían una evolución pacífica, sin romper con determinados postulados del régimen anterior, o bien una ruptura no menos pacífica, sin revanchas ni represalias. Los datos de fines de 1975 daban una ligera superioridad a la primera opción, en tanto que por 1977 predominaba ya claramente la segunda. Este rápido cambio de la opinión hizo más fácil la transición política e institucional. En los medios extranjeros se consideró con sorpresa —algo así como un nuevo «milagro español»— la facilidad con que los cuadros u organizaciones del viejo sistema se autodisolvieron y la espontaneidad con que se articularon las nuevas fuerzas políticas, todas ellas con la voluntad de constituir un sistema pluralista democrático. Puede decirse que en España, donde los ánimos estaban preparados y nadie deseaba un enfrentamiento, la sorpresa fue mucho menor.

De momento, el monarca prefirió mantener como jefe de gobierno a Arias Navarro, para suavizar la forma del tránsito y para evitar que ninguno de los hombres «nuevos» se gastase o quemase en los difíciles primeros momentos. Pronto quedó claro el camino hacia la democracia, aunque los métodos que contemplaban los distintos responsables no eran idénticos. Torcuato Fernández Miranda proyectaba un «cambio desde dentro», consistente en un progresivo desarme del

Los gobiernos de UCD

Se intuyó por entonces una situación de bipartidismo, que permitió a muchos suponer un sistema de turno como el implantado por Cánovas cien años antes. A mayor abundamiento el nuevo régimen estaba también presidido por un monarca joven y simpático, neutral y no comprometido con ninguna fuerza concreta. Las cosas no seguirían, sin embargo, idéntico camino.

Con menores dificultades de lo previsto, las nuevas Cortes elaboraron la Constitución de 1978, aprobada mediante referéndum en diciembre de aquel año. Se prefirió el consenso a la coherencia, y por eso los dos caracteres de la ley fundamental de 1978 son la flexibilidad y la ambigüedad o las contradicciones internas, difícilmente evitables si se quería dar gusto a todos o por lo menos a la mayoría. Se evitaron las concomitancias con el código de 1876, y por eso la figura del Rey perdió atribuciones, y se consagraba la absoluta aconfesionalidad del Estado. Su rasgo principal, aparte de un amplio catálogo de derechos, era el reconocimiento del llamado «Estado de las Autonomías». Entre conceder estatutos especiales a las regiones que más lo solicitaban, como Cataluña y el País Vasco, o dar idénticas posibilidades al resto de los españoles, se optó finalmente por esta última fórmula. Llegaron a constituirse así hasta 17 Comunidades Autónomas, con sus correspondientes formas de parlamento y gobierno, y sus propios servicios. De un lado se lograba una descentralización que evitaba que todo hubiera de «pasar por Madrid», y muchos asuntos pudieran resolverse «in situ»; de otro, se multiplicaba en demasía el aparato administrativo, con una duplicación de funciones a veces inútil, y por supuesto cara, que aumentó considerablemente el gasto público.

En 1979, Suárez, para precaver crisis que ya se dibujaban y alcanzar el respaldo de los españoles ya bajo el régimen constitucional, hizo disolver las Cortes y convocó nuevas elecciones generales. Contra lo que muchos esperaban, UCD venció en los nuevos comicios, con una mayoría ligeramente superior a la que ya disfrutaba. Sin embargo, las subsiguientes elecciones municipales, celebradas poco después, iniciaron un giro a la izquierda, que permitió en muchos ayuntamientos la formación de coaliciones entre socialistas y comunistas.

El reinado de UCD no fue tan duradero como en principio se pensaba. Por una parte, su indefinición ideológica y su falta de una línea política clara condujo a un proceso de disolución interna, con la formación de diversas «familias», que delataban que en el fondo —como así había sido— la Unión de Centro Democrático no era más que una coalición de partidos, no siempre bien avenidos. No fue la falta de apoyo tanto como un proceso de disgregación lo que hizo pasar a UCD, en un plazo increíblemente corto, de una situación de prestigio y amplia expectativa de poder, a otra de liquidación y extinción.

En febrero de 1981, Adolfo Suárez, inesperadamente, presentó la dimisión. Cuando las Cortes estaban decidiendo la persona de su sucesor, se produjo el golpe involucionista del 23 de febrero, fracasado a las pocas horas. La casi totalidad del Ejército y las fuerzas vivas del país se pusieron al lado del Rey y de la Constitución. El trauma pudo parecer un descrédito para la imagen de España cara al extranjero, pero en el fondo contribuyó al afianzamiento de la democracia. Cualquier intentona por el estilo quedaba desde entonces condenada al fracaso.

Sin embargo, quien hubo de sufrir las consecuencias fue UCD. El gobierno de Calvo Sotelo, que siguió a Suárez, trató de seguir una política más firme para combatir la crisis económica y el terrorismo separatista. Pero era imposible mantener la coherencia del partido dominante, que no podría sobrevivir al otoño de 1982.

La crisis económica

Desde un cierto punto de vista, la democracia nunca ha tenido suerte en España. El ensayo de 1868 coincidió con la crisis económica más grave de la segunda mitad del siglo XIX, la Segunda República con la Gran Depresión, y el advenimiento de la monarquía parlamentaria con la fuerte inestabilidad que se inició en 1973 tras la guerra arabeisraelí del *Yom Kippur,* y el brutal encarecimiento que experimentaron los crudos a partir de entonces; junto con otro factor al que se dio inicialmente menos importancia, como fue la ruptura de los acuerdos de Bretton Woods y el consiguiente desbarajuste del sistema monetario internacional.

La España de los dos últimos años de la vida de Franco hubo de sufrir las consecuencias de la crisis, especialmente por lo que se refiere al coste de la energía, que desató un inmediato proceso de inflación; pero la inercia del desarrollo permitió que el país continuara superando la media de crecimiento europeo en 2,2 y 1,6 puntos respectivamente. La verdadera recesión se hizo notar a partir de 1976. Los principales síntomas fueron una fuerte tasa de inflación, que hacia 1980 desbordó todos los precedentes de los años cincuenta, con índices del orden del 16 y 18 por 100 anual; y el desempleo, que alcanzó por entonces más de millón y medio de parados: la cifra más alta (en valores absolutos) que se recordaba en España.

Las circunstancias del cambio político agravaron la situación. Por un lado, fuertes capitales emigraron inicialmente de España, ante un clima de incertidumbre; por otro, los esfuerzos de la clase dirigente se polarizaban con preferencia en las cuestiones políticas, y faltó una bien definida estrategia económica. También es verdad que la etiología de la crisis era difícil de diagnosticar. Hasta entonces, las recesiones seguidas de paro cursaban con deflación (como en 1929-35), en tanto que ahora, a causa de los costes iniciales, de la presión social en busca de mejores salarios y de otros factores, la inflación era más fuerte que nunca. Se dio un caso de estancamiento con inflación, o, como entonces se decía, de «estanflación».

De aquí las dudas de los gobernantes y los técnicos sobre el tratamiento más adecuado. Se elevó el precio del dinero, para disminuir el volumen y la frecuencia de los créditos;

pero en principio el influjo de esta medida sobre los precios fue escasamente operativo, mientras que la dificultad para obtener dinero a préstamo desanimó a los inversores. Unas 200.000 empresas, en su mayoría medianas y pequeñas, suspendieron pagos o se disolvieron totalmente, lo que supuso la pérdida en diez años de 1.937.000 empleos. El descontento social, canalizado en torno a los sindicatos (UGT, dependiente de los socialistas, que surgió de sus cenizas; y el de orientación comunista Comisiones Obreras, que ya había aparecido semiclandestinamente en los tiempos de Franco) se materializó a través de numerosas huelgas y movilizaciones.

La era socialista

En las elecciones celebradas el 28 de octubre de 1982 se preveía el triunfo del PSOE; pero éste, favorecido por la conjunción de circunstancias política, sociales y económicas, fue todavía mayor de lo que se esperaba, y alcanzó una muy cómoda mayoría absoluta (más de 200 diputados), seguida, a casi un centenar de escaños, por el partido Popular, que aglutinaba a elementos de centro y derecha. UCD era una fuerza minoritaria, cercana ya a su definitiva extinción.

Realmente, fue en 1982, y no antes, cuando se operó el verdadero cambio generacional. Hasta entonces, una parte de la clase dirigente y la mayoría de los cuadros administrativos procedía de las estructuras consagradas bajo el régimen anterior, aunque en sus más altos niveles estuviera siempre integrada por personas de indiscutible talante democrático. Las elecciones de 1982 y la subsiguiente redistribución de cuadros significaron el encaramamiento en el poder y en los centros de influencia de nuevos grupos sociales, relacionados muchas veces con la generación que nació a las inquietudes públicas con la crisis de 1968. Estos grupos sociales habían vivido en un tiempo bajo una filosofía inspirada directa o indirectamente en el neomarxismo de Gramsci y el permisivismo de Marcuse. Sus tendencias, matizadas por el tiempo y la edad, pudieron traducirse en medidas más «progresistas», que específicamente «socialistas», como la despenalización del aborto, la autorización o incluso fomento de la libertad sexual, la permisión de la droga blanda (luego derogada) o la excarcelación de multitud de presos, que dio lugar a una multiplicación de la delincuencia (que después ha tratado también de corregirse), y, por supuesto, la laicización de la enseñanza. La política socialista, ante las corrientes liberalizadoras de la contratación y el mercado vigentes en una Europa en la que España deseaba integrarse, sustituyó progresivamente una buena parte de su viejo programa de defensa de los intereses proletarios por este tipo de concesiones a una sociedad que tendía también más y más a lo permisivo.

Entre los éxitos obtenidos por los gobiernos socialistas cabe contar la integración de España en el sistema europeo. Ya durante el gobierno de Calvo Sotelo, el país entró en la Alianza Atlántica (OTAN), y se iniciaron las negociaciones para el ingreso en la Comunidad Económica Europea (luego Comunidad Europea, hoy Unión Europea), que culminaron con la integración de pleno derecho el 1 de enero de 1986. Todo ello significó el fin de la larguísima etapa de buscado o no buscado aislamiento, que había mantenido a España casi siempre alejada de la gran política internacional desde los tiempos del Congreso de Viena.

La crisis económica se mantuvo durante los primeros años de gobierno socialista, llegándose por 1984-85 a cifras de paro de 2.800.000 trabajadores. El hecho se debe no sólo a la falta de inversiones, sino a la reconversión industrial —que los socialistas hubieron de cargar sobre su responsabilidad, con la oposición de los sindicatos— para mejorar la productividad y la competitividad; a la creciente mecanización, robotización e informatización del trabajo y los servicios, y también por la masiva incorporación de la mujer a la demanda de puestos de trabajo en muy diversos sectores.

Hacia 1985 se echa de ver una clara inflexión, que ha operado más sobre el monto de inversiones, movimientos de capital, producción y modernización que sobre la demanda de puestos laborales, aun con una evidente disminución de las cifras de paro entre 1985 y 1991. Los buenos años se caracterizaron también por una espectacular disminución de la tasa inflacionaria, que se redujo entre 1987 y 1991 a valores del 5 por 100 anual, y un crecimiento del producto interior bruto de un 4 y hasta un 5 por 100 anual, que si no igualó las marcas de los años 60 y comienzos de los 70, tendió, después del largo paréntesis 1975-1985, a acercar de nuevo a los españoles al tren de vida europeo.

Tan promisorio despliegue se desplomó en el otoño de 1992, en parte por alteraciones de orden internacional —dudas sobre la aceptación de los acuerdos de Maastricht, «turbulencias» en el sistema monetario europeo— y en parte como resultado de un excesivo gasto consuntivo, tanto privado como público, la caída de la peseta, la retirada de inversiones extranjeras, y un endeudamiento del Estado de difícil solución a corto plazo. En 1993 se rebasó por primera vez la cifra de tres millones de parados (un 23 por 100 de la población laboral).

Signos de los nuevos tiempos

El cambio en las mentalidades y en los comportamientos comenzó ya en los años finales de la época de Franco, cuando el desarrollo económico, la mejora del nivel de vida y la asimilación a las formas ambientales de los países más avanzados de Occidente propiciaron el consumismo, la búsqueda de satisfacciones inmediatas y una cierta tendencia a disolver los antiguos valores familiares y morales. Pero esta corriente experimentó una aceleración muy brusca, si se quiere traumática, con el tránsito a la democracia, y al parecer con mayor rapidez a partir del cambio generacional de 1982.

Parece como si la libertad política favoreciera —y en muchos casos lo ha hecho realmente— la libertad vital; concomitancia que no es en sí necesaria, y que no se ha dado en otras sociedades constitucionalmente libres o en otras épocas históricas; pero que sí se registra en el mundo occidental en las últimas décadas del siglo XX, y con más fuerza y celeridad en España, ya sea por una identificación consciente o inconsciente entre distintos tipos de libertades, ya por obra de una especie de espíritu de contraste y revancha respecto de las normas de comportamientos y conductas propiciadas o prestigiadas durante el régimen anterior.

Las manifestaciones de la libertad vital revisten las formas más variadas, desde las más enaltecedoras de la persona humana hasta las más peligrosas para el orden social y moral. Ha cambiado la forma de vestir, la de saludar, la de hablar —especialmente entre la juventud—, la de divertirse, y, en general, la de muchas formas de comportamiento individual o colectivo. Se aduce —y puede existir alguna razón para ello— la «sinceridad», en contraposición a la «hipocresía» de otros tiempos. Su traducción concreta puede ser en ocasiones la pérdida de la antigua costumbre de «guardar las formas», y también hasta cierto punto del respeto y consideración hacia los demás.

En su aspecto más ingrato, los actos de delincuencia o de violencia incontrolada han aumentado, por lo menos en el período 1975-1990, hasta el punto de comprometer hasta cierto grado las garantías de seguridad ciudadana. La forma de delincuencia más extrema es el terrorismo, hoy no procedente, como en el primer tercio de siglo, de la lucha de clases, sino de bandas extremistas, y especialmente de la organización vasca ETA. Fundada en 1960 con fines nacionalistas, fue la autora en 1973 del asesinato de Carrero Blanco, y de otros atentados mortales en la fase final de la época de Franco. Contra lo que algunos ingenuos esperaban, el terrorismo etarra no se ha extinguido con la democracia y la concesión de un estatuto de autonomía al País Vasco, sino que se ha incrementado, al punto de haber provocado ya unas ochocientas víctimas y el secuestro de una cierta cantidad de industriales, que han incidido negativamente en la propia economía vasca.

La permisividad se ha traducido igualmente en el campo de la moral sexual, en un proceso creciente —no total en absoluto— de prescisión de los valores cristianos y de debilitamiento de los antes fuertes y operativos vínculos familiares. El índice de natalidad ha experimentado en pocos años una caída desde el 18 hasta el 9 por 1.000 anual, y el crecimiento de la población, que venía siendo del orden de un 11 por 1.000, se ha reducido prácticamente a cero en 1996-97, y es probable no ya un estancamiento, sino una disminución de la población desde comienzos del siglo XXI. España, para la que se preveía una población de 40 millones hacia 1988, quizá no llegue a alcanzar nunca esa cifra (en 1998 era de 39.520.000). Todo ello supone un concomitante envejecimiento de la población, con los consiguientes problemas que para el mantenimiento de la sociedad el hecho comportará para las generaciones inmediatamente próximas.

Un mal social que de casi desconocido se ha generalizado hasta un grado no masivo, pero sí indeseable, es el uso de la droga, especialmente por la juventud, en sus diferentes modalidades. La atención creciente que el problema ha despertado en los poderes públicos o en entidades particulares, no ha bastado hasta el momento para disminuir el consumo de estupefacientes capaces de destruir la salud, la operatividad social y la vida de muchos miles de españoles. Se calcula que el número de drogadictos se ha multiplicado por doscientos en un plazo de quince años, aunque resulta difícil disponer de datos seguros. Cuando menos, la sociedad se ha percatado ya de la peligrosidad que tal afición comporta. Incomparablemente menos peligrosa es la afición al juego, antes reducida a ambientes muy particulares. Se evalúa en unos dos billones de pesetas la cantidad que los españoles gastan en esta actividad por lo general tan poco productiva: cantidad que sería suficiente para mantener a dos millones de parados.

Mucho más difícil de cuantificar es el hecho, que constituye una voz común muy difundida, no siempre concreta, que parece indicar también un descenso en el nivel ético por lo que respecta al uso de las riquezas de este mundo. Semejante hecho aparece relacionado con una rápida modificación de las condiciones socioeconómicas, que ha originado grupos un tanto descoyuntados de nuevos ricos y nuevos pobres (al menos pobres relativos). El fenómeno del paro, hoy difícilmente remediable, ha contribuido en parte a este violento trastrueque. En todo tiempo hubo fenómenos de corrupción y venalidad, pero es opinión muy generalizada que por los años ochenta y noventa de nuestro siglo estos hechos se han multiplicado y han facilitado determinados despilfarros tanto en el sector público como en el privado, que han podido contribuir, si no a la crisis económica como tal, sí a su agravamiento. De todo ello toma conciencia una sociedad española que se ha hecho más libre, pero también, al parecer, más insensible o indiferente que en otras épocas históricas. Hasta qué punto o en qué dirección pueden cambiar las actitudes de esa sociedad —o de distintas partes de ella— en los próximos años es un hecho hoy por hoy impredecible.

Conclusión

La era socialista señala el predominio más prolongado de un partido elegido por sufragio en toda la Historia contemporánea de España. Ha desbordado a la década moderada de 1944-1954. Y Felipe González, con trece años y cinco meses continuados como presidente del Gobierno, es el líder de un partido político que más tiempo ha permanecido en el poder (hasta ahora la marca la ostentaba O'Donnell, con cinco años y dos meses, en 1858-1863). Si este hecho señala una tendencia a los gobiernos duraderos —que también puede atisbarse en otros países Occidentales— o si se trata de una excepción histórica, es una cuestión que sólo el futuro podrá aclarar.

En línea con esta tendencia al mantenimiento, el declive socialista ha sido lento. En las elecciones generales de 1986 y 1989 mantuvo la mayoría absoluta, aunque con cifras decrecientes. En las de 1993, su mayoría fue sólo relativa, lo que obligó al gobierno a una alianza en cuestiones puntuales con los catalanes de CIU. El Partido Popular, de centroderecha, dirigido ya por José María Aznar, ha experimentado un incremento complementario, hasta lograr una mayoría, también relativa, en los comicios del 3 de marzo de 1996. Desde dos meses más tarde, gobiernan los populares, también con el apoyo de CIU (y habitualmente del PNV y Coalición Canaria), y han iniciado una política que centra sus afanes en la contención del gasto público y del déficit, y la búsqueda de las condiciones necesarias para la plena integración de España en la economía europea. Esta política ha dado sus frutos de 1.º de enero de 1999, en que nuestro país ha entrado en el área del Euro en una posición ventajosa que era difícil adivinar sólo tres años antes. La economía española, estimulada por la disminución del gasto público y las desgravaciones fiscales, ha vivido una coyuntura favorable, con aumento de las inversiones, creación de nuevas empresas, tanto grandes como pequeñas, fusión de capitales y firmas, y una mejoría notable, aunque aún no decisiva, en la tasa de empleo. La convergencia con la media europea se ve más fácil que antes, si bien aún queda un largo trecho que recorrer.

Frente a las buenas perspectivas económicas se vislumbran incertidumbres por lo que se refiere a la solidaridad entre los españoles, a través de la actitud de dirigentes o parte de los ciudadanos de determinadas Comunidades Autónomas. En cuanto al País Vasco, en concreto, la tregua anunciada por ETA en agosto de 1998, que ha puesto fin por el momento al terrorismo asesino, ha tenido su contrapartida en el llamado acuerdo de Estella (firmado en septiembre), que puede contribuir a fomentar un frente nacionalista vasco.

Hoy por hoy es imprevisible —y más que para nadie para un historiador— lo que será la realidad de España en el siglo XXI. Pero nunca faltan motivos para mirar el futuro con esperanza.

LIBROS DE BOLSILLO RIALP

Selección de títulos:

11. RAFAEL GAMBRA: *Historia sencilla de la Filosofía*. (Vigesimotercera edición.)
21. ÁLVARO D'ORS: *Una introducción al estudio del derecho*. (Octava edición.)
48. ANDRÉ FROSSARD: *Dios existe. Yo me lo encontré*. (Decimoséptima edición.)
59. JOSÉ LUIS COMELLAS: *Historia de España moderna y contemporánea*. (Decimoquinta edición.)
71. JESÚS URTEAGA-MANUEL AGUADO: *Siempre alegres para hacer felices a los demás*. (Decimoséptima edición.)
72. CORMAC BURKE: *Conciencia y libertad*.
77. CLAUDIO SÁNCHEZ-ALBORNOZ: *Una ciudad de la España cristiana hace mil años*. (Decimoséptima edición.)
79. ANTONIO MILLÁN PUELLES: *Universidad y sociedad*.
92. RAFAEL GÓMEZ PÉREZ: *Introducción a la Metafísica (Aristóteles y Santo Tomás de Aquino)*. (Cuarta edición.)
)1. ÁLVARO D'ORS: *Nuevos papeles del oficio universitario*.
1. PABLO A. CARREÑO: *Fundamentos de Sociología*.
6. WALTER BRANDMÜLLER: *Galileo y la Iglesia*. (Segunda edición.)
7. FEDERICO DELCLAUX: *El silencio creador*. (Tercera edición.)
9. JOSÉ GAY BOCHACA: *Curso de Filosofía fundamental*. (Quinta edición.)
120. RAFAEL GÓMEZ PÉREZ: *Introducción a la ética social*. (Cuarta edición.)
124. WILLIAM J. WEST: *Opus Dei: ficción y realidad*. (Tercera edición.)
125. RENÉ LAURENTIN: *Apariciones actuales de la Virgen María*. (Segunda edición.)
132. FEDERICO DELCLAUX: *Antología de poemas a la Virgen*.
133. S. L. JAKI, C. SÁNCHEZ DEL RÍO, J. A. JANIK, JULIO A. GONZALO y MARIANO ARTIGAS: *Física y religión en perspectiva*.
134. HERVÉ PASQUA: *Opinión y verdad*.
136. PIER LUIGI ZAMPETTI: *La profecía de Fátima*.
138. ALEJANDRO LLANO, JOSÉ LUIS PÉREZ DE AYALA, RAFAEL RUBIO DE URQUÍA, PEDRO ANTONIO URBINA, RICARDO YEPES y otros: *Breve diagnóstico de la cultura española*.
139. PASCAL FONTAINE y HENRI MALOSSE: *Las instituciones europeas*.
140. ÁLVARO DEL PORTILLO: *El mundo que viviremos*.
142. VARIOS AUTORES: *Medio siglo de Adonais*.
143. GERARDO DIEGO: *Gerardo Diego y Adonais*.
144. ANDRÉ FROSSARD: *Los grandes pastores. Abraham, Moisés, Jesucristo, San Pablo, Marx, Bernardette*.

145. SERGIO COTTA: *¿Qué es el derecho?* (Segunda edición.)
146. RICARDO YEPES STORK: *Entender el mundo de hoy.* (Segunda edición.)
147. FEDERICO SUÁREZ: *Santiago Masarnau y las Conferencias de San Vicente de Paúl.*
148. MARIO CLAVELL: *Saber hablar.* (Segunda edición.)
149. PEDRO BETETA: *Una visita de Dios. El Papa consuela a los que sufren.* Prólogo del Cardenal ÁNGEL SUQUÍA. (Tercera edición.)
150. JULIÁN HERRANZ: *Atajos del silencio.* Presentación del Cardenal ÁNGEL SUQUÍA.
151. JOSEPH RATZINGER: *Verdad, valores, poder. Piedras de toque de la sociedad pluralista.* (Segunda edición.)
152. JOSÉ MIGUEL IBÁÑEZ LANGLOIS: *Libro de la Pasión.*
153. ANTONIO MILLÁN PUELLES: *Ética y realismo.*
154. MIGUEL ÁNGEL GARRIDO: *Crítica literaria. La doctrina de Lucien Goldmann.*
155. VITTORIO POSSENTI: *Dios y el mal.*
156. JOSÉ ORLANDIS: *Historia breve del cristianismo.* (Quinta edición.)
157. BEATRIZ COMELLA: *La Inquisición española.* (Segunda edición.)
158. JUAN LUIS LORDA: *La señal de la cruz. Meditaciones sobre el Vía Crucis.*
159. JOSÉ LUIS COMELLAS: *Historia breve del mundo contemporáneo.*
160. RICARDO MORENO: *Historia breve del Universo.*